**Süßigkeiten
mit und ohne Zucker**

**Jean Pütz · Christine Niklas**
Unter Mitarbeit von Heinz Gollhardt

# Süßigkeiten
## mit und ohne Zucker

CIP-Titelaufnahme der Deutschen Bibliothek
Hobbythek. – Köln : vgs.
  Früher u. d. T.: Das Hobbythek-Buch
  Pütz, Jean: Süssigkeiten mit und ohne Zucker. – 1989
**Pütz, Jean:**
Süssigkeiten mit und ohne Zucker / Jean Pütz ; Christine Niklas. – Köln : vgs, 1989
  (Hobbythek)
  ISBN 3-8025-6162-7
NE: Niklas, Christine:

**Bildquellen:**

Alle Fotos von Cornelis Gollhardt und Stephan Wieland, Köln, außer:
PR-Service Rüdiger Funke, Düsseldorf, S. 78, Abb. 2; S. 79, Abb. 3; S. 81, Abb. 4, S. 84, Abb. 6.
Informationszentrale Eiscreme, Bonn, S. 150, Abb. 2; S. 151, Abb. 3

Alle Grafiken von Designbureau Jochen Kremer/Gabi Mahler, Köln.

1. Auflage Dezember 1989
© vgs verlagsgesellschaft, Köln
Umschlaggestaltung: Papen Werbeagentur, Köln
Umschlagfotos: Cornelis Gollhardt, Stephan Wieland, Köln
Produktion: Wolfgang Arntz
Satz: ICS Communikations-Service GmbH, Bergisch Gladbach
Reproduktion: Rografo GmbH, Kempen
Druck und Verarbeitung: H. Stürtz AG, Würzburg
Printed in Germany
ISBN 3-8025-6162-7

# Inhalt

## Gedanken zu einem süßen Thema . 10
### Ein kleines Geschmacksexperiment . . . . . . 11
### Geschmack kommt von schmecken . . . . . . 11
#### Salz – notwendig oder überflüssig? . . . . . . . . 12
#### Sauer macht lustig . . . . . . . . . . . . . . . . . . 12
#### Wanderung entlang der pH-Skala . . . . . . . . . . 14
#### Immer schön ausgewogen: die Neutralisation . . . . . . 15

### Kleiner Ausflug in die Natur der Physik . . . . . 15
### Grundprozesse des Lebens . . . . . . . . . . . 16
#### Grundbausteine des Körpers . . . . . . . . . . . . 17
#### Energieumwandlung im Körper . . . . . . . . . . . 17
##### Die Glycolyse . . . . . . . . . . . . . . . . . . . . 17
##### Der Zitronensäure-Zyklus . . . . . . . . . . . . . . 18
##### Das Zuckerhormon Insulin . . . . . . . . . . . . . 20

### Zucker und Zuckerstoffe . . . . . . . . . . . . 20
#### Problematische Seiten des Zuckers . . . . . . . . . 23
#### Zucker für unsere Rezepte . . . . . . . . . . . . . 24
##### Haushaltszucker . . . . . . . . . . . . . . . . . . . 24
##### Glucose-Sirup . . . . . . . . . . . . . . . . . . . . 25
##### Traubenzucker . . . . . . . . . . . . . . . . . . . . 25
##### Fruchtzucker . . . . . . . . . . . . . . . . . . . . . 25
##### Invertzucker . . . . . . . . . . . . . . . . . . . . . 26
##### Honig . . . . . . . . . . . . . . . . . . . . . . . . 26
#### Zuckeraustauschstoffe . . . . . . . . . . . . . . 27
##### Süß und unschädlich: Sorbit und Xylit . . . . . . . . 27
##### Isomaltzucker . . . . . . . . . . . . . . . . . . . . 29
#### Süßstoffe . . . . . . . . . . . . . . . . . . . . . 30
##### Täuschung der Geschmacksnerven . . . . . . . . . 30
##### Die Süßkraft . . . . . . . . . . . . . . . . . . . . . 31
##### Gesundheitliche Bewertung von Süßstoffen . . . . . 32
##### Expertenstreit . . . . . . . . . . . . . . . . . . . . 32
##### Süßer Genuß . . . . . . . . . . . . . . . . . . . . 33
##### Der ADI-Wert und seine Bedeutung . . . . . . . . . 36
##### Die Süßstoffe im Einzelnen . . . . . . . . . . . . . 38
###### Saccharin . . . . . . . . . . . . . . . . . . . . . . 38
###### Cyclamat . . . . . . . . . . . . . . . . . . . . . . 38
###### Aspartam . . . . . . . . . . . . . . . . . . . . . . 40
###### Acesulfam . . . . . . . . . . . . . . . . . . . . . . 40

## Bonbons, Lakritze, Gummibärchen . . . . . . . . . . . . . 42
### Zunächst noch ein paar andere Rohstoffe . . . . . . . . . . . . 43
#### Fruchtpulver und -extrakte . . . . . . . . . . . . . 43
##### Fruchtdrink-Mischung . . . . . . . . . . . . . . . . 43
#### Lakritze und Lakritzextrakt . . . . . . . . . . . . . 44
##### Süßholzwurzel . . . . . . . . . . . . . . . . . . . . 44
#### Lebensmittelfarbstoffe . . . . . . . . . . . . . . . 45
##### Künstliche Farbstoffe . . . . . . . . . . . . . . . . 46
##### Natürliche Lebensmittelfarbstoffe . . . . . . . . . . 46
### Gelatine . . . . . . . . . . . . . . . . . . . . . 48

### Und nun zur Zubereitung . . . . . . . . . . . . 48
#### Zucker kochen . . . . . . . . . . . . . . . . . . . 48
#### Zucker schmelzen . . . . . . . . . . . . . . . . . 50

### Rezepte, Rezepte . . . . . . . . . . . . . . . . 50
#### Sirupgrundbasis mit und ohne Zucker . . . . . . . . 50
##### Grundrezept Zuckersirup . . . . . . . . . . . . . . 51
##### Grundrezept Sirup ohne Zucker . . . . . . . . . . . 52
#### Invertzucker . . . . . . . . . . . . . . . . . . . . 52
##### Invertzucker – Herstellung mit Weinsteinsäure . . . . 52
##### Invertzucker – Herstellung mit Invertin-Enzym . . . 52
#### Fondant . . . . . . . . . . . . . . . . . . . . . . 53
##### Fondant à la Hobbythek . . . . . . . . . . . . . . . 53
##### Verwendung des Fondant . . . . . . . . . . . . . . 54
##### Fondantbonbons und -pralinen . . . . . . . . . . . 54
##### Fondant mit Isomalt . . . . . . . . . . . . . . . . . 55
#### Zuckerbonbons . . . . . . . . . . . . . . . . . . . 55
##### Grundrezept der Zuckerbonbons . . . . . . . . . . 55

## Zuckerfreie Süßigkeiten mit Isomalt ... 56
Isomalt-Hartkaramellen ... 56
Isomalt-Weichkaramellen ... 56
Isomalt-Kaubonbon ... 57

## Zuckerfreie Bonbons mit Xylit ... 57
Grundrezept für Xylitbonbons ... 57
Grundrezept kalthergestellter Puderxylit-Drops ... 58
Sahnekaramellen ... 59
Weichkaramellen ... 59
Türkischer Honig ... 60

## Geleefrüchte – Erntezeit das ganze Jahr ... 61
Geleefrüchte mit Zucker ... 61
Geleefrüchte mit Xylit und Sorbit ... 62

## Weingummi – Gummibärchen und Gummibeeren ... 63
Weingummi-Grundrezept ... 63
Lakritz-Weingummi ... 64
Weingummi-Lakritz mit Sorbit und Xylit ... 64
Speckgummi – weich und fruchtig ... 64
Geburtstagstorte aus Speckgummi ... 65
Speckgummi mit Sorbit und Xylit ... 65

## Lakritz ... 65
Lakritz mit Mehl und Zucker ... 66
Lakritz mit Mehl und Sorbit oder Xylit ... 66
Lakritz mit Stärke und Zucker ... 66

## Negerküsse ... 68
Rezept für Negerküsse ... 68

## Likörpralinen mit Fondant ... 69
Beschwipste Kirschen ... 69
Likörpralinen à la Hobbythek ... 70
Maraschino-Kirschen in Marzipan ... 70

## Likörpralinen, flüssig gefüllt ... 70
Das Stärkebett für Krustenpralinen ... 71
Likörpralinen-Grundrezept ... 73

## Kaugummi ... 75
Kau-Gum-Base ... 75

## Schokolade und Pralinen ... 77
Ein bitterer Exote ... 78
Der Luxus der Azteken ... 78
Der Kakaoanbau ... 78
Die Fermentation der Kakaobohnen ... 79
Die Inhaltsstoffe des Kakaos ... 80
Die Verarbeitung des Kakaos ... 80

## Die Rohstoffe für Schokoladen und Pralinen ... 80
Kakaobutter ... 80
Kokosfett ... 81
Lecithine ... 82
Milch, Sahne und Butter ... 82

## Schokolade – heute zwar kein Luxus mehr, aber immer noch eine Delikatesse ... 83
Zunächst zur Herstellung der Schokolade ... 83
Verschiedene Schokoladensorten ... 84

## Kuvertüre ... 86
Diät-Schokolade ... 88
Nüsse und Mandeln ... 89
Samen und Kerne ... 89
Trockenfrüchte ... 91
Kandierte Früchte ... 91

## Pralinen – das Feinste aus Schokolade ... 92
Handgemachte Qualität ... 92
Verschiedene Pralinensorten ... 92

## Allgemeine Hinweise zur Pralinenherstellung ... 93
Das Handwerkszeug des Praliné-Createurs ... 93
Geräte zum Schmelzen der Kuvertüre ... 94
Das Temperieren ... 94
Das Schmelzen der Kuvertüre ... 95
Das Überziehen von Pralinen ... 97
Das Dekorieren von Pralinen ... 97
Das Herstellen von Pralinenhohlkörpern ... 97
Kuvertüre-Plättchen – vielseitig verwendbar ... 98
So schält man Mandeln und Nüsse ... 99
Schoko-Glasur ohne Zucker ... 100

## Trüffelmassen ... 100
Zubereitung der Trüffelmasse ... 102

Rezeptvorschläge für die Trüffelmasse . . . . . . . 103

# Marzipan . . . . . . . . . . . . . . . . . . . . . 104
Marzipan-Grundrezept . . . . . . . . . . . . . . . 105
Marzipan läßt sich auf einfache Weise verfeinern . . 105

# Nougat . . . . . . . . . . . . . . . . . . . . . . 107
Dunkler Nußnougat – Grundrezept . . . . . . . . 108
Heller Mandelnougat – Grundrezept . . . . . . . 108
Schichtnougat . . . . . . . . . . . . . . . . . . . 108

# Krokant . . . . . . . . . . . . . . . . . . . . . 109
Hartkrokant-Grundrezept . . . . . . . . . . . . . 110
Weichkrokant . . . . . . . . . . . . . . . . . . . 111
Krokant mit Isomalt . . . . . . . . . . . . . . . . 112
Hartkrokant mit Isomalt . . . . . . . . . . . . . . 112

# Splitterpralinen – von Mandel bis Müsli . . . 112
Müsliriegel mit Kuvertüre . . . . . . . . . . . . . 113
Müsliriegel mit selbstgemachter Schoko-Glasur . . . 114

# Schokoladenfrüchtchen . . . . . . . . . . . 114
Dattelkonfekt . . . . . . . . . . . . . . . . . . . 115
Trockenobst mit Schoko-Mantel . . . . . . . . . . 115

# Eiskonfekt – ein cooles Vergnügen . . . . . 115
Rezept für Eiskonfekt . . . . . . . . . . . . . . . 115

# Konfekt aus 1001 Nacht . . . . . . . . . . . 116
Honigmarzipan . . . . . . . . . . . . . . . . . . 116
Badam Pistaz Barfi . . . . . . . . . . . . . . . . 117
Sesam-Weichkrokant mit Honig . . . . . . . . . . 117
Sesam-Hartkrokant mit Honig und Walnüssen . . . 117

# Konfitüren, Gelees und Marmeladen . . . . . . . . . . . . . . . . . . . 118
Ein paar Vorbemerkungen . . . . . . . . . . . . . 119

# Zunächst ein paar Begriffe . . . . . . . . . . 119
Konfitüre, Marmelade und Gelee . . . . . . . . . 119
Fruchtpülpe (Pülpe) . . . . . . . . . . . . . . . . 119
Einige Bestimmungen aus der Konfitürenordnung . 119

# Pektine . . . . . . . . . . . . . . . . . . . . . . 120
Die verschiedenen Pektinarten . . . . . . . . . . 121
Pektine und Gesundheit . . . . . . . . . . . . . . 122

# Welche Stoffe für die Konfitüre noch wichtig sind . . . . . . . . . . . . . . . . . . . . 123
Calciumcitrat . . . . . . . . . . . . . . . . . . . 123
Natriumcitrat . . . . . . . . . . . . . . . . . . . 123
Zitronensäure . . . . . . . . . . . . . . . . . . . 123
Äpfelsäure . . . . . . . . . . . . . . . . . . . . . 124
Zuckeraustauschstoffe und Süßstoffe . . . . . . . 124
Kaliumsorbat . . . . . . . . . . . . . . . . . . . 124

# Die Früchte . . . . . . . . . . . . . . . . . . . 124
Der Säure- und Pektingehalt der Früchte . . . . . 127

# Marmelade- und Konfitürekochen leichtgemacht . . . . . . . . . . . . . . . . . . 128

# Wieviel Zucker oder Zuckeraustauschstoffe sollen in die Konfitüre? . . . . . . . . . . . . . 128
Zu den Zuckeraustauschstoffen . . . . . . . . . . 129

# Die Zubereitung von Konfitüren . . . . . . . 129
Die Früchte werden vorbereitet . . . . . . . . . . 131

# Klassische Konfitüren und Marmeladen mit Zucker oder Zuckeraustauschstoffen . . . . 132
Für welche Früchte braucht man wieviel Zitronensäure? . . . . . . . . . . . . . . . . . . . 133

# Grundrezept für Marmelade und Konfitüre 1:1 mit Zucker . . . . . . . . . . . . . . . . . . . 134

# Grundrezept für Marmelade und Konfitüre 1:1 mit Zuckeraustauschstoffen . . . . . . . . . 134

# So bereitet man Fruchtsaft zu . . . . . . . . 134
Dampfentsaften – sehr zu empfehlen . . . . . . . 136

# Wir kochen Gelee . . . . . . . . . . . . . . . . 137

# Konfitüren und Gelees mit geringem Anteil an Zucker oder Zuckeraustauschstoffen . . . . 138

## Grundrezepte für Konfitüren mit wenig Zucker ... 139
Allgemeines Rezept der Konfitüre nach Art der Hobbythek ... 139
Gelee mit reduziertem Anteil von Zucker oder Zuckeraustauschstoff ... 140
Konfitüre mit Süßstoff ... 140
Konfitüre mit Süßstoff und Zucker oder Zuckeraustauschstoff ... 141

## Frumi – Fruchtgenuß mit Milch ... 142

## Schlanksein mit Pektin? ... 143
Was Pektin bewirken kann ... 144
Tips zur Anwendung ... 145
Weniger ein Schlankheitsmittel als ein Begrenzer des Hungergefühls ... 145
Tips zur Einnahme ... 147
Behandlung von zu hohen Blutcholesterinwerten ... 147

# Speiseeis ... 149

## Schon die alten Chinesen ... ... 150

## Speiseeis ist nicht gleich Speiseeis ... 152
Kälte – erzeugt durch Salz ... 153

## Eis hat auch mit Physik zu tun ... 154

## Halbgefrorenes (Parfait) ... 154

## Milch- und Fruchteis mit Alginat ... 156
Was ist Alginat? ... 156
Was ist Xanthan? ... 157

## Milcheisherstellung ohne Eismaschine ... 157
Milcheis-Grundrezept ... 159
Hier einige Rezeptvariationen ... 159
Eisrezept mit Sahne ... 160
Wenn Sie eine Eismaschine haben ... 161
Sorbet und Fruchteis ... 162
Eis am Stiel ... 164
Eis in Früchteschalen ... 165
Eishörnchen selbstgebacken ... 165

## Eine Bombe für Pazifisten: die Eisbombe ... 166

# Süßes Gebäck einmal anders ... 168
Backen mit Vollkornmehl ... 169
Das Kleber-Eiweiß ... 170

## Kuchen aus verschiedenen Vollkornmehlen ... 170

## Biskuit aus Reis, Gerste, Buchweizen, Mais, Weizen und anderen Kornarten ... 172
Buchweizenbiskuit ... 173
Reisbiskuit ... 173

## Backpulver selbstgemacht ... 173

## Rührkuchen ... 173

## Süßer Hefeteig mit Zucker oder Zuckeraustauschstoffen ... 175
Hefezopf ... 175
Stuten ... 176
Hefeteilchen ... 177
Berliner ... 177
Süßer Hefeteig mit verschiedenen Vollkornmehlen ... 178
Einfacher Hefeteig mit Roggenmehl ... 178

## Süßes Gebäck mit Sauerteig ... 178
Sauerteigherstellung mit Starterbakterien (12–24 Stunden) ... 178

## Kuchen-Grundrezept mit Sauerteig ... 180
Streusel-Kirschkuchen mit Sauerteig ... 180
Früchtekuchen mit Sauerteig ... 181
Teilchen mit Sauerteig ... 181

## Lebkuchen ... 183
Lebkuchen auf dem Backblech ... 183
Eiweiß-Spritzglasur – ein eßbarer Universal-Mörtel nach Art der Hobbythek ... 183
Lebkuchenherzen ... 184

## Arabischer Honigkuchen ... 184
Sesamkringel ... 184
Sesamkekse ... 185

## Register ... 186

## Bezugsquellen ... 188

*Liebe Leser!*

Meine Eltern haben mir eine Frohnatur mitgegeben. Trotz vieler existenzbedrohender Probleme (wie zum Beispiel im Zweiten Weltkrieg) hat ihre liebevolle und offene Art sowie die ungezwungene häusliche Atmosphäre mir den Start ins Leben erheblich erleichtert. Einer Versuchung sind sie allerdings nie erlegen: Sie haben mich nicht mit billigen Süßigkeiten gefüttert. Auch deshalb bin ich ihnen zu großem Dank verpflichtet. Obwohl damals die kariesauslösende Wirkung des Zuckers noch kaum bekannt war, haben sie unbewußt dazu beigetragen, daß ich bis heute kaum Probleme mit meinen Zähnen habe – bis auf die Weisheit, die bei mir etwas krumm geraten war und die deshalb entfernt werden mußte.

Warum ich hier derart ins Private gehe? Möglicherweise fragen Sie sich ja, wie ich überhaupt dazu gekommen bin, dieses Buch zu realisieren. Antwort: gerade wegen dieser persönlichen Erfahrungen.

Meinen Eltern gelang es nie, mir die Lust auf Süßes abzugewöhnen. Eigentlich war das auch nie ihre Absicht. Sie haben es gar nicht nötig gehabt, ihrer Liebe durch meinen Magen nachzuhelfen. Sie waren verständnisvoll genug, mir Süßigkeiten nicht zu verbieten. Und wenn in mir gelegentlich ein Heißhunger auf süßes Gebäck, auf Karamellen, auf Schokolade oder Pralinen aufkeimte, dann rümpften sie keineswegs die Nase. Allerdings mußte ich alles von meinem eigenen Taschengeld finanzieren. Die Ausnahme bildeten Festtage, Namens- und Geburtstage; da gab es stets einen prächtigen und anregenden Präsentteller.

Indirekt habe ich mir – unter kreativer Hilfe meiner Co-Autorin Christine Niklas – jetzt im Erwachsenenalter wieder ein süßes Geburtstagsgeschenk gegönnt. Es ist zwar nicht mein Geburtstag; aber im Dezember 1989, als dieses Buch zum ersten Mal erschien, war die Hobbythek fast genau auf den Tag 15 Jahre alt.

Im Dezember 1974 lief die erste Hobbythek-Sendung über den Bildschirm. Damals war noch *Wolfgang Back* dabei, der sich aber bald anderen Aufgaben widmete. Unter anderem hat er sich als Computerspezialist profiliert. Ich habe dann die Reihe mit freien Mitarbeitern allein fortgesetzt.

Nach einiger Zeit stiegen der Bayerische Rundfunk mit *Eckhard Huber* und der Norddeutsche Rundfunk mit *Peter Brückner* ein, und die Hobbythek wurde bundesweit in allen 3. Programmen ausgestrahlt. Bis heute ist es so geblieben, mit einer Ausnahme: seit 1989 hat sich der NDR bedauerlicherweise ausgeklinkt, und zwar – wie es in der offiziellen Verlautbarung heißt – aus Geldknappheit und Ideenmangel, trotz zehntausender Protestbriefe. Der Fortschritt der Technik hat es aber möglich gemacht, daß auch im norddeutschen Raum und in Berlin die Hobbythek weiter empfangen werden kann – über Kabel, in das das West 3- und BR 3-Programm in der Regel eingespeist wird, sowie über Satellitendirektempfang mit 80 bis 90 cm-Parabolantennen über den Rundfunksatelliten „Kopernikus".

In diesem Buch präsentieren wir Ihnen einen großen Fächerkranz von Rezepten. Aber nicht nur das, sondern – bei diesem Thema besonders wichtig – auch die notwendigen Hintergrundinformationen für die Erhaltung Ihrer Gesundheit. Wir verschaffen Ihnen die Möglichkeit, Ihrer Lust nach Süßem nachzugehen – mit und ohne Zucker, mit und ohne Reue, ganz nach Belieben.

Danken möchte ich allen, die uns beim Zustandekommen dieses Buches geholfen haben: den Redakteuren und Fotografen der VGS Verlagsgesellschaft, den Studenten, die die Rezepte in langen Versuchsreihen ausprobiert haben, meiner Sekretärin *Christel Bora* und auch der *Zentralfachschule für Süßwaren* in Solingen, wo uns Herr *Cappelmann* beraten hat. Weiterhin Herrn *Schindler* von der *Kölner Konditoren-Meisterschule* und Herrn *Göpel* aus Stuttgart, der als pensionierter Fachmann für Pralinenherstellung uns besonders bei den Likörpralinen mit Rat und Tat zur Seite gestanden hat.

So bleibt mir zum Schluß nur noch, Ihnen Gesundheit und guten Appetit zu wünschen, den Sie mit *unseren* süßen Schleckereien ohne schlechtes Gewissen stillen können.

Ihr

*Jean Pütz*

# Gedanken zu einem süßen Thema

*Abb. 1:* Herrlich, solch ein Lutscher! Wir verraten Ihnen Zubereitungsarten, die die Zähne schonen.

# Ein kleines Geschmacksexperiment

Zu Anfang möchten wir mit Ihnen ein kleines Geschmacksexperiment machen: Wir geben Ihnen vier Wörter vor, und Sie versuchen einmal, sich den entsprechenden Geschmack vorzustellen. Lesen Sie ganz langsam und gehen Sie erst dann weiter, wenn Ihnen die Geschmackseinstellung gelungen ist. Hier sind diese Eigenschaftswörter:
salzig,
sauer,
bitter,
süß.

Versuchen Sie jetzt einmal, eine persönliche Rangfolge zu bilden. Mit welchem Geschmack verbinden Sie eher angenehme und mit welchem eher unangenehme Gefühle? Dumme Frage, werden Sie sagen, ist doch klar, die Mehrzahl der Menschen werden sich zunächst für süß, dann für sauer, salzig und zuletzt für bitter entscheiden. Das scheint uns in die Wiege gelegt zu sein, denn man braucht sich nur die Miene eines kleinen Babys anzuschauen, wenn ihm nacheinander minimale Mengen Zucker, Essig, Salz und Bitterstoffe auf die Zunge gebracht werden. Bitter wirkt am meisten abschreckend. Lautes Geschrei ist in der Regel die Folge.

Die Abneigung ist so groß, daß dem Säugling nur mit List und Tücke eine bitter schmeckende Medizin verabreicht werden kann. Auch später, wenn Eltern und Kind sich schon durch Sprache verständigen können, müssen alle Register der Überredungskunst gezogen werden, damit das Kind seine bitteren Heiltropfen nimmt, etwa nach dem beschwörenden Motto: Was bitter dem Mund, ist dem Herzen gesund. Und schon wird die Hierarchie der Geschmäcker durcheinandergebracht.

Später ist es dann um so einfacher, den Menschen davon zu überzeugen, daß ein Bitterlikör oder ein stark gehopftes Bier etwas Gesundes sein kann. Wo gäbe es ein besseres Beispiel dafür, daß die Menschen von außen ganz schön beeinflußbar sind. Im Prinzip hat uns die Natur das bittere Geschmacksempfinden hauptsächlich deshalb verliehen, um uns auf mögliche Gifte in unserer Nahrung aufmerksam zu machen, sozusagen als Warnsignal. Das galt allerdings nur in der grauen Urzeit, wo die unverfälschte Natur noch den Alltag bestimmte. Manche natürlichen Gifte, viele Alkaloide und Glycoside (die z. B. im Fingerhut enthalten sind), aber auch die Blausäure (z. B. in der Bittermandel) besitzen einen penetranten Bittergeschmack. Auch Tiere wissen eßbare oder giftige Pflanzen u. a. am Bittergeschmack zu unterscheiden. Heute – in unserer durch die Chemie geprägten Zeit – ist diese Warneinrichtung nicht mehr ausreichend, um den Gefahren, die in Nahrungs- und Genußmitteln lauern, auf die Schliche zu kommen. Es bedarf dazu komplizierter Analysegeräte.

# Geschmack kommt von schmecken

Trotzdem sollten wir die Fähigkeit unseres Geschmacks- und des damit verbundenen Geruchssinns nicht unterschätzen. Die apparative Analytik hat bei bestimmten Stoffen immer noch große Schwierigkeiten, mit unseren Sinnen zu konkurrieren. Um die feinen Sinneszellen zu entdecken, müssen wir uns selbst schon mal ins „Maul" schauen. Da entdecken wir auf der Zunge und im Gaumen genau die Nervenenden, die uns die Welt des Geschmacks eröffnen, präzise etwa 2000 Nervenenden. Erwartungsgemäß erfassen sie die vier Grundgeschmacksarten. Manchmal reichen nur kleinste Stoffmengen, insbesondere um den Geschmack „bitter" zu orten. Wahrscheinlich funktioniert das Schmecken nach dem *Schlüssel-Schloß-Prinzip*. Bitterstoffe passen chemisch auf das Ende des Bittergeschmacksnervs, wie der Schlüssel auf das entsprechende Schloß. Gleiches gilt für die süßen, salzigen und sauren Moleküle.

Wie oben schon erwähnt, tragen zum Geschmackseindruck auch die Ge-

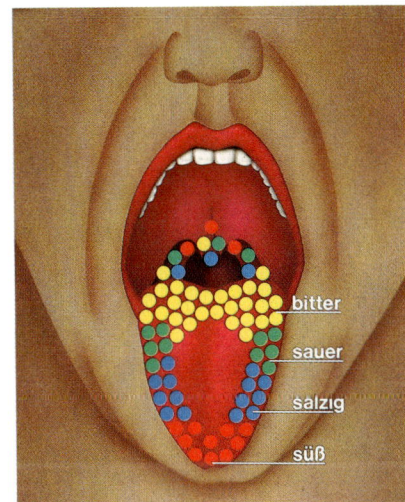

*Abb. 2:* Die Verteilung der verschiedenen Geschmacksnerven auf Zunge und Gaumen.

ruchsnerven in der Nase und die Tastnerven in der Mundhöhle bei. Beißt man mit verbundenen Augen und zugehaltener Nase in eine Zwiebel, dann läßt sie sich von einem Apfel nicht unterscheiden. Andererseits schmeckt feste Schokolade bei gleichen geschmacklichen Inhaltsstoffen anders als in flüssiger Form. So ist es auch bei dem Geschmack eines Steaks: Ein zartes Steak ist einfach angenehmer im Mund als eines, welches man wie Kaugummi mit den Zähnen bearbeiten muß.

Auch die Temperatur spielt bei der Geschmackswahrnehmung eine Rolle. Kalter Kaffee schmeckt nicht so intensiv wie warmer, und Speiseeis muß bei gleichem Süßgeschmack viel stärker gezuckert werden als entsprechende Milchcremes oder Puddings. Am empfindlichsten ist der Geschmackssinn im Temperaturbereich zwischen 30 und 45° C. Bei niedrigeren oder höheren Temperaturen nimmt die Empfindlichkeit erheblich ab.

Bei der Betrachtung von Naturerscheinungen, zu denen ja auch unser Geschmackssinn gehört, stellt sich immer die Frage, was die Natur mit der Einrichtung wohl beabsichtigt hat. Wir haben bereits gesagt, daß der Bittergeschmack eine Warnfunktion ausüben kann.

## Salz — notwendig oder überflüssig?

Bei „salzig" sind die Verhältnisse schon etwas komplizierter. Einerseits brauchen wir das Salz, insbesondere Kochsalz, zur Aufrechterhaltung unserer Körperfunktionen. Unsere Körperflüssigkeiten haben 0,5 bis 1 % Salzgehalt. Die sogenannte physiologische Kochsalzlösung enthält beispielsweise 0,8% Kochsalz und wird den Kranken, die am Tropf hängen, langsam injiziert. Das ist übrigens nicht zufällig etwa der Salzgehalt des Urmeeres, aus dem alles Leben auf unserem Globus stammt. Insbesondere bei der Verbrennung großer Hautflächen — was mit einem hohen Salzverlust des Organismus verbunden ist — gehört die Infusion mit physiologischer Kochsalzlösung zu den wohl wichtigsten und lebenserhaltenden Behandlungsmaßnahmen. Die Zellen unseres Körpers brauchen das Salz, um die Durchlässigkeit der Zellmembranen zu gewährleisten und damit den Elektrolyt-Haushalt des Organismus zu regulieren.

Der Geschmackssinn „salzig" hat u. a. auch die Aufgabe, die Salzaufnahme zu steuern. Interessant ist, daß der Geschmack von inneren Mangelzuständen durchaus beeinflußbar ist. Wenn der Körper zuwenig Salz erhält, dann kann ein Heißhunger auf salzige Speisen oder Getränke auftreten. In extremster Weise zeigte sich das, als während des Biafra-Krieges (1969/71) in Nigeria die Menschen in diesem tropischen Klima (starker Salzverlust durch Schwitzen) lange Zeit kein Salz bekamen. Erschütternde Bilder gingen damals um die Welt. Bei Rettungsaktionen griffen kleine, unterernährte Kinder nicht als erstes zu den angebotenen Nahrungsmitteln, sondern zu Salzklümpchen, die sie mit Heißhunger wie Bonbons lutschten. Ähnliches kennen Sie bestimmt auch aus eigener Erfahrung. Nach starkem Schwitzen schmeckt Mineralwasser am besten. Der Körper will den Verlust von Mineralsalzen wieder ausgleichen.

Andererseits kann Salz im Übermaß genossen zum Gift werden. Auch um dieser Gefahr vorzubeugen, haben wir den Geschmacksnerv „salzig". Wir erkennen umgehend, ob Koch oder Köchin „verliebt" waren, d. h., ob Suppe, Kartoffeln oder Steak versalzen sind. Leider ist der Geschmackssinn mit der Entwicklung der Gattung Mensch etwas verkümmert. Verantwortlich für diesen Degenerationsprozeß ist sicherlich unser Gehirn. In gewissen Grenzen können wir den Geschmackssinn willentlich beeinflussen, am stärksten wirkt aber die Gewöhnung. Bei Salz spielt der Gewöhnungseffekt eine unrühmliche Rolle. Wir laufen daher heute permanent Gefahr, unsere Speisen zu übersalzen, sofern wir uns ausschließlich auf unseren Geschmack verlassen würden. Im Durchschnitt nehmen wir zuviel Salz zu uns.

## Sauer macht lustig

Wozu uns die Natur den Sinn für „Saures" geschenkt hat, ist nicht so einfach zu sagen. Vielleicht hängt das ebenso mit unserem Elektrolyt-Haushalt zusammen. Die Säuremoleküle bilden im Wasser gelöst Ionen aus, das heißt positiv und negativ geladene Teilchen. Dazu ein kleines Beispiel: Die Salzsäure ist eine der einfachsten anorganischen Säuren. Sie besteht aus einem Wasserstoff- und einem Chloratom. Im Wasser gelöst, zerfällt dieses Molekül in ein negativ geladenes Chlor-Ion und ein positiv geladenes Wasserstoff-Ion. Dieses freigesetzte Wasserstoff-Ion

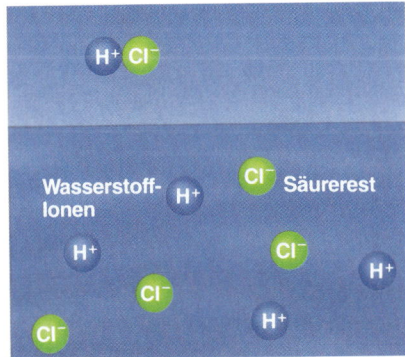

*Abb. 3:* Säuremoleküle bilden, im Wasser gelöst, positiv und negativ geladene Teilchen (Ionen) aus.

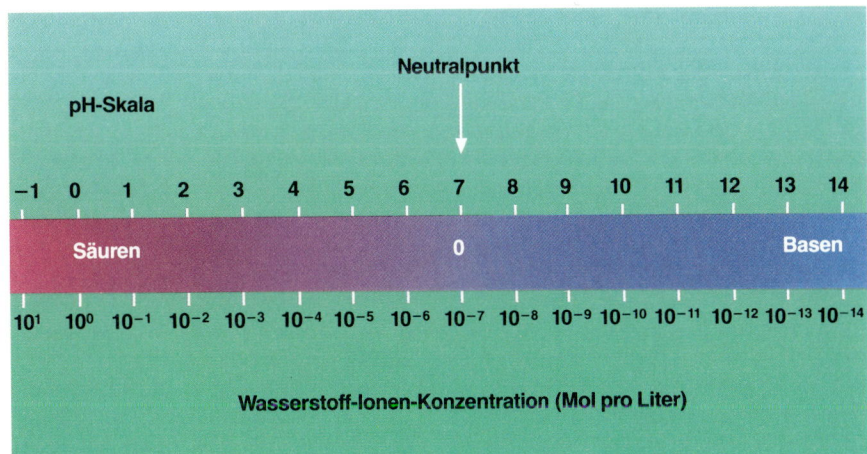

findet man übrigens bei allen Säuren. Je höher die Wasserstoff-Ionen-Konzentration in einer Flüssigkeit ist, um so stärker und aggressiver wirkt die Säure. Dieser Tatbestand wird in der Chemie durch die pH-Skala ausgedrückt, die von ca. 0 bis 14 reicht.

Wer's genau wissen will: Der pH-Wert beschreibt die Wasserstoff-Ionen-Konzentration im logarithmischen Maßstab. Eine $H^+$-Konzentration pro Liter von $10^{-1}$ mol ergibt den pH-Wert 1. Die Konzentration von $10^{-2}$ mol pro Liter ergibt den pH-Wert 2 usw. Das geht bis $10^{-7}$, damit sind wir genau in der Mitte der Skala beim pH-Wert 7, den destilliertes Wasser besitzt.

Links vom pH-Wert 7 liegt der Bereich der Säuren. Da die negativen Zehnerpotenzen als Maßstab genommen wurden, bedeutet dies, daß die Säure mit abnehmendem pH-Wert immer aggressiver wird, weil die Wasserstoff-Ionen-Konzentration höher wird. Starke, hochkonzentrierte Säuren können sogar pH-Werte unter 0 annehmen, das

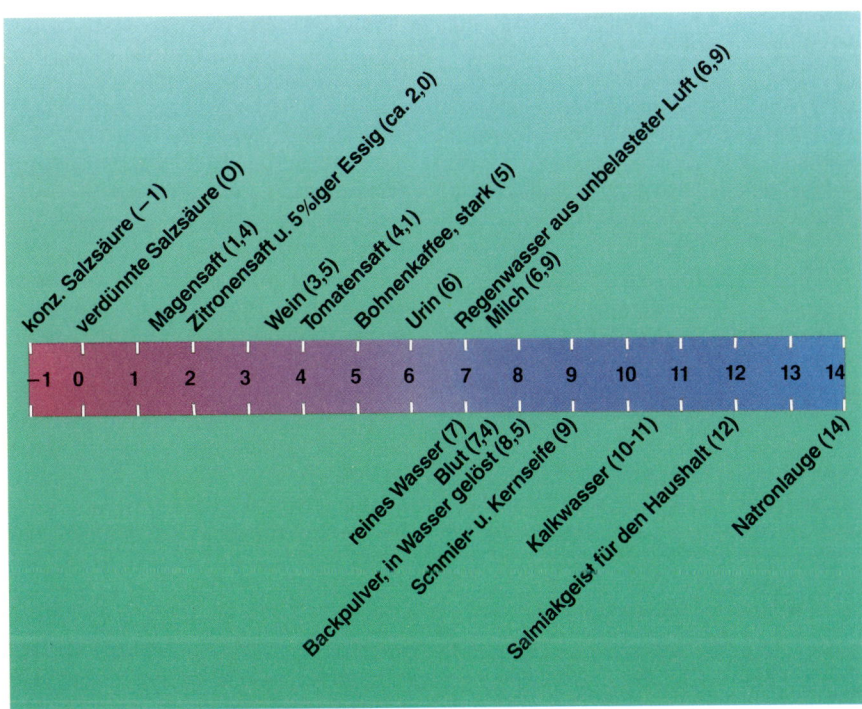

*Abb. 4:* Hier haben wir einmal den pH-Wert verschiedener Dinge dargestellt.

heißt, sie reichen in den negativen pH-Bereich hinein, z. B. pH −1.

Zu den starken Säuren zählen die Salzsäure, die Phosphorsäure, die Schwefelsäure, die Flußsäure, die Salpetersäure u. a. Das sind Säuren, die aus Mineralien gebildet werden, die die unbelebte Natur zur Verfügung stellt. Säuren spielen aber auch in der belebten Welt eine wichtige Rolle, z. B. die Salzsäure. Sie hilft, in unserem Magen die Nahrung zu verdauen.

Viel häufiger sind in unserem Organismus aber *organische Säuren* enthalten, die durch Bakterien oder enzymatische Prozesse (das sind chemische Prozesse, bei denen Enzyme als biologische Katalysatoren wirken) entstanden sind. Zu diesen Säuren gehören die Zitronen-, die Milch-, die Essigsäure usw. (vgl. auch Zitronensäure-Zyklus, *Seite 18*). Solche Säuren sind einerseits Bestandteil unserer Körperflüssigkeiten, andererseits aber auch in den meisten Körperzellen enthalten.

**Wanderung entlang der pH-Skala**

Einen Eindruck über die pH-Werte in und um uns herum erhalten Sie in *Abbildung 4*.

Konzentrierte Salzsäure besitzt einen pH-Wert von ca. −1, verdünnte Salzsäure etwa den pH-Wert 0 und Magensaft einen pH-Wert, der um 1,4 herum liegt. Erstaunlich ist, daß die Magenschleimhaut der Säure widerstehen kann. Verantwortlich für diesen niedrigen pH-Wert ist die erwähnte Salzsäure.

Zitronensaft mit seinem relativ hohen Zitronensäure-Anteil und der Haushaltsessig kommen immerhin auf pH-Werte um 2, in Verbindung mit der Salzsäure des Magens kann das dann leicht zuviel werden, weshalb man nicht zu große Mengen puren Zitronensaft und auch keinen reinen Essig zu sich nehmen sollte. Möglicherweise ist dies ein Hinweis darauf, warum sich bei uns der Geschmackssinn für „sauer" ausgebildet hat. Für den Organismus ist es gut, schon im Vorfeld der Nahrungsaufnahme zu wissen, ob der pH-Wert stimmt. Ist er zu niedrig, dann reagieren wir mit „saurer Miene".

Andererseits haben wir manchmal richtig Lust auf Saures, auf saure Gurken, auf sauren Rollmops, insbesondere nach einer durchzechten Nacht. Damit sind wir in der pH-Wert-Skala beim Wein. Er erhält seinen charakteristischen Geschmack von der Weinsäure, die eine Verwandte der Zitronensäure ist. Warum wir einen sauren Wein heute „trocken" nennen, ist nicht völlig bekannt. Aber trockene Weine sind heute „in". Das hat sogar eine gesundheitliche Berechtigung, denn trockene Weine sind häufig vollständig ausgegoren und wurden nicht durch starke Schwefelung in der Gärung unterbrochen. Schwefeln heißt, daß der Wein mit schwefliger Säure versetzt wird, die die Hefezellen abtötet, welche die Gärung verursachen. Schweflige Säure ist aber nicht gesund; häufig kommt daher das Gefühl des Katers am nächsten Morgen. Bleiben Sie deshalb ruhig beim trockenen Wein, aber denken Sie daran, daß das nicht das einzige Qualitätsmerkmal ist. Genauso wichtig ist das *Bouquet,* was man vielleicht mit „Duft" übersetzen kann. Wirkliche Weinkenner schmecken den Wein sowieso eher mit der Nase.

Tomatensaft hat einen pH-Wert von ca. 4,1. Verantwortlich dafür ist einerseits ein gewisser Zitronensäuregehalt, andererseits aber auch der Vitamin-C-Gehalt. Vitamin C ist ebenfalls eine Säure, der Fachmann nennt sie Ascorbinsäure.

Auch Kaffee kann Säure − meist Zitronensäure − enthalten, was auch daran zu erkennen ist, daß gelegentlich speziell säurearme Kaffeebohnen angeboten werden. Im medizinischen Analyse-Labor gehört die Feststellung des Urin-pH-Werts zur Standard-Untersuchung, er liegt beim gesunden Menschen erstaunlich genau im Bereich des pH-Werts 6.

Als es den sauren Regen noch nicht gab, hatte das Regenwasser pH-Werte um 6,6. Heute sorgen Stickoxide und schweflige Säure, die meist aus der Verbrennung von Kohle und Erdöl stammen, für Niederschläge, die in Extremfällen bis zum pH-Wert 4 herunterreichen.

Über pH 7 gelangen wir in den alkalischen Bereich der Laugen und Basen. Die Sinneszellen nehmen jetzt nicht mehr den sauren, sondern einen eher seifigen Geschmack wahr.

Der pH-Wert unseres Blutes liegt bei 7,4. In Wasser aufgelöstes Backpulver gibt einen pH-Wert von 8,5 und echte Seifen, wie Kern- und Schmierseife, von 9. Sie schmecken daher schon im wahrsten Sinne des Wortes ätzend und wirken entsprechend auf Schleimhäute. Auf alkalische Substanzen reagiert unser Körper übrigens empfindlicher als auf Säure, vermutlich meiden wir deshalb alle Nahrungsmittel, die seifig schmecken. Während Essig oder Zitronensaft in kleinen Mengen noch genießbar ist, wäre Kalkwasser oder Salmiakgeist schon äußerst giftig, obwohl sie vom Neutralpunkt keineswegs weiter entfernt sind als die genannten Säuren. Das gilt ebenso für Natron- und Kalilauge, deren Gefährlichkeit aber wieder mit den starken Säuren vergleichbar ist.

Diese Wanderung entlang der pH-Skala sollte einerseits kurz auf die Bedeutung der Säurebildner und andererseits auf die der Basen und Laugen hinweisen, die den Säuren in ihrer chemischen Wirkung entgegenstehen. Säuren lassen sich durch Laugen neutralisieren oder abschwächen und umgekehrt.

### Immer schön ausgewogen: die Neutralisation

Dazu ein Beispiel: Salzsäure läßt sich durch Natronlauge bzw. Natronlauge durch Salzsäure in der dargestellten Form neutralisieren. In *Abbildung 5* sehen Sie den vereinfachten chemischen Prozeß. Wenn die Salzsäure-Moleküle aus konzentrierter Salzsäure

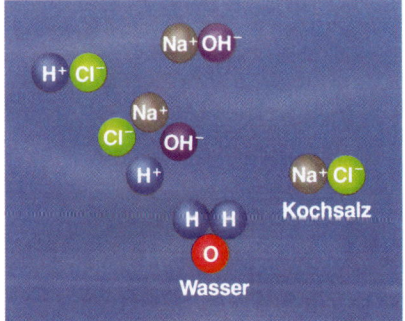

*Abb. 5:* Salzsäure läßt sich durch Natronlauge neutralisieren. Übrig bleiben Wasser und Kochsalz.

in Wasser geraten, dann lösen sie sich in der schon in *Abbildung 5* beschriebenen Form. (Der Chemiker spricht dabei übrigens von *Dissoziation*.) Gleiches geschieht bei der Natronlauge. Sie besteht auf der einen Seite aus einem Natrium-Atom, das als positives Ion vorliegt, und auf der anderen aus einem Wasserstoff-Sauerstoff-Ion (fachmännisch spricht man hier von einem Hydroxid-Ion). Diese OH-Gruppe, die in Wasser gelöst negativ geladen ist, ist das Kennzeichen aller Laugen und Basen, so wie das dissoziierte positive Wasserstoff-Ion die Säuren charakterisiert.

Wenn nun eine Säure und eine Lauge gemeinsam in eine Lösung gelangen, dann ziehen sich negativ und positiv geladene Ionen gegenseitig an.

Unter Energieabgabe reagieren die Ionen miteinander, was sich z. B. in einer Erwärmung der Lösung zeigt. Aus dem Wasserstoff-Ion ($H^+$) und der Hydroxid-Gruppe ($OH^-$) bildet sich Wasser ($H_2O$). Wenn der Wassergehalt der Lösung gering ist, verbinden sich auch Natrium-Ionen mit Chlor-Ionen zu Kochsalz.

Gesetzt den Fall, es befinden sich genauso viele Säure-Moleküle wie Laugen-Moleküle in der Lösung, bleibt nur eine Kochsalzlösung übrig, die den pH-Wert 7 besitzt. Man sagt, Säure und Lauge haben sich gegenseitig *neutralisiert*.

Dies ist ein Beispiel für eine anorganische Reaktion, wobei wir festgestellt haben, daß Energie frei wird und sich gleichzeitig ein Salz bildet. Soll dieses Salz wieder in seine Bestandteile zerlegt werden, muß die bei dem Prozeß freigesetzte Energie von außen erneut zugefügt werden. Das kann man z. B.

mit Hilfe des elektrischen Stroms, mit der sogenannten *Elektrolyse* erreichen.

## Kleiner Ausflug in die Natur der Physik

Bei organischen Prozessen, insbesondere bei solchen, die in der lebenden Natur ablaufen, d. h. in Einzellern, Mikroorganismen, Pflanzen, aber auch in Tieren inklusive uns Menschen, gibt es keine apparativen Hilfen wie die der Elektrolyse. Da muß sich die Natur etwas anderes ausdenken, und das macht sie mit großer Genialität.

Lebensprozesse stellen häufig einen Kreislauf dar. Alles ist im Fluß, wie schon der berühmte griechische Philosoph Heraklit (fälschlicherweise) feststellte.

Selbstverständlich ist das Leben auf unserem Globus den Gesetzen der Physik unterworfen. Die wohl wichtigsten sind die Gesetze, die den Austausch von Energie beschreiben. Wir möchten Ihnen die ersten Hauptsätze der Thermodynamik noch einmal in Ihr Gedächtnis zurückrufen. Vereinfacht formuliert lautet der erste: Die Energie, die an einem Prozeß beteiligt ist, bleibt in der Summe stets gleich, nichts wird gewonnen, nichts geht verloren. Das ist der Satz von der *Erhaltung der Energie*. Wenn z. B. bei der Bildung einer chemischen Bindung Wärmeenergie abgegeben wird, dann muß diese Energie wieder zugeführt werden, wenn sie sich lösen soll.

Der zweite Hauptsatz der Wärmelehre gibt eher die Richtung des Energieprozesses an. Ein Begriff spielt dabei eine wichtige Rolle: die *Entropie.* Vereinfacht kann man die Entropie als den Grad der Unordnung bezeichnen. Es besteht immer die Tendenz zu einer Vergrößerung der Unordnung, d. h. zur Zunahme der Entropie. Die Wärmeenergie ist – so kann man sich das vereinfacht vorstellen – die wohl „unordentlichste" Energieform, die es gibt. Daher streben die Prozesse im gesamten Universum stets in Richtung der Wärmeenergie.

Aber der lebenden Natur ist es gelungen, dieses Streben nach höchstmöglicher Unordnung (darunter kann man neben der Wärmeenergie auch die möglichst gleichmäßige Verteilung aller Stoffe verstehen) zu durchbrechen. Leben heißt im Prinzip, Ordnung zu schaffen, Stoffe nach einem Programm zusammenzubringen und sie so zu verteilen, daß es zu einer Selbstorganisation der Zellen kommen kann.

Aber auch den Menschen ist es gelungen, negative Entropie zu erzeugen. Jede Wärmekraftmaschine stellt in dieser Hinsicht eine Anwendung des zweiten Hauptsatzes der Thermodynamik dar, ob das ein Verbrennungsmotor im Auto oder eine Turbine in den Elektrizitätskraftwerken ist. Allerdings müssen wir dafür einen hohen Preis bezahlen: Nicht nur Abgase fallen an, sondern jede Energieumsetzung ist mit einem hohen Energieverlust verbunden, der meist zwischen 50 und 70% liegt. Dies ist ein physikalisch notwendiger Verlust, der nur in geringem Umfang reduziert werden kann. Und das alles, um aus der „niederwertigen" Wärmeenergie höherwertige mechanische Energie (z. B. Antrieb von Autos) oder elektrische Energie (Strom und Spannung) zu gewinnen.

## Grundprozesse des Lebens

In der Natur laufen solche Prozesse in einem viel rationelleren Rahmen ab. Der wohl perfekteste Prozeß der Umsetzung von Wärme- bzw. Strahlungsenergie von der Sonne in hochwertige chemische Energie ist die *Photosynthese.* Diese geniale Erfindung der Natur besitzt wohl den höchstmöglichen Wirkungsgrad, der physikalisch denkbar ist. Das Phantastische daran ist, daß die Natur selbst sich die Bedingungen geschaffen hat, damit unser Globus mit Leben erfüllt werden konnte. Zunächst bildeten sich die ersten *Aminosäuren,* die Grundbausteine des Lebens. Dann gelang es der Natur, sich in der *DNA* (Desoxyribonukleinsäure) ihr eigenes Programm zu geben, das heißt, Erbeigenschaften zu entwickeln und weiterzugeben. Die DNA sorgt dafür, daß beim Aufbau der lebenden Substanzen immer die richtige Reihenfolge der Aminosäuren eingehalten wird. Aber zunächst konnten nur ganz primitive Lebewesen auf diesem Globus entstehen, denn unserer Erdatmosphäre fehlte noch der lebenswichtige Sauerstoff. Den erzeugten die vom heutigen Standpunkt primitiven Mikroorganismen mit dem Namen *Blaualgen.* Sie sind eigentlich keine Algen, sondern Bakterien, denen es gelungen ist, die Photosynthese zu nutzen.

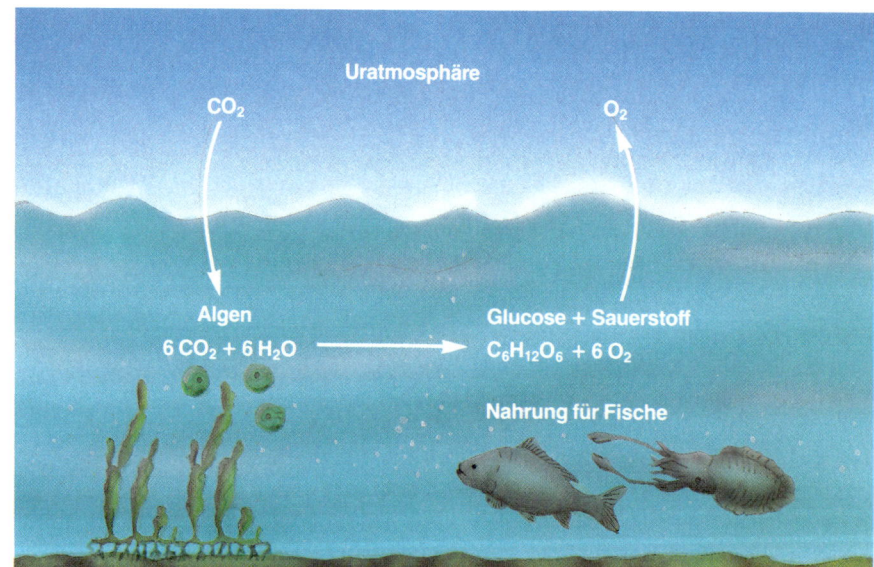

*Abb. 6:* Der Uratmosphäre unserer Erde fehlte Sauerstoff. Dafür enthielt sie Kohlendioxid im Überfluß. Über Jahrmilliarden haben Blaualgen und andere Pflanzen den Kohlenstoff der Luft gebunden und die Atmosphäre mit Sauerstoff angereichert und dadurch unser Leben erst möglich gemacht.

Faszinierend ist, daß bei diesem Prozeß zwei Fliegen mit einer Klappe geschlagen wurden. Einerseits entstand der Sauerstoff, andererseits aber wurde gleichzeitig der Uratmosphäre das Kohlendioxid entzogen, das immerhin 10% der damaligen Luft ausmachte. Wie sehr diese Vorgänge ineinandergriffen, sieht man auch daran, daß der im Kohlendioxid enthaltene Kohlenstoff wiederverwendet wurde. Kohlenstoff ist das wohl wichtigste chemische Element für das Leben ganz allgemein, denn er ist in allen organischen Substanzen enthalten.

So wuchsen und gediehen die Blaualgen, und eine Generation wucherte über der anderen, und immer mehr Kohlendioxid wurde der Atmosphäre entzogen. Der Kohlenstoff wurde als Kalk, Erdöl, Braunkohle, Steinkohle, Torf und Erdgas gebunden. Was die meisten Menschen beim gedankenlosen Verbrauch dieser Bodenschätze nicht wissen: Es ist der Photosynthese durch diese Einlagerung im Untergrund immerhin gelungen, den 10%igen Kohlendioxidgehalt der Uratmosphäre auf 0,2% zu reduzieren. So war es jedenfalls bis zur Industrialisierung. Mittlerweile haben wir es in zwei bis drei Generationen schon wieder geschafft, den $CO_2$-Gehalt ausschließlich durch Verbrennen der fossilen Brennstoffe auf 0,3 bis 0,4% zu verdoppeln. Wenn wir so weitermachen, wird sich das Klima immer mehr dem der Uratmosphäre annähern.

Das Kohlendioxid ist für den sogenannten Treibhaus-Effekt verantwortlich mit allen in der Presse ausgiebig diskutierten Folgen. Auf diesem Globus wird dann jedenfalls der Mensch nicht mehr überleben, aber vielleicht ist er gar nicht die Krönung der Schöpfung, sondern nur eine vorübergehende Episode.

Derzeit können wir noch leben, und auch das verdanken wir — in kurzfristigen Dimensionen gedacht — ebenfalls der Photosynthese. Die Pflanze baut vorwiegend aus den Elementen Kohlenstoff, Stickstoff, Sauerstoff, Wasserstoff die Zellsubstanzen auf. Damit speichert sie gleichzeitig aber auch Energie in chemischer Form, die anderen Lebewesen als Nahrungsquelle dienen kann.

## Grundbausteine des Körpers

Drei wichtige Grundbausteine sind hier zu nennen: einmal das Fett — genau gesagt die Fettsäuren, dann die Eiweißbausteine, die man auch Aminosäuren nennt, und die sogenannten Kohlenhydrate. Die Glucose ist das wichtigste Kohlenhydrat und wird auch Traubenzucker genannt.

Und damit verstehen Sie, warum wir bisher so weit ausgeholt haben, denn das Glucose-Molekül wird uns im Laufe dieses Buches noch häufiger begegnen. Wir wollten es aber nicht so isoliert betrachten, sondern auch die Zusammenhänge sichtbar machen.

Zwischen Zucker und Säuren gibt es jedenfalls einen wichtigen Berührungspunkt: Wir können ihn schmecken. Damit sind wir wieder bei unseren Geschmacksnerven. Süß und sauer erscheinen uns als Gegensätze. Allerdings ziehen sich Gegensätze manchmal an, und so läßt sich stark Saures besser ertragen, wenn es mit Süßem kombiniert wird, und andererseits sind selbst penetrant süße Speisen genießbarer, wenn sie gleichzeitig etwas sauer eingestellt werden. Ein Beispiel dafür ist der Wein, der neben der Süße als wichtiges Qualitätsmerkmal Weinsäure besitzt.

Ob wir Menschen mit Hilfe des süßsauren Geschmacks den richtigen Riecher für die auf der Glucose aufbauenden inneren Lebensvorgänge bekommen haben, läßt sich nicht beweisen. Erstaunlich ist aber allemal, daß im Inneren unserer Zellen ein enges Zusammenspiel zwischen dem Süßen — der Glucose — und dem Sauren bestimmter organischer Säuren besteht. Wie so oft bei Lebensvorgängen spielt sich dies in Form eines Kreisprozesses ab.

## Energieumwandlung im Körper

### Die Glycolyse

Glucose nennt man in der Alltagssprache auch Traubenzucker. Sie ist der wichtigste Energielieferant unseres Körpers. Sportler wissen, daß bei hoher und lang andauernder körperlicher Anstrengung ein Getränk mit Traubenzucker den schwindenden Kräften in Grenzen wieder auf die Beine helfen kann. Dies ist nicht mit Doping zu verwechseln, sondern hier wird nur der natürliche Energieumsatz im Muskel etwas unterstützt.

Damit Muskeln Arbeit im physikalischen Sinne verrichten, also Kraft und Bewegungen ausüben können, müssen sie ebenso wie jeder andere Motor mit Brennstoff versorgt werden. Der „Brennstoff" der Muskeln ist das Glucose- bzw. das Traubenzucker-Molekül. Es ist die eigentliche Energiereserve.

Beim Automotor muß Benzin oder neuerdings auch der aus Zucker gewonnene Alkohol bei hohen Temperaturen verbrannt werden. Im Muskel erfolgt diese Verbrennung bei normalen Körpertemperaturen und mit viel höherem Wirkungsgrad als in diesen technischen Motoren. Dem Körper stehen sogar zwei unterschiedliche Prozesse zur Verfügung. Der erste Prozeß ist sozusagen für kurzfristige Reaktionen gedacht. Vielleicht hatte er ursprünglich einmal die Aufgabe, den Menschen die Flucht aus brenzligen Situationen zu ermöglichen. Dabei wird die Glucose chemisch über einige Zwischenstufen (Brenztraubensäure usw.) zu Milchsäure abgebaut. Die freiwerdende Energie wird vom Muskel durch Zusammenziehen der Fasern in Bewegungsenergie umgesetzt.

Wie genial die Natur dabei arbeitet, sieht man daran, daß bei diesem Prozeß noch nicht einmal der sonst bei allen Verbrennungsprozessen unentbehrliche Sauerstoff beteiligt sein muß. Man spricht daher von einer *anaeroben Reaktion* (ohne Beteiligung von Sauerstoff).

Dieser schnelle Prozeß hat aber auch seine Nachteile: Die sich bildende Milchsäure muß aus dem Muskel abtransportiert werden und in der Leber wieder in Glucose zurückverwandelt werden. Dabei wird allerdings Sauerstoff benötigt. Sauerstoff wird über die Lunge aufgenommen und mit Hilfe der roten Blutkörperchen zur Leber transportiert.

Übrigens, bei nichttrainierten Sportlern überwiegt bei Überanstrengung der Glucose-Milchsäure-Zyklus (auch anaerobe Glycolyse genannt). Vermutlich ist die mit der Milchsäurebildung einhergehende Absenkung des pH-Wertes im Muskel an der Bildung des Muskelkaters beteiligt.

**Der Zitronensäure-Zyklus**

Dem Glycolyse-Prozeß, bei dem – wie erwähnt – im Muskel kein Sauerstoff-Umsatz erfolgt, steht der Zitronensäure-Zyklus gegenüber. Dieser ist nun wirklich wieder eine Erfindung der Natur, die höchsten Respekt abverlangt. Auch hierbei ist die Glucose als Energielieferant im Spiel. Im Zitronensäure-Zyklus können aber auch Fette, genauer gesagt Fettsäuren und Eiweiße, unter dem Einfluß des Sauerstoffs verbrannt werden.

Bei dieser Art der Verbrennung entstehen allerdings keine hohen Temperaturen. Eine gewisse Erwärmung ist aber trotzdem damit verbunden, was sich

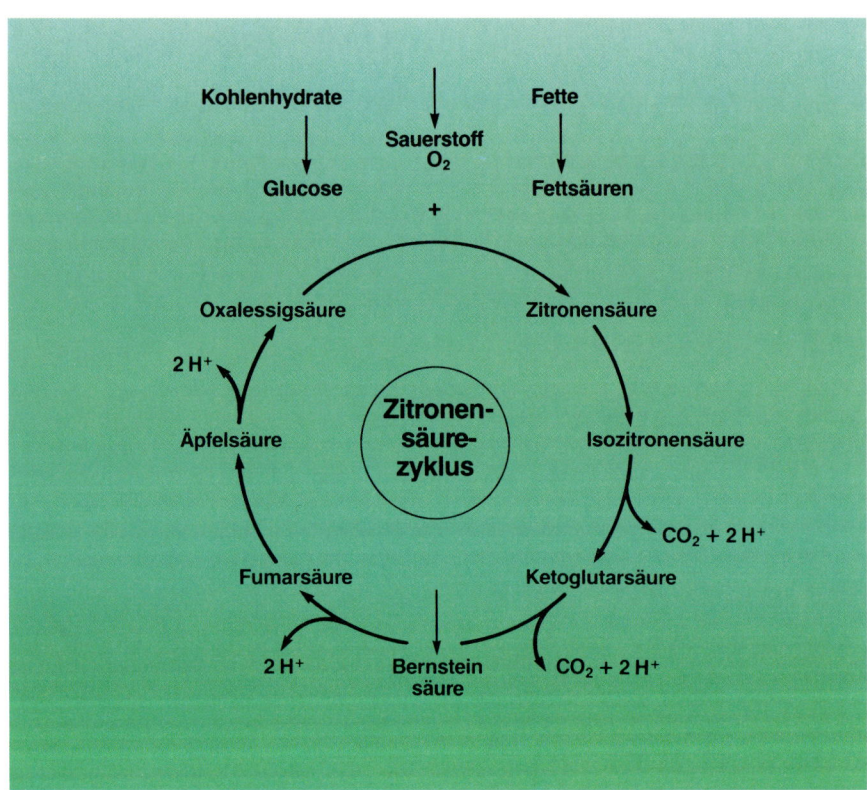

*Abb. 7:* Der Zitronensäure-Zyklus.

bei starken Anstrengungen auch in einer leichten Erhöhung der Gesamt-Körpertemperatur dokumentiert. Der Verbrennungsprozeß läuft schon innerhalb der Zelle als Kreislauf ab. Glucose bzw. Fettsäuren werden unter Sauerstoff-Zufuhr in Bewegungsenergie (manchmal auch in chemische Energie, z. B. in den Nervenzellen des Gehirns) umgesetzt. Als Verbrennungsprodukte bleiben letztlich Kohlendioxid und Wasser übrig. Das Kohlendioxid wird über die Lungen wieder ausgeatmet.

Wegen seiner großen Bedeutung möchten wir Ihnen diesen Zitronensäure-Zyklus einmal vorstellen, natürlich nur in einer kurzen Übersicht. Wenn Sie an Details interessiert sind, empfehlen wir Ihnen einschlägige Lehrbücher der Biologie oder Biochemie.

Sie können bereits aus der *Abbildung 7* erkennen, daß die lebende Zelle eine unglaublich wirksame chemische Fabrik ist. Diesen Prozeß beherrschen sowohl die Zellen von primitiven Lebewesen, wie Algen, Hefen, Bakterien usw., als auch die der Pflanzen und höheren Tiere, wozu wir Menschen ja auch gehören. Unser Organismus braucht als Energielieferanten nur Zucker, Fett und Sauerstoff an die Zelle heranzuführen und Kohlendioxid und Wasser abzutransportieren.

Der Zitronensäure-Zyklus hat übrigens einen viel höheren Wirkungsgrad als die vorher angesprochene Glycolyse und belastet zusätzlich den Organismus wesentlich weniger. Die Kunst des Sportlers besteht daher darin, den Zitronensäure-Zyklus in jeder Zelle durch Training zu aktivieren, das heißt, besonders dafür zu sorgen, daß stets genügend Sauerstoff an die Zelle her-

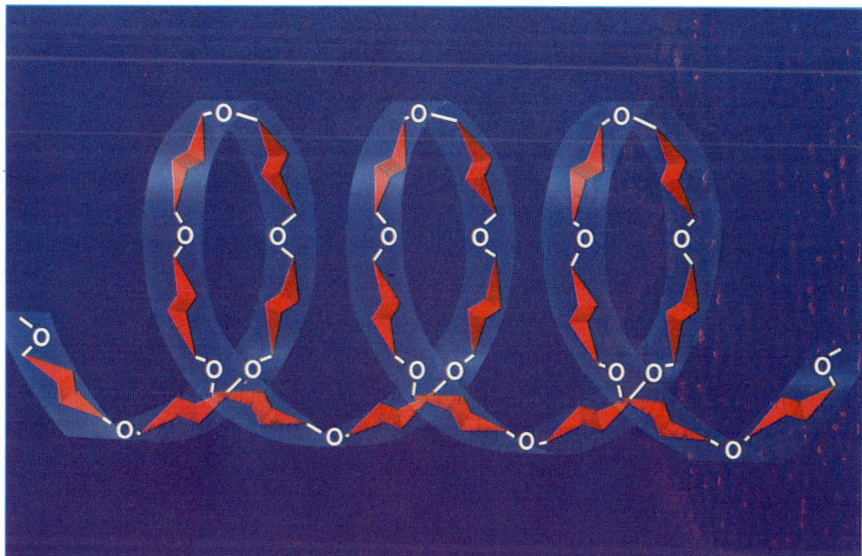

*Abb. 8:* Stärke und Zellulose bestehen aus langen Glucoseketten. Dies ist Stärke.

angeführt wird. Denn wenn dieser Lebensodem fehlt, greift die Zelle auf die Glycolyse (Glucose-Milchsäure-Zyklus) zurück.

Damit keine Mißverständnisse auftreten: Traubenzucker pur zu essen, sollte bestenfalls dem kurzfristigen Energienachschub dienen. Unser Körper benötigt neben der reinen Energieversorgung auch essentielle (d. h. lebensnotwendige) Substanzen, die dem Aufbau der Zellen dienen: u. a. Aminosäuren (Eiweiß), Vitamine, Mineralstoffe, Ballaststoffe und natürlich auch Fette und Kohlenhydrate, zu denen nicht nur unser Haushaltszucker zählt, sondern auch Fruchtzucker (Fructose), Maltose, Dextrose, ebenso wie Stärke (z. B. aus Getreide und Kartoffeln), die ja ebenfalls ein wichtiger Nahrungsbestandteil ist.

Interessanterweise bestehen die Einzelbausteine der Stärke aus Glucose, die aneinandergereiht die Glieder einer Kette bilden (vgl. *Abbildung 8*). Unser Körper ist in der Lage, die Stärke wieder in Einzelbausteine, also in Glucose, zu spalten. Dafür sorgen die Verdauungssäfte in Magen und Darm, insbesondere auch die stärkespaltenden Enzyme. Daneben bewirken andere Enzyme die Spaltung von Eiweiß in Aminosäuren und von Fetten in die einzelnen Fettsäuren.

In dieser zerstückelten bzw. zersetzten Form können diese Grundbausteine die Darmwände durchdringen und stehen dem Körper zur Verfügung, entweder um Zellmaterial aufzubauen oder als Energielieferant. Die Glucose dient beispielsweise der unmittelbaren Energieversorgung. Wenn diese durch mangelnde körperliche Beanspruchung nicht verbrannt werden kann, beginnt der Körper, die überschüssige Energie in Form von Fettpölsterchen zu speichern. Das sind dann die langfristigen Energiereserven, die leider heutzutage durch unser permanentes Nahrungsmittelangebot zur Dauereinrichtung werden können und den Körper mit der Zeit durch Übergewicht belasten.

**Das Zuckerhormon Insulin**

Bei der Umsetzung von im Blut befindlicher Glucose spielt auch ein Hormon eine wichtige Rolle, das *Insulin*. Es sorgt dafür, daß der Blutzuckergehalt bzw. der Blutzuckerspiegel nicht zu hoch wird. Das Hormon wird in der Bauchspeicheldrüse gebildet. Besonders Diabetikern ist die Bedeutung dieses Hormons bewußt, ihnen fehlt es oder es wird nicht in ausreichender Menge produziert. Bei langfristig zu hohem Blutzucker kommt es zu erheblichen irreparablen Organschäden, die früher zum Tod geführt haben.

Heute kann die Zuckerkrankheit – wie diese Krankheit im Volksmund genannt wird – medikamentös behandelt werden. Lange Zeit gewann man das Insulin aus Bauchspeicheldrüsen von Schafen und Schweinen, was beweist, daß dieses Hormon ebenso in der Tierwelt weitverbreitet ist. Heute hat man die Produktion von Insulin Bakterienzellen „beigebracht", die gentechnologisch behandelt wurden. Dieses Mittel soll weniger unerwünschte Nebenwirkungen haben.

Diabetiker wissen auch, daß man mit dem Insulin sehr vorsichtig umgehen muß. Zuviel Insulin bewirkt einen Glucosemangel im Blut. Bei körperlicher Anstrengung fehlt dann den Zellen die kurzfristige Energiereserve, und die Folge ist häufig eine plötzliche Ohnmacht, mit der der Organismus einem noch weitergehenden Zuckermangel beggenen will. Der Arzt injiziert in solchen Fällen eine reine Traubenzuckerlösung in die Adern, und der Patient erwacht dann schnell wieder.

Wie erwähnt, regelt die Bauchspeicheldrüse beim gesunden Menschen den Insulinspiegel des Blutes, er hat die Tendenz zur Erhöhung, wenn zuckerhaltige Speisen zugeführt werden, insbesondere glucosehaltige Nahrungsmittel. Traubenzucker ist daher für Diabetiker eine Art Gift, weil die Glucose sehr schnell von Magen und Darm in den Organismus übergeführt wird. Auch unser Haushaltszucker (Saccharose) ist zur Hälfte aus Glucose-Molekülen aufgebaut (vgl. *Abbildung 9*). Deshalb sollte der Diabetiker diesen ebenfalls meiden. Dies gilt dagegen nicht für den Fruchtzucker, der erst langsam im Organismus umgesetzt wird. Ähnlich ist das bei anderen Kohlehydraten der Fall, wie bei Stärke oder Zuckerersatzstoffen, z. B. Sorbit, Xylit usw. (vgl. *Seite 27*). Allerdings muß der Diabetiker auch die entsprechenden *Broteinheiten* berücksichtigen, die als Maßeinheit geschaffen wurden, um mit der Insulin-Dosierung bei Einnahme von Tabletten oder bei Selbstinjektionen einigermaßen zurechtzukommen.

Zur Zeit arbeitet die Industrie an einem Gerät, das einerseits den Blutzuckergehalt ermitteln kann, andererseits das benötigte Insulin genau dosiert und selbsttätig in die Blutbahn eingibt. Die moderne Elektronik wird das sicherlich bald möglich machen. Das Gerät würde dann wie ein Herzschrittmacher implantiert werden. Der große Vorteil gegenüber dem relativ stark schwankenden Insulin-Pegel beim Diabetiker besteht darin, daß er theoretisch wieder alles essen und trinken könnte wie Menschen, deren Bauchspeicheldrüsen noch voll intakt sind.

# Zucker und Zuckerstoffe

Zuckerstoffe gehören – wie erwähnt – zu den wichtigsten Baustoffen der belebten Natur. Fachmännisch nennt man sie *Saccharide*. Ihre Bedeutung erhalten sie durch die Fähigkeit, sich im wahrsten Sinne des Wortes in nicht endenden Variationen zu präsentieren. Einmal als Rohsubstanz – als Einzelmolekül sozusagen –; in diesem Fall handelt es sich um *Glucose* und *Fructose*, die als einzige auch ungebunden in der Natur vorkommen (als Traubenzucker und als Fruchtzucker). Man nennt sie auch Monosaccharide (Mono = einzel). Sie bestehen ausschließlich aus Kohlenstoff-, Wasserstoff- und Sauerstoffatomen und zählen daher zu den *Kohlehydraten*.

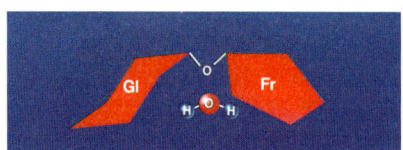

*Abb. 9:* Wenn Glucose und Fructose eine Verbindung eingehen, wird jeweils ein Wasserstoffmolekül frei. Diese Verbindung nennen Fachleute Saccharose und wir Normalbürger Haushaltszucker.

Interessanterweise haben Glucose und Fructose exakt die gleiche chemische Formel, nämlich $C_6H_{12}O_6$, das heißt, die Einzelmoleküle bestehen jeweils aus sechs Kohlenstoff-, 12 Wasserstoff- und 6 Sauerstoffatomen. Der Unterschied besteht ausschließlich in der räumlichen Anordnung der Atome. Es gibt jedoch Varianten, sogar mehrere Glucose- und Fructosearten. In *Abbildung 10* haben wir die räumliche Anordnung einmal versucht darzustellen. Für den Laien ist der Unterschied erst auf den zweiten Blick zu erkennen; die Natur aber weiß genau, warum sie diese feinen Differenzen macht.

Die häufigste Glucoseart kommt in Trauben vor und wird deshalb volkstümlich auch als *Traubenzucker* bezeichnet. In anderen Früchten überwiegt die Fructose, die mit Fruchtzucker übersetzt werden kann.

Neben Glucose und Fructose gibt es die *Galactose* und *Mannose* (*Abbildung 10*). Darüber hinaus gibt es noch andere Molekülarten, die zu erwähnen hier aber zu weit führen würde.

All diese Monosaccharide sind wichtige Grundbausteine in der belebten Natur. Sie werden quasi wie Bauklötzchen zusammengesetzt, und zwar ähnlich wie bei den Aminosäuren (vgl. *Seite 16*). Wenn Glucose und Fructose über die Sauerstoffbrücke zusammenkommen (vgl. *Abbildung 9*), entsteht Saccharose, unser bekannter Kristallzucker aus der Küche. Diese Verbindung wird in der Natur unter Einwirkung von Enzymen gebildet. Die Moleküle verbinden sich dann unter Austritt eines Wassermoleküls.

Mit Hilfe von anderen Enzymen läßt die Verbindung sich aber auch wieder trennen. Das Enzym, das diese Trennung bewirkt, heißt *Invertase* (Invert läßt sich etwa mit „anders herum" übersetzen). Frucht- und Traubenzucker liegen dann wieder getrennt vor. Diesen Zucker nennt man *Invertzucker* (vgl. *Seite 52*). Übrigens beherrschen auch die Bienen die Invertzuckerproduktion. Honig besteht zu 70 bis 80% daraus; und zwar zu gleichen Teilen aus Trauben- und Fruchtzucker.

*Lactose,* bzw. *Milchzucker,* entsteht, wenn Galactose und Glucose zusammengesetzt werden (vgl. *Abbildung 26*). Wenn sich zwei Glucosemoleküle verbinden, entsteht *Maltose,* auch *Malzzucker* genannt. Aber damit ist das Zuckerspiel noch keineswegs zu Ende. Glucosemoleküle können sich unter Einwirkung von Steuersubstanzen und Enzymen zu sehr, sehr langen Ketten

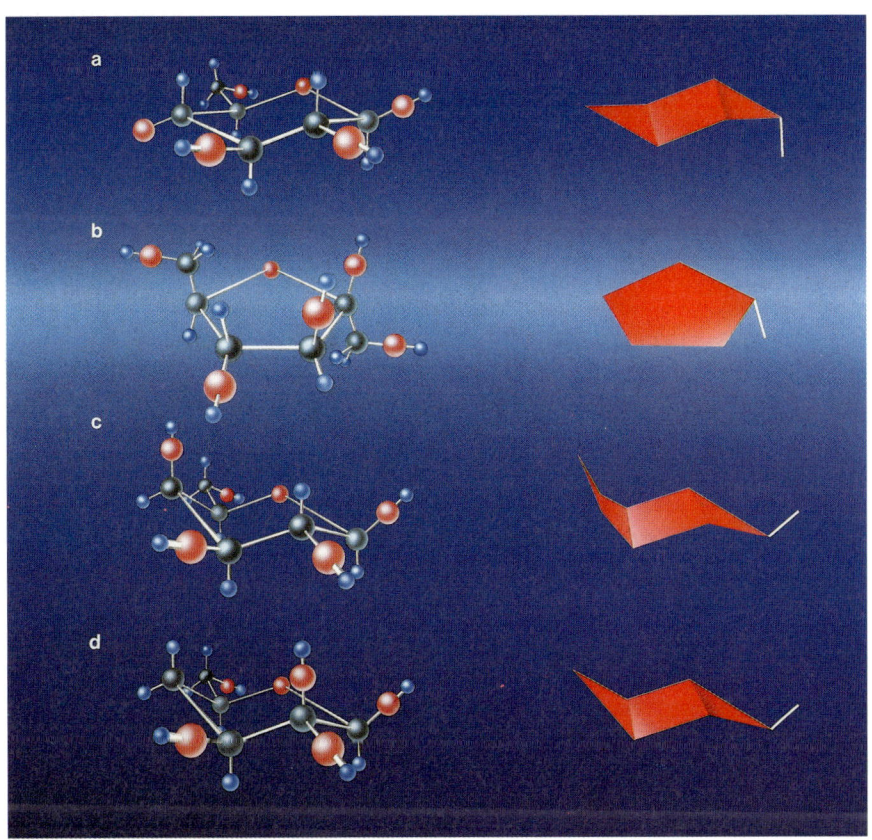

*Abb. 10:* Vier sehr unterschiedliche Stoffe mit exakt der gleichen chemischen Formel: (a) Glucosemolekül, (b) Fructosemolekül, (c) Galactosemolekül, (d) Mannosemolekül. Daneben jeweils die vereinfachte Darstellung.

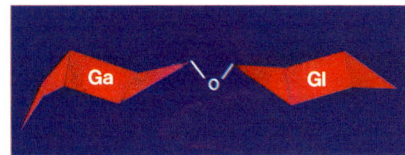

*Abb. 11:* Galactose und Glucose ergeben Lactose (Milchzucker).

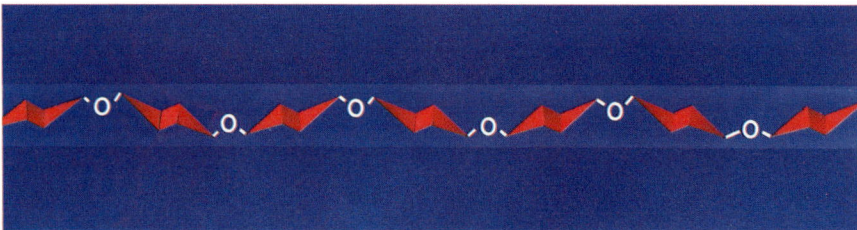

*Abb. 12:* Zellulose besteht aus Ketten von 300 bis 3000 Glucosebausteinen.

zusammenschließen. Sie können zum Beispiel Zellulose bilden, für die etwa 300 bis 3000 Glucosebausteine gebraucht werden (vgl. *Abbildung 12*). Zellulose ist ein *natürliches* Polymer, im Gegensatz zu den *künstlichen* Polymeren – den Kunststoffen –, bei denen ebenfalls Kohlenwasserstoffe aneinandergereiht werden. Auch dies geschieht unter Einfluß von Enzymen. Zellulose ist die häufigste Verbindung in der belebten Natur unserer Erde. In reinster Form kommt sie beispielsweise in der Baumwolle vor. Aber auch in allen anderen Pflanzen ist sie das wichtigste strukturgebende Material; im Holz ebenso wie im Stützgerüst von Pflanzenstengeln und Blättern.
Zum Aufbau der Zellulose benötigt die Pflanze Energie. Diese bezieht sie von der Sonne, wobei die Photosynthese mit Hilfe des Chlorophylls (Blattgrüns) eine entscheidende Rolle spielt. Die Pflanzen sind durch Photosynthese in der Lage, Energie zu speichern; und zwar über Milliarden von Jahren. Von dieser Fähigkeit profitieren wir heute, indem wir diese Energie in Form von Kohle, Erdöl oder Erdgas aus der Erde herausholen. In ihnen hat sich die Zellulose in Kohlenwasserstoff bzw. Kohlenstoff zurückverwandelt. Leider gehen wir mit diesen in endlosen Zeiträumen gespeicherten Stoffen allzu verschwenderisch und sorglos um.
Wären die Enzyme unseres Magensaftes in der Lage, Zellulose wieder aufzutrennen, das heißt, in die einzelnen Glucosebausteine zurückzuverwandeln, dann stünde uns Menschen praktisch ein unbegrenztes Nahrungsreservoir zur Verfügung. Für unseren Stoffwechsel ist Glucose nämlich vor allem als Energielieferant von entscheidender Bedeutung; denn einerseits entsteht bei der Auftrennung der Ketten Wärme – es handelt sich dabei sozusagen um eine langsame Verbrennung – und andererseits können die Glucosemoleküle sehr leicht im Blut transportiert werden. Sie stellen dann die entscheidende Zellnahrung dar.

Diese Nahrungsquelle steht uns Menschen leider nicht unmittelbar zur Verfügung, im Gegensatz zu manchen Tieren, die Zellulose tatsächlich verwerten können. Dazu gehören bestimmte Bakterien und Termiten (ameisenähnliche Insekten), die manche Hausbesitzer in den Tropen schon zur Verzweiflung gebracht haben; denn Termiten vermögen ganze Balken innerhalb weniger Tage aufzufressen.
Aber auch wiederkäuende Säugetiere wie Rinder, Schafe, Ziegen und Kamele verdauen Zellulose. Dabei helfen ihnen im Vormagen (Pansen) Bakterien. Damit erschließen sie uns indirekt eine weitere Nahrungsressource, indem wir deren Fleisch essen.
Wir Menschen müssen auf eine andere, leichter verdauliche Kohlenhydratart zurückgreifen: die Stärke. Auch sie besteht aus Glucosebausteinen. Nur sind die Bindungen nicht ganz so stark, bzw. wir besitzen im Magensaft ein Enzym, das in der Lage ist, die Kette der Stärke in Einzelglieder – in Glucose also – zu sprengen (vgl. *Abbildung 8*).
Verdauen heißt im Prinzip nichts anderes, als solche Bindungen durch Enzyme aufzulösen. Vom Darm werden dann die Glucosemoleküle durch die Darmwand geschleust und ins Blut geleitet. Dazu bedarf es aber einer gewissen Zeit. Deshalb steigt der Blutzuckerspiegel nach Aufnahme von Stärke, das heißt von Brot oder anderen Mehlerzeugnissen, aber auch von Kartoffeln, weniger schnell an, als wenn dem Magen Zucker direkt zugeführt würde. Am schnellsten läuft dieser Prozeß bei Traubenzucker ab, der für einen erschöpften Sportler als direkt verfügbare Nahrung Vorteile bringt (vgl. *Seite 19*).

# Problematische Seiten des Zuckers

Auch Saccharose – sei es nun Rohrzucker oder unser Haushaltszucker – wird im Magen sehr schnell in die Bestandteile Glucose und Fructose zersetzt. Diese Zersetzung beginnt bereits im Speichel der Mundhöhle. Unter dem Einfluß von Mikroorganismen bilden sich dabei Stoffwechselprodukte, z. B. Säuren, die unter anderem *Karies* auslösen und Löcher in den Zahn fressen. Die Saccharose ist deshalb die entscheidende Ursache für diese üble Zahnkrankheit. Fructose und Glucose sind getrennt nicht ganz so gefährlich, allerdings auch nicht ganz harmlos für die Zähne.

Besonders schädlich sind in dieser Hinsicht Lutschbonbons, die man lange im Mund behält, oder auch die klassischen Karamel-Bonbons, die man nicht zu Unrecht im Volksmund als „Plombenzieher" bezeichnet. Schädlich ist aber auch Kaugummi, sofern er mit Zucker gesüßt ist, und schließlich alle sauren Bonbons. Die Mischung aus Zucker und Säure ist besonders aggressiv.

Obwohl es in diesem Buch um die Zubereitung von Süßigkeiten geht, sagen wir offen, daß auch wir etwas dagegen haben, daß in den Schulpausen am Schulkiosk tonnenweise Bonbons verkauft werden und daß es die gefährliche Sitte des sogenannten Betthupferls nach dem Zähneputzen gibt. Wir meinen aber auch, daß es einen Unterschied gibt zwischen den gedankenlos gekauften Süßigkeiten und den selbstgemachten. Denn – wie Sie gleich sehen werden – die eigene Herstellung von Bonbons und Pralinen ist eine geradezu künstlerische Tätigkeit, die viel Aufmerksamkeit erfordert, die aber auch viel Spaß macht. Und diese mit viel Hingabe hergestellten Leckereien schluckt man nicht wahllos in jeder beliebigen Menge hinunter.

Zucker, der im Stoffwechsel nicht gebraucht wird, verwertet der Körper besonders gern als Reservedepot für schlechte Zeiten. Genauer gesagt: Er setzt ihn umgehend in Fett um. Da die Zeiten heute bei uns so schlecht nicht mehr sind, leiden deshalb viele Menschen an Übergewicht.

Es gibt Ernährungswissenschaftler, die in Zucker gar kein Nahrungsmittel, sondern ein reines Genußmittel sehen. Sie sind überzeugt davon, daß der Mensch sehr gut ohne Zucker auskommen kann, vor allem ohne den heute üblichen *gebleichten Industriezucker*. Er ist zwar sehr kalorienreich, aber in einer Zeit, in der die Überernährung in den reichen Industrieländern fast die Regel ist, ist das eher ein Nachteil.

Auch Ärzte, und vor allem die Zahnärzte, sind auf Zucker gar nicht gut zu sprechen. Manche Zahnärzte gehen heute sogar so weit, daß sie sagen, Zucker müßte wie Zigaretten und Drogen verboten werden.

Beim Zucker ist es nicht anders als auch bei anderen Dingen: es kommt ganz auf die Menge an. Zucker kann heute in unserer Gesellschaft deshalb so viel Schaden anrichten, weil er in riesigen Mengen konsumiert wird. In Amerika ißt jeder Mensch pro Tag im Durchschnitt 200 g Zucker in verschiedenster Form; das heißt also, als reinen Zucker und als Bestandteil von Speisen und Getränken. 200 g pro Tag sind eindeutig zuviel, denn sie machen bis zu 30% der vom Menschen benötigten Gesamtkalorien pro Tag aus. Dieser hohe Kaloriengehalt hat auch noch einen anderen Nachteil. Zucker wird fast vollständig im Körper verbrannt; er besitzt keine anderen Nährstoffe wie etwa Vitamine, Spurenelemente und Ballaststoffe, die normalerweise mit der Nahrung aufgenommen werden. Anders ausgedrückt: Zucker macht satt, ohne daß mit dieser sattmachenden Speise dem Körper zugleich die nötigen Vitamine usw. zugeführt werden. Es kann also regelrecht zu Mangelerscheinungen kommen.

In Deutschland werden „nur" ca. 100 g Zucker pro Tag und Person vertilgt, also knapp die Hälfte der in den USA verbrauchten Menge. Aber auch dies halten die Ärzte für viel zu hoch. Wünschenswert wäre, wenn der Konsum auf 40 g bis höchstens 50 g heruntergeschraubt würde. Diese Reduzierung müßte möglich sein, ohne daß die Menschen auf die angenehmen Seiten des Zuckers verzichten müssen.

Sicher ist es nicht richtig, den Zucker als Hauptübeltäter und Verursacher aller Zivilisationskrankheiten hinzustellen. Und wenn inzwischen sogar in den Anzeigenteilen der Tageszeitungen die Verfechter verschiedener Auffassungen gegeneinander antreten, dann stecken hinter solchen Attacken sehr oft handfeste Interessen. Daß sich die Süßstoffindustrie und die Zuckerwirtschaft ständig in den Haaren liegen, ist seit langem bekannt. Beide Seiten versuchen der jeweils anderen gesundheitsgefährdende Wirkungen ihres Produktes nachzuweisen, und beide können wissenschaftliche Untersuchungen für sich in Anspruch nehmen. Wir wollen uns hier aus diesem Gerangel schon deshalb heraushalten, weil es über verschiedene Wirkungen des Zuckers sehr voneinander abweichende Lehrmeinungen gibt. Wir bieten beides an, so daß Sie sich selbst entscheiden können.

Auch viele Verdauungsstörungen können im übermäßigen Zuckergenuß ihre Ursachen haben. Wenn nicht alle Zuckerstoffe im Dünndarm absorbiert werden, gelangen sie in den Dickdarm, wo sie Gärprozesse auslösen. Menschen, die stark unter Blähungen leiden, sollten einmal ihren Zuckerkonsum reduzieren. Vielleicht geht es ihnen dann schon besser. Übrigens ist der braune Rohzucker aus Rüben oder aus Zuckerrohr oder Honig in dieser Hinsicht keineswegs gesünder (mehr dazu im folgenden Kapitel „Zucker und Zuckerersatzstoffe").

*Abb. 13:* Der normale Haushaltszucker bildet — wie beim Kandis — durch seinen inneren Molekülaufbau regelmäßige Kristalle.

## Zucker für unsere Rezepte

**Haushaltszucker**

Hier handelt es sich um reine Saccharose, um eine Verbindung von Glucose und Fructose. In der Regel wird dieser Zucker in unseren Breiten aus der Zuckerrübe gewonnen. Nach dem Zerkleinern und Auskochen der Rüben wird daraus dann die *Zuckermelasse* extrahiert. Ein Zwischenprodukt davon ist z. B. das Rübenkraut. Diese Melasse wird anschließend u. a. durch Auskristallisation wieder konzentriert. Dabei nutzt man die physikalische Eigenschaft der Saccharose, in übersättigter Lösung (Lösungen mit Zuckergehalt von 30 bis 40%) Kristalle zu bilden. Wenn diese Kristalle in Ruhe wachsen, dann können sie Größen von mehreren Kilogramm erreichen (vgl. *Abbildung 13*).

Übrigens, die äußere Form ist ein Abbild der inneren Struktur der Moleküle. In der Regel nimmt Saccharose die Form von rhombischen Körpern an. Sie kennen dies bestimmt vom Kandiszucker, der aus physikalischer Gesetzmäßigkeit von innen her in diesen charakteristischen Formen wächst.

Beim Kristallisieren werden fast keine Fremdstoffe in die Kristallstruktur eingebaut. Haushaltszucker läßt sich ohne viel technischen Aufwand reinigen und gehört damit zu den reinsten Substanzen. Dies ist einerseits ein Vorteil, denn er ist garantiert frei von Pestiziden, Schwermetallen usw. Andererseits aber kann es vom ernährungsphysiologischen Standpunkt aus — wie schon angesprochen — ein Nachteil sein (vgl. *Seite 23*).

Theoretisch könnte man auch den Rohzucker verwenden. Er hat nur vom Kochen her eine etwas bräunliche Farbe. Sie entsteht durch das Kandieren der Zuckerkristalle. Der Kandiszucker von früher war eine Art Rohzucker; heute geht die Zuckerindustrie immer mehr dazu über, den Kandis aus rückgefärbtem normalem Kristallzucker herzustellen.

Weiß wird der Zucker erst durch Bleichen. Trotzdem brauchen wir keine Angst zu haben, denn das Bleichmittel bleibt bei der Auskristallisation nicht im Zucker. Ob Rohzucker gesünder ist als normaler Haushaltszucker darf bezweifelt werden, weil er auf keinen Fall mehr Mineralstoffe und Vitamine besitzt und ebenso Karies und Verdauungsbe-

schwerden hervorrufen kann (vgl. Seite 23).
Gleiches gilt auch für den sogenannten Rohrzucker. Er wird zwar aus tropischem Zuckerrohr gewonnen, besitzt aber aus oben geschilderten Gründen keine anderen Inhaltsstoffe; auch der Roh-Rohrzucker nicht, der in bestimmten Kreisen ja als das alternative Süßungsmittel par excellence gepriesen wird. Der einzige Unterschied zwischen dem Zucker aus Zuckerrüben und Rohrzucker besteht darin, daß der Rohrzucker drei- bis viermal teurer als unser Haushaltszucker ist. Den Menschen, die mit dem Kauf von Rohrzukker die Völker der 3. Welt unterstützen wollen, sei gesagt, daß es wesentlich bessere Möglichkeiten gibt und geben muß. Er wird meist in Monokulturen angebaut, die die Natur völlig zerstören. Dann ist es gleichgültig, ob er kapitalistischen oder sozialistischen Wirtschaftssystemen entstammt.

**Glucose-Sirup**

Dies ist ein Rohstoff, der in der professionellen Zuckerbäckerei eine wichtige Rolle spielt. Leider wird er im Lebensmittelhandel nicht angeboten, obwohl er sich auch im Haushalt nützlich machen kann. Wir versuchen, dafür zu sorgen, daß Sie ihn in Zukunft in den Läden, in denen die Hobbythek-Zutaten geführt werden, erhalten können (vgl. Anhang).
Glucose-Sirup benötigen wir vor allen Dingen als Kristallisationshemmer, das heißt, er soll verhindern, daß die Süßigkeiten, ob das nun Bonbons oder Geleefrüchte oder kandierte Früchte sind, zu festem Zucker rekristallisieren.

*Abb. 14:* Für alle Süßigkeiten, die nicht kristallisieren sollen, brauchen Sie den glasklaren Glucosesirup.

Auf den ersten Blick sollte man meinen, daß es sich bei diesem Sirup um reine Glucose, um eine Art Traubenzucker handelt. Dies ist aber in den handelsüblichen Formen nicht der Fall. Dort hat sich eine Mischung verschiedener Zuckerarten bewährt. Normalerweise sind es Glucose (Traubenzucker), außerdem Maltose und Maltotriose, der Rest sind sogenannte höhere Zucker. Die Anteile schwanken je nach Verwendungszweck des Glucosesirups. Mit den genannten Bestandteilen hat er eine geringere Süßkraft als Zucker. Enthält er Fructose (Fruchtzucker), so kann sie entsprechend höher liegen.

**Traubenzucker**

Dieser besteht aus reiner Glucose. Wenn man ihn zu sich nimmt, wird er sofort verwertet, weil er direkt ins Blut übergehen kann. Deshalb gilt er als schnell wirksamer Energiespender.
Traubenzucker besitzt nur etwa 80% der Süßkraft von Kristallzucker, weshalb wir ihn nur gelegentlich verwenden, wenn es beispielsweise darum geht, die Auskristallisation zu verhindern. Traubenzucker hat nur ein ganz geringes Kristallisationsbestreben.

**Fruchtzucker**

Zu Fruchtzucker haben wir schon manches ab *Seite 20* gesagt. Bei der Anwendung in Rezepten ist es vielleicht wichtig zu wissen, daß er etwa eine 10 bis 20% höhere Süßkraft besitzt als der Kristallzucker. Man kann also sehr gut mit ihm süßen.
Allerdings ist er wesentlich teurer als der Haushaltszucker, so daß er sich nur für Diabetiker und Menschen lohnt, die mit Glucose ihre Schwierigkeiten haben. Sein Kaloriengehalt und die Kariogenität (d. h. das Vermögen, Karies auszulösen), sind genauso hoch wie beim Haushaltszucker. In jedem Fall enthält auch der Haushaltszucker die Fructose, und zwar zu 50%: die Saccharose wird bei der Verdauung durch Magensäure und Magenenzyme in Glucose und Fructose gespalten.
Fruchtzucker ist sehr hygroskopisch, d. h. er zieht Wasser aus der Umgebung an. Das ist ein Nachteil bei Süßigkeiten, die mit Fructose hergestellt werden. Das gilt ebenso für Süßigkeiten aus Sorbit und Xylit; auch sie ziehen Feuchtigkeit an und werden weich. Deshalb muß man sie stets im verschlossenen Glas aufbewahren. Beim Backen mit Fruchtzucker muß man beachten, daß der Kuchen stärker bräunt als mit Haushaltszucker. Deshalb den Backofen hierbei immer etwas schwächer einstellen.

**Invertzucker**

Dies ist nun ein sehr interessanter Zucker, der eigentlich als vorverdauter Zucker angesehen werden kann. Invertzucker heißt er deshalb, weil hier der Vorgang, der bei der Bildung der Saccharose vor sich geht, sozusagen umgekehrt wird (invertere [lat.] = umdrehen). Er wird gewonnen, indem Haushaltszucker, also Saccharose, der Wirkung von Säuren und Enzymen ausgesetzt wird. Dabei spaltet er sich in seine Bestandteile, Glucose und Fructose, auf.

Wir verwenden den Invertzucker hauptsächlich in den Fällen, wo eine Auskristallisation unerwünscht ist. Der Grund für das kristallisationshemmende Verhalten ist wieder bei der Glucose zu suchen, die im Invertzucker vorliegt. Die Kristallisation des Fruchtzuckers wird dadurch erheblich verzögert. Bei weitgehender Invertierung kann man damit rechnen, daß Invertzucker erst nach etwa drei bis sechs Monaten beginnt, auszukristallisieren, was man auch sehr schön am Honig beobachten kann.

Der Honig hat in der Regel einen hohen Anteil von Invertzucker. Mit Invertzucker läßt sich wesentlich preiswerter süßen als mit Honig, um den es bei erhitzten Speisen oft zu schade ist.

Wir sagten schon, daß bei der menschlichen Verdauung ähnliches passiert. Auch Invertzucker gibt es nicht fertig zu kaufen, aber mit den Rezepten auf *Seite 52* können Sie ihn selbst gewinnen. Das erste Rezept funktioniert mit Säure, das zweite mit einem Enzym namens $\beta$-Fructosidase, das wir Ihnen unter der Bezeichnung „Invertfluid HT" zugänglich machen werden. Invertzucker wird zum Süßen in verschiedenen Speisen verwendet (vgl. *Seite 52*).

**Honig**

Seine Süßkraft bezieht der Honig aus seinem hohen Anteil an Invertzucker. Zusätzlich sind Enzyme und Mineralstoffe sowie Vitamine enthalten, so daß auf ihn die Schelte des inhaltslosen Kalorienspenders Zucker nicht zutrifft. Er ist sicherlich eine gute, leider etwas teure Alternative zum Haushaltszucker.

Zu beachten ist allerdings, daß manche Inhaltsstoffe durch Kochen verändert werden, deshalb lohnt es sich schon aus Kostengründen nicht, für diese Anwendungszwecke teuren Schleuderhonig zu verwenden; es reicht ein preiswerter Kochhonig oder Invertzucker. Das gilt z. B. für Marmeladen, die Sie nach unseren Rezepten mit Honig süßen wollen.

Bei der Verwendung von Honig sollten die Menschen etwas vorsichtiger sein, die zu allergischen Reaktionen neigen. Im Honig sind insbesondere die Pollen, aber auch andere Inhaltsstoffe dafür verantwortlich.

Allerdings kann auch Honig Karies auslösen. Daher nach dem Genuß von mit Honig gesüßten Speisen möglichst bald die Zähne putzen!

Honig war als Süßstoff schon lange bekannt, bevor man zum Süßen Zucker verwandte. Die enorme Wertschätzung, die ihm schon damals zuteil wurde, hat sich bis heute erhalten.

Der sprichwörtliche Fleiß der Bienen bringt ein wahres Wunderwerk der Natur zusammen. Die Bienen sammeln hauptsächlich Blütennektar, aber auch andere Sekrete von Pflanzen und Insekten, die sie auf den Pflanzen finden. Hauptsächlich nehmen die Bienen Saccharose (Kristallzucker) auf, den sie mit körpereigenen Enzymen in Glucose (Traubenzucker) und Fructose (Fruchtzucker), also Invertzucker, umwandeln. Vergleichbares geschieht ja auch bei der menschlichen Verdauung der Saccharose.

Zu etwa 70% besteht der Honig aus Invertzucker, dazu kommen noch ca. 21% Wasser, weitere Zuckerarten, Mineralstoffe, Enzyme u.v.m. 100mal muß eine Biene von ihrem Stock zu den Blüten fliegen, bis sie etwa 20 mg Honig erzeugt hat. Das fertige Produkt wird dann in den Waben abgelegt und reift dort weiter. Die eigentliche Bestimmung des Honigs gilt der Aufzucht des Nachwuchses und als Wintervorrat.

Man unterscheidet zwischen *Blütenhonig* aus Blütennektar (wie z. B. Akazien-, Linden-, Klee- oder Rapshonig) und *Honigtau-* oder *Waldhonig* aus zuckerreichen Absonderungen pflanzensaugender Insekten (wie z. B. Tannen- oder Fichtenhonig). Blütenhonige haben eine dickflüssige Konsistenz, die bei längerer Lagerung immer fester wird, weil die Glucose auskristallisiert. Durch leichtes Erwärmen auf 40° C lösen sich die Kristalle aber wieder auf. Honigtau- oder Waldhonige kristallisieren langsamer und schmecken weniger süß als die Blütenhonige.

Damit der Honig Kennzeichnungen wie Akazien-, Linden-, Heidehonig tragen darf, muß er wirklich zum größten Teil aus dem entsprechenden Blütennektar stammen. Die Honigverordnung schreibt vor, daß Blütenhonig minde-

stens 65% und Waldhonig mindestens 60% Invertzucker enthalten muß. Hinzu kommt bei beiden höchstens 5% Saccharose.
Es gibt verschiedene Methoden, den Honig aus den Waben herauszuholen. Normalerweise wird der Honig geschleudert, allerdings ohne Erwärmung. Besonders wertvoll ist der Scheiben- oder Wabenhonig, der noch in den Waben gehandelt wird. Er ist allerdings selten zu finden.
Übrigens reicht der heimische Honig bei weitem nicht aus, weshalb der überwiegende Teil importiert wird.
Honig läßt sich in der Küche als Geschmacksgeber und Süßungsmittel vielseitig einsetzen.
100 g Honig haben etwa 300 kcal oder 1270 kJ, und er wirkt genauso kariogen, also kariesfördernd, wie Zucker. Seine Süßkraft verdankt er seinem Gehalt an Traubenzucker und Fruchtzucker. Deshalb ist er für Diabetiker völlig ungeeignet.
Um die natürlichen Bestandteile des Honigs zu schonen, sollte man ihn höchstens leicht erwärmen, auf keinen Fall über 80° C. Trotzdem finden Sie in diesem Buch einige Rezepte, bei denen dies nicht zu vermeiden ist. Dann haben Sie aber immer noch einen guten Honiggeschmack. Meist können Sie wahlweise entweder Glucosesirup (vgl. *Seite 25*) oder Invertzucker (vgl. *Seite 52*) statt Honig verwenden, wenn im Rezept eines von dreien verlangt wird.
Honig ist über Jahre hinweg lagerfähig, er sollte nur gut verschlossen sein, weil er leicht Wasser und Gerüche aus der Umgebung aufnimmt.

## Zuckeraustauschstoffe

In Pflanzen, vor allem in Früchten, gibt es neben der Saccharose, der Fructose und der Glucose noch andere Substanzen, die süß schmecken, die aber im Verdauungstrakt des Menschen nicht unmittelbar in Blutzucker (Glucose) umgewandelt werden können. Sie sind deshalb neben Fruchtzucker besonders für Diabetiker geeignet. Diese Stoffe gehören der Stoffgruppe der *Alkohole* an. Sie spielen in der Natur ebenfalls eine wichtige Rolle. Zu den Alkoholen zählt nicht nur der flüssige Weingeist, auch Ethanol genannt, und das äußerst giftige Methanol bzw. Methylalkohol, sondern auch eine ganze Reihe von festen Alkoholen. Einige davon eignen sich wegen ihrer Süße als Zuckeraustauschstoff. Die zwei wichtigsten möchten wir Ihnen kurz beschreiben.

### Süß und unschädlich: Sorbit und Xylit

Da ist zunächst der **Sorbit** zu nennen. Er kommt sowohl in niederen Pflanzen vor − zum Beispiel in Algen −, wie auch in den Früchten höherer Pflanzen, wie in Äpfeln, Birnen, Kirschen, Pflaumen, Aprikosen, Pfirsichen und anderen, aber auch in Heidel- und Vogelbeeren. Der Sorbitgehalt kann bis zu 10% betragen (vgl. *Tabelle*).
Der süße Geschmack dieser Früchte wird außer durch Fruchtzucker auch durch Sorbit bestimmt. Allerdings besitzt Sorbit nur die Hälfte der Süßkraft von Saccharose, leider bei gleichem

| Art | Gehalt in 100 g |
|---|---:|
| Eberesche (Sorbus aucuparia) | 5,0−12,0 g |
| Weißdorn (Crateagus oxyacantha) | 7,6 g |
| Feuerdorn (Crateagus pyracantha) | 4,7 g |
| Bergmispel (Cotoneaster microphylla) | 3,6 g |
| Pflaume (Prunus domestica) | 1,7−4,5 g |
| Birne (Pirus communis) | 1,2−2,8 g |
| Pfirsich (Prunus persica) | 0,5−1,3 g |
| Apfel (Pirus malus) | 0,2−1,0 g |
| Aprikose (Prunus armeniaca) | 0,82 g |
| Erdbeere (Fragaria-Arten) | 32,0 mg |
| Himbeere (Rubus idaeus) | 8,5 mg |
| Heidelbeere (Vaccinium myrtillus) | 4,3 mg |
| Apfelsaft (in Abhängigkeit vom Konzentrat) | 0,44−5,37 g |
| Birnensaft (in Abhängigkeit vom Konzentrat) | 0,36−12,0 g |
| Pflaumen (Fruchtzubereitungen) | 9,4−18,8 g |

*Tabelle:* Sorbitvorkommen in Früchten und Fruchtzubereitungen.

Nährwert (ein Gramm Sorbit = 17 kJ oder 4 kcal). Für kalorienreduzierte Nahrung ist dieser Zuckeraustauschstoff also nicht geeignet.

Sorbit kann man sogar im Supermarkt kaufen. Um seine Süßkraft der des normalen Zuckers anzugleichen, wird er oft mit künstlichem Süßstoff (0,1% Saccharin) angereichert. Dies wird – leider – meist nur ganz klein geschrieben auf der Packung angegeben. Trotzdem sind die Vorteile von Sorbit unübersehbar, nur in geringem Maße kariogen (Karies auslösend) zu sein und – wie erwähnt – bei der Verdauung nicht direkt in Glucose umgewandelt zu werden.

Diabetiker sollten die Broteinheiten beachten (eine Broteinheit = 12 g Sorbit). Mit Sorbit hergestellte Bonbons oder Schokolade (Eiskonfekt) wirken im übrigen angenehm kühl auf der Zunge, weil Sorbit beim Lösen in Wasser viel Lösungswärme benötigt. Diese Wärme wird dem Speichel entzogen.

Ein Nachteil von Sorbit ist, daß er nur sehr langsam verdaut wird und daß er dadurch unverdaut vom Magen in den Darm gelangt, wo er viel Wasser anzieht. Das heißt, es kann bei zu hoher Dosierung (ab 15 g Einzeldosis und 30 g Tagesdosis), zu wäßrigem Durchfall kommen. Aus dem gleichen Grund ist Sorbit ein mildes Abführmittel (Laxans). Die laxierende Wirkung von Pflaumen ist zum größten Teil auf ihren Sorbitgehalt zurückzuführen. Reines Sorbit wirkt allerdings nicht ganz so stark. Auch bei empfindlichen Menschen kommt es zum Beispiel nicht zu den beim Verzehr von großen Pflaumenmengen zu beobachtenden Krämpfen (vermutlich wegen der fehlenden Fruchtsäure). Zu beachten ist

*Abb. 15:* Xylit (die beiden Näpfchen rechts) hat die gleiche Süßkraft wie Zucker (oben), ist aber leider teurer. Das sollte Ihnen aber die Gesundheit Ihrer Zähne wert sein. Das billigere Sorbit (links) hat nur die halbe Süßkraft von Zucker.

auch, daß bei entsprechender Veranlagung Blähungen auftreten.

Der zweite Zuckeralkohol ist der **Xylit.** Xylit kommt wie Sorbit häufig in der Natur vor. Er ist in vielen Pflanzen enthalten, zum Beispiel in Birkenholz, aber auch in gängigen Obst-, Gemüse- und Fruchtsorten, wie Blumenkohl, Erdbeeren, gelben Pflaumen usw. Im Körper der Tiere und Menschen ist er ebenfalls vorhanden, und zwar als Zwischenprodukt unseres Stoffwechsels. So bildet die Leber eines erwachsenen Menschen pro Tag immerhin 5 bis 15 g Xylit. Daher ist er auch ein völlig unproblematischer Stoff, der unmittelbar vom Organismus verwertet werden kann.

Der größte Vorteil von Xylit ist, daß er die gleiche Süßkraft wie der normale Zucker hat. Er schmeckt auch genauso und löst trotzdem garantiert keine Karies aus. Es scheint, daß er sie sogar verhindern hilft. Daß wir all diese Stoffe als süß empfinden, liegt daran, daß sie offenbar einen Schlüssel zu unseren „süßen" Sensoren auf der Zunge besitzen (vgl. *Seite 11*).

Xylit wird im Körper nicht unmittelbar in Glucose verwandelt und ist daher auch für Diabetiker voll geeignet. Zu berücksichtigen sind aber hier die Broteinheiten (12 g Xylit entsprechen einer Broteinheit). Zum Abnehmen trägt allerdings auch Xylit nicht bei. Er besitzt etwa den gleichen Kalorienwert wie der Zucker (1 g = 17 kJ = 4 kcal).

Auch Xylit hat einen hohen Lösungswärmebedarf; das heißt, Süßwaren, die mit ihm hergestellt werden, kühlen angenehm auf der Zunge (Eiskonfekt, Kristallbonbons usw.).

Wo es viele Vorteile gibt, gibt es leider meist auch kleinere Nachteile: Xylit löst im Darm ähnliche Symptome aus wie Sorbit. In zu großen Mengen genossen, kann er also zu Durchfall führen. Die Tagesdosis liegt aber etwas höher als bei Sorbit (Einzeldosis 30 g, Tagesdosis 50 g). Allerdings gibt es einen interessanten Unterschied zu Sorbit: Der Organismus gewöhnt sich sehr schnell an Xylit, weil die Darmbakterien sich offenbar bald auf ihn einstellen. Deshalb tritt Durchfall bei überhöhter Dosis meist nur in den ersten Tagen auf. Danach können selbst Dosen von mehr als 80 bis 100 g pro Tag gut vertragen werden, wie uns vorliegende ausführliche Untersuchungen bestätigen. Beachten muß man allerdings, daß der Darm sich aber genauso schnell auch wieder von Xylit entwöhnt. Bereits nach einer Pause von 2 bis 3 Tagen kann die laxierende, also abführende Wirkung erneut einsetzen. Diese Eigenschaft macht Xylit zu einem interessanten, besonders milden Abführmittel. Ein Mißbrauch ist fast ausgeschlossen. Alle sonst so negativen Begleiterscheinungen – vor allem, daß der Darm träge und gereizt wird – entfallen hier.

Hier gleich ein Tip für Xylit als mildes Abführmittel: Versuchen Sie es im Fall des Falles einmal mit einer Dosis von 20 g Xylit; am besten schmackhaft verpackt in Obstkompott, Marmelade oder Bonbons.

Leider ist Xylit relativ teuer – etwa 10mal teurer als Zucker. Außerdem ist Xylit noch nicht überall erhältlich. Sie können es aber in den Läden kaufen, die wir im Anhang aufführen.

## Isomaltzucker

Wem die laxierende (abführende) Wirkung von Sorbit und Xylit unangenehm ist, kann auf einen weiteren Zuckerersatzstoff zurückgreifen, den es zwar in der Form nicht in der Natur gibt, der aber trotzdem als unbedenklich anzusehen ist, weil er aus den natürlichen Grundbausteinen besteht, die auch in anderen Zuckersorten vorkommen.

Man kann sich Isomalt als eine Verbindung aus Sorbit und Mannit (aus Mannose) und Glucose vorstellen. Hergestellt wird er zunächst in einer Art Gärprozeß unter Einwirkung von Bakterien aus Saccharose (Haushaltszucker). Dabei bildet sich eine spezielle Zuckerart (Isomaltulose). Aus diesem Zwischenprodukt wird dann der Isomaltzucker gewonnen. Er ist nach jahrzehntelangen intensiven Prüfungsverfahren jetzt zugelassen worden.

Isomalt hat folgende Vorzüge:
1. Er ist für Diabetiker voll geeignet, das heißt, er führt bei oraler Ein-

*Abb. 16:* Den Zuckeraustauschstoff Isomalt gibt es in zwei verschiedenen Körnungen. Bei den Rezepten sagen wir Ihnen, welche Sie verwenden sollen.

nahme (Aufnahme durch den Mund) nicht zu einem nennenswerten Anstieg des Blutzuckerspiegels.
2. Er ist zahnfreundlich (hier hat er die ähnlichen Eigenschaften wie Sorbit).
3. Er wird vom Verdauungsapparat nur zu 50% abgebaut, so jedenfalls die Meinung der meisten Wissenschaftler. Das kommt daher, daß der Spaltungsprozeß im Magen und im Dünndarm so lange dauert, daß mehr als die Hälfte davon unverdaut in den Dickdarm gelangt, wo er nicht mehr vom Organismus aufgenommen (resorbiert) werden kann. Dieser Rest wird dann wie Ballaststoff ausgeschieden.

In der Kalorienbilanz gibt es einen Dissenz zwischen dem Bundesgesundheitsamt und internationalen Forschern der Herstellerfirma. Das BGA setzt nur eine Kalorienreduk-

tion von 25% an, während die Firma glaubt, 50% bindend nachweisen zu können.
4. Er soll in bezug auf abführende Wirkung bei vergleichbarer Dosierung besser vertragen werden als Sorbit und Xylit. Allerdings kann auch er zunächst zu Blähungen führen.
5. Das Geschmacksprofil entspricht dem des Haushaltszuckers; allerdings muß berücksichtigt werden, daß Isomalt nur 50% der Süßkraft des Kristallzuckers besitzt. Hier ist er wiederum vergleichbar mit dem Sorbit. Kalorienreduzierend wirkt er also bei gleicher Süßkraft nur, wenn er mit Süßstoffen aufgesüßt wird (wie z. B. Sorbit plus S, vgl. *Seite 30 ff.*).

Wir empfehlen Isomaltzucker daher vor allem, wenn der Zucker auch als Masse eine Rolle spielt, wie beispielsweise bei Bonbons, die ja gelutscht werden, oder wo die Konsistenz geschmacklich eine Rolle spielt, z. B. bei der Schokolade.

*Abb. 17:* Isomalt kristallisiert schnell und wird dann fest. Eine ideale Voraussetzung für die Herstellung von Lutschern, die den Zähnen nicht schaden.

Isomalt wirkt im Gegensatz zu den anderen Zuckerstoffen nicht hygroskopisch. Deshalb sind daraus hergestellte Süßigkeiten längere Zeit lagerfähig, ohne weich zu werden; es besteht eher das Problem des Austrocknens. Der Schmelzpunkt von Isomalt liegt bei ca. 150 °C. Isomalt rekristallisiert schnell und wird dann wieder fest. Deshalb ist es ideal für Karamellen, Lutscher, Hartkrokant usw. geeignet. Bei Raumtemperatur können nur ca. 25% Isomalt in Wasser gelöst werden. Bei Haushaltszucker sind es ca. 65%.

Für Diabetiker noch wichtig: Bei Isomalt braucht gegenüber Zucker, Xylit oder Sorbit nur die Hälfte bzw. dreiviertel der Broteinheiten angerechnet werden, das heißt, 18 bis 24 g entsprechen 1 Broteinheit.

## Süßstoffe

Im Gegensatz zu den bisher beschriebenen süßenden Substanzen sind die Süßstoffe fast substanzfrei und damit kalorienarm. Schon geringste Mengen erzeugen den Süßgeschmack. Derzeit gibt es vier handelsübliche Süßstoffe: Saccharin, Cyclamat, Aspartam und Acesulfam K.

Wir erwähnten es schon, auch bei käuflichen Süßwaren sollten Sie berücksichtigen, daß die Aufschrift „zuckerfrei" nicht gleichbedeutend mit weniger Kalorieninhalt sein muß. Auch die Bezeichnung „Diätschokolade" bedeutet nicht automatisch, daß damit Ihre Schlankheit geschont wird, sondern daß „wirkliche" Diabetiker unter Berücksichtigung der Broteinheiten ihr Bedürfnis nach Süßem stillen können.

Achten Sie also immer auf das Kleingedruckte, das Lebensmittelgesetz schreibt ja eine Deklarierung der Inhaltsstoffe vor.

Apropos Diät oder Diabetiker oder diätetisch: Bei diesen Begriffen scheinen die sonst so aufmerksamen Sprachforscher nicht aufgepaßt zu haben. Einerseits beziehen sie ihre Bedeutung auf die durch Unterfunktion der Bauchspeicheldrüse ausgelöste Krankheit, andererseits auf den durch unsere Überflußgesellschaft Gezeichneten, der seine Pfunde abspecken will oder muß. Erstere kommen ganz gut mit den kalorienhaltigen Zuckeraustauschstoffen aus, also mit Fructose, Sorbit, Xylit oder Isomalt wobei die Notwendigkeit zur Anrechnung der Broteinheiten sowie die mögliche abführende Wirkung nur Schönheitsfehler darstellen.

Anders bei den Übergewichtigen: Für sie kann Zucker ein wahrer Übeltäter sein; um gerecht zu sein, natürlich neben den Fetten und – was häufig vergessen wird – dem Alkohol. Alle diese Substanzen strotzen nur so von Kalorien (oder von Joule – wie's heute nach den verbindlichen Richtlinien der offiziellen Maßeinheiten-Kommission heißen müßte).

Gleichgültig, ob Kalorien oder Joule, um 1 Kilogramm Körpergewicht langfristig einzubüßen, muß ein normaler Mensch auf 7000 Kilokalorien oder ca. 30 000 Kilojoule in der Nahrung verzichten. Bei einer totalen Fastenkur entspricht dies immerhin einem Zeitraum von 3 bis 5 Tagen. Apropos Abnehmen: Damit ist nicht der Flüssigkeitsverlust, z. B. in der Sauna gemeint, sondern echtes Abspecken.

Damit Sie wissen, wieviel Energie Sie sich jeweils zuführen, hier einige Angaben:

---

100 g Zucker, Stärke oder Eiweiß besitzen 400 kcal bzw. 1700 kJ,
100 g Alkohol 700 kcal bzw. 2800 kJ,
100 g Fett sogar 900 kcal bzw. 3800 kJ.

---

Demgegenüber enthalten künstliche Süßstoffe keine oder nur verschwindend geringe Energieinhalte.

### Täuschung der Geschmacksnerven

Mit den Süßstoffen werden quasi die Geschmacksnerven überlistet. Sie sind ja eigentlich dafür gedacht, dem Organismus den Sinn für süße Kalorien zu schärfen. Die äußere Struktur löst auf den ca. 2000 Geschmackssensoren auf der Zunge ähnliche Wirkungen aus wie die Zuckerstoffe, jedenfalls besitzen sie ähnliche Schlüsselstrukturen, die in das „Schloß" für süßen Geschmack hineinpassen.

Nach neuesten Forschungen weiß man, daß dieses Schlüsselmodell durchaus auch für die räumliche Anordnung zutrifft. Entscheidend ist der Abstand zweier Molekülgruppen (für Fachleute: das sind bestimmte Donatoren und Akzeptoren). Dieser Abstand beträgt recht genau 3 Angström = 0,0000003 mm.

Das Problem ist, daß unser süßer Geschmack durch kleinste Veränderungen an den Molekülen in bitter, aber auch in sauer umschlagen kann. So ist die Suche nach einem geeigneten Süßstoff nicht einfach. Der Süßstoff muß zwar den Schlüssel für das Süße

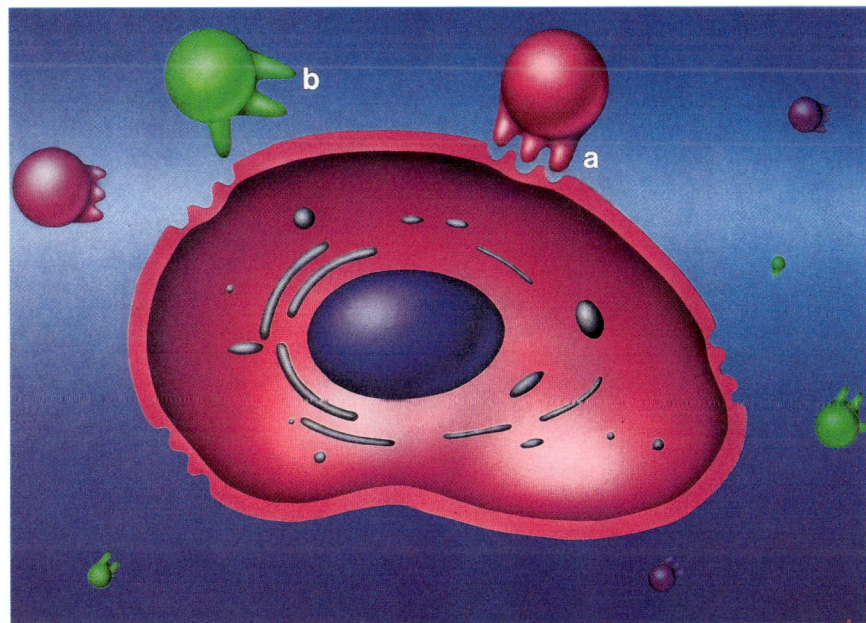

*Abb. 18:* Schematische Darstellung des Schlüssel-Schloß-Prinzips.
Die Geschmackszelle in der Mitte kann nur durch Moleküle beeinflußt werden, wenn deren Rezeptoren in die Zellwand passen (*a* paßt; *b* hingegen paßt nicht).

besitzen, nicht aber die daran hängenden kalorienhaltigen Kohlehydrate.
Von einigen Süßstoffen weiß man, daß sie einen bitteren Nachgeschmack erzeugen können. Dies wird individuell unterschiedlich empfunden: Dem einen schmeckt's, dem anderen nicht. Hinzu kommt, daß verschiedene Menschen den Geschmack auch unterschiedlich stark wahrnehmen. Das ist auch schon bei Zucker der Fall, was für „Süßmäuler" viel zuwenig süß ist, kann für den normal Schmeckenden schon penetrant süß sein.
Generell ist, vom Gewicht her betrachtet, die Süßkraft der Süßstoffe größer als beim Zucker – logisch, denn es hängen an diesem süßen Schlüssel ja auch keine Kohlehydrate dran.
Die Industrie versucht, dem Problem des gegenüber Zucker nicht immer vergleichbaren Geschmacks durch Kombination verschiedener Süßstoffe zu begegnen. Offenbar langfristig bewährt hat sich eine Mischung von 10% Saccharin und 90% Cyclamat. Neue Süßstoffe, die in letzter Zeit auf den Markt gekommen sind, ermöglichen auch andere Kombinationen. Übrigens, bei diesen Zusammenstellungen ist ein interessantes Phänomen zu beobachten: Die Süßkraft der Mischung kann häufig größer sein, als wenn mit der gleichen Menge der Einzelsubstanzen gesüßt würde. Man spricht dann von einer synergistischen Wirkung, was mit „positives Zusammenwirken" übersetzt werden könnte.

### Die Süßkraft

Rechnerisch gibt die *Süßkraft* an, wieviel süßer eine Substanz verglichen mit dem normalen Haushaltszucker schmeckt. Da die Süßkraft auch von der Konzentration abhängt, wird den Angaben eine 3- bis 4%ige Zuckerlösung zugrunde gelegt. Bei höheren Konzentrationen kann theoretisch nicht linear hochgerechnet werden. Wir haben aber die Erfahrung gemacht, daß wir uns in der Praxis durchaus daran halten können. Wir gehen von dem sogenannten *Zuckeräquivalent* aus. Wem die Süße dann möglicherweise zuviel oder zuwenig ist, der kann die Süßstoffmenge ja individuell an seinen eigenen Geschmack anpassen.
Manche Stoffe eignen sich für bestimmte Lebensmittel besser, manche weniger, aber auch hier ist es eine Frage des Geschmacks. Im Kaffee können Süßstoffe anders schmecken als in der Cola und – das weiß man aus Erfahrung – im Orangensaft können sie sogar den Fruchtgeschmack verstärken, während sie in Desserts, z. B. in Puddings, weniger Einfluß nehmen.
Die handelsüblichen Süßstoffe werden in fester, in pulvriger und in flüssiger Form angeboten. Da zum Teil nur wenige Milligramm ausreichen, sind sie meist verdünnt, um sie besser dosierbar zu machen.
Die kleinen Tabletten sind in ihrer Süßkraft in der Regel auf die Menge eines Zuckerwürfels von 4,4 g Gewicht ein-

gestellt. Bei Süßstoff in Pulverform müssen Sie die jeweiligen Angaben auf den Packungen beachten. Dies gilt auch für flüssige Süßstoffe, dort ist meist ein Meßkegel beigefügt, mit dem Sie die der Zuckermenge entsprechende Dosierung (hier spricht man dann von Zuckeräquivalent) bestimmen können. Den Begriff Zuckeräquivalent – abgekürzt Zuckeräqui – werden Sie daher in unseren Rezepten häufiger finden.

**Gesundheitliche Bewertung von Süßstoffen**

Normalerweise sind wir entschiedene Verfechter der natürlichen Nahrung. Wir halten es durchaus mit den Prinzipien der Vollwerternährung, gegen die wir auf den ersten Blick sicherlich ein wenig verstoßen haben, indem wir überhaupt ein in der Auffassung von Vollwertkostanhängern so problematisches Genußmittel wie den Zucker in unsere Überlegungen einbezogen haben und indem wir jetzt auch noch Süßstoffe als Alternative anbieten.
Gestatten Sie mir dazu einige Erläuterungen.

**Expertenstreit**

Seit 20 Jahren bemühe ich mich als Journalist um die Vermittlung von objektivierbarer Wissenschaft. „Das wollen viele", werden Sie sagen, „was ist schon objektiv." Gerade mit solchen Sprüchen hat uns die Industrie immer wieder weiszumachen versucht, sie sei im Besitz der unumstößlichen Wahrheit. Sie haben recht, die Industrie hat uns, aber auch unsere Volksvertreter, die Abgeordneten, ganz schön zu ihren Gunsten an der Nase herumgeführt, letztere durch eine Armada von Lobbyisten.
So entstand ein Teil des weltweiten Umweltdesasters, das offenbar von Industriemanagern in seiner Brisanz immer noch nicht richtig eingeschätzt wird. Die Ursache dafür liegt aber nicht nur in der Profitgier dieser Leute, sondern auch im Spezialistentum. Selbst gutwilligen Fachleuten fehlt ganz einfach heute der Blick fürs Ganze. Kein Wunder, daß viele Menschen so skeptisch gegenüber der Industrie sind.
Für mich persönlich habe ich es aber trotzdem immer wieder abgelehnt, die Industrie generell zu verteufeln. Ohne ihre Methoden sind unsere Umweltprobleme auch nicht mehr zu bewältigen, wir müssen sie einfach mehr zur Verantwortung ziehen. Deshalb müßte sie sich heute gefallen lassen, daß ihr überall und jederzeit auf die Finger geschaut wird; auch von kritischen Laien – wobei diese ja immer mehr unterstützt werden von kritischen Wissenschaftlern und kritischen Fachleuten.
Eine wichtige Rolle spielt dabei aber auch ein unabhängiger Wissenschaftsjournalismus. Er muß die Ergebnisse solcher Reflexionen jedermann vermitteln, und zwar so klar, daß es auch der Laie verstehen kann. Der Wissenschaftsjournalismus muß quasi einen Gegenpol zu den Verlautbarungen der Industrie bilden, da dieser Interessengruppe genügend Mittel und Geld zur Verfügung stehen, um ihre Ansichten zu verbreiten.
Daß dieser Kampf oft mit harten Bandagen geführt wird, habe auch ich erfahren. Plötzlich befand ich mich in einem Expertenstreit, in dem es schon mal vorkam, daß ich sowohl von der Industrie als auch von den sogenannten Alternativen geprügelt wurde. Auch letztere wähnen sich ja häufig im Besitz der absoluten Wahrheit.
Da ist natürlich die Frage, wo in diesem Dilemma die Glaubwürdigkeit bleibt. Nun, für mich besteht sie darin, nach bestem Wissen und Gewissen abzuwägen, mich möglichst tief in die Problematik einzuarbeiten und so viele Fakten von der einen und der anderen Seite zu sammeln, daß ich mir eine Meinung bilden kann. Ich gebe zu, daß man da irgendwann auf seinen hoffentlich gesunden Menschenverstand angewiesen ist, aber auch auf seine persönliche Erfahrung. Mit diesem Vorwissen muß man dann jeweils möglichst noch einmal gezielt bei den Experten anklopfen und gezielt nachfragen. Ich habe jedenfalls häufig erst dann die richtige Auskunft bekommen, wenn ich beide Parteien mit ihren eigenen Widersprüchen konfrontiert habe.
Zu meiner Erfahrung gehört auch, die wirklichen Verhaltensweisen der Menschen in das Denksystem einzubringen – ich sage bewußt, die wirklichen Erfahrungen, nicht die erwünschten. Viele Ideologen und Philosophen haben phantastische Gedankengebilde geschaffen – der einzige „Störfaktor" bei der Realisierung dieser Ideen blieb dann letztlich der Mensch. Dies kann man in der Geschichte vielfach beobachten. Viel Elend wäre der Menschheit erspart geblieben, wenn nicht so viele Ideologen sich im Besitz der absoluten Wahrheit gewähnt hätten. Es wäre besser, sie würden die Menschen so nehmen, wie sie wirklich sind.

**Süßer Genuß**

Kommen wir nach diesem Exkurs auf unser Thema zurück. Zur Natur des Menschen gehört für mich, daß er auf Dauer ungern Askese übt. Auf Süßes zu verzichten, bedeutet aber für die meisten Menschen, enorm asketisch leben zu müssen. Vor die Alternative gestellt, sich das süße Leben abzugewöhnen, werden nur wenige in der Lage und bereit sein, den entbehrungsreichen Weg zu wählen. Ich schätze, daß dies bestenfalls 5% aller Menschen gelingt.

Letztlich würde es auch nicht viel bringen, diese wenigen zu Heroen zu erheben, ihnen im Dienste der Volksgesundheit beispielsweise „Orden" zu verleihen. Noch schlimmer wäre es, dem großen Bruder Staat die Verantwortung zu übertragen, z. B. indem er den Zucker verbieten würde. Wie wenig selbst eine hohe Besteuerung des Rohstoffs fruchtet, sieht man am Beispiel des Rauchens. Gott sei Dank ist aber die süße Sucht in ihrer gesundheitlichen Bewertung nicht vergleichbar mit den üblen Folgen des Rauchens, so daß sich solche einschneidenden Maßnahmen wahrscheinlich auch in Zukunft erübrigen.

Meine Antwort auf dieses Problem: „Das kleinere Übel wählen". Den Menschen wird die Chance gegeben, sich selbst zu überlisten. Dazu können Süßstoffe behilflich sein. Dabei besteht selbstverständlich das Gebot, daß sie nicht mit einem unvertretbaren Risiko belastet sind. Das heißt, die Süßstoffe müssen einzeln und langfristig unter die lebensmittelwissenschaftliche Lupe genommen werden. Heute kann man mit Fug und Recht konstatieren, daß sie zu den wohl bestuntersuchten Substanzen des gesamten Lebensmittelbereichs gehören.

Die wichtigste Forderung, die dabei an einen Süßstoff zu stellen ist, ist, daß er auch dann, wenn er über Jahrzehnte regelmäßig eingenommen wird, gesundheitlich völlig unbedenklich sein muß. Das gilt einmal unter dem Aspekt der Giftigkeit. Dies ist noch relativ einfach festzustellen, und in dieser Hinsicht sind die handelsüblichen Süßstoffe völlig unproblematisch, das heißt ungiftig. Wenn hier mal ein Vergleich erlaubt ist: Unser normales Kochsalz ist unter diesem Maßstab 100mal toxischer als jeder auf dem Markt befindliche Süßstoff.

Wesentlich schwieriger ist es, Bewertungskriterien für eine mögliche Krebsauslösung oder eine Schädigung des ungeborenen Kindes herauszufinden. In dieser Hinsicht sind in der Vergangenheit Befürchtungen laut geworden. Diese Untersuchungen werden in der Regel durch Tierversuche gewonnen. Zu Recht sind Tierversuche für viele Menschen ein heißes Eisen.

Allerdings gibt es kaum einen Wissenschaftler, der generell die Notwendigkeit von Tierversuchen bestreitet. Wenn man wirklich verantwortungsvoll dabei vorginge, dann könnten die Tierversuche sicherlich auf ein Zehntel reduziert werden. Hier ist auch der Gesetzgeber gefordert, der zur Zeit noch Tierversuche verbindlich für alle neuen chemischen Substanzen vorschreibt, auch dort, wo andere Methoden, z. B. Invitro-Methoden ausreichen. Das gilt vor allem für die unzähligen mörderischen Vorversuche an Tieren, bevor eine Substanz endgetestet wird. Ich meine, hier liegt der Ansatz für eine erhebliche Reduktion, und vielleicht sollten die Tierversuchsgegner ihren Hebel an dieser Stelle ansetzen.

Ganz wird die Wissenschaft aber auf Tierversuche nicht verzichten können, und was die Süßstoffe anbelangt, so sind zwar zugegebenermaßen reichlich Tierversuche gemacht worden, bestimmt auch überflüssige, aber wenigstens sind bei diesen Substanzen die Tiere nicht gequält worden. Und, das darf man auch nicht leugnen, sie haben die gesundheitliche Sicherheit und Bewertung der Süßstoffe erheblich erhöht. Das Ergebnis liegt vor, und wir können es nutzen.

Ob es aber beispielsweise in den 70er Jahren nötig war, Ratten und Mäuse mit Saccharin und Cyclamat bis zum Exzeß zu füttern, ist eine andere Frage. In Amerika wurden diese Tiere mit einer Menge Süßstoff gefüttert, die auf den Menschen übertragen etwa 20 000 bzw. 4000 Tabletten täglich bedeutet hätte. Auf den Zucker übertragen entsprach diese Menge einem Zuckeräquivalent von 15 bis 20 kg bzw. 75 bis 100 kg täglicher Einnahme.

Diese unsinnige Dosierung führte bei den Versuchen zu einer Erhöhung des Blasenkrebs-Risikos und zu Leber- und Nierenschädigungen. Die Ergebnisse gingen damals durch die Presse, und viele Menschen fühlten sich in ihrer Skepsis gegen Süßstoffe bestätigt. Bis heute sitzt diese Angst noch in vielen Menschen. In den USA führten diese Tests sogar zu einem Verbot von Cyclamat. Später stellte sich heraus, daß nicht nur die hohe Dosierung die Aussagen falsch beeinflußt hat, sondern auch die generelle Untersuchungsmethode schwerwiegende Mängel bei der Durchführung aufwies.

Nicht der Süßstoff, sondern die durch die extreme Dosierung hervorgerufene Überlastung des Organismus, z. B. durch Auskristallisation des Saccharins und des Cyclamats, werden heute für die organischen Schäden verantwortlich gemacht. Dabei ermöglichte erst die konzentrierte Süßkraft solch hohe Dosen. Mit Zucker oder Zuckerersatzstoffen wäre das gar nicht möglich gewesen. Sie benötigen so viel Volumen, daß ein Einflößen dieser Menge sicherlich nach dem ersten Tag schon zum Tode geführt hätte.

Etwas Gutes brachten diese Tests aber allemal. In fast allen Ländern, in denen diese Süßstoffe im Verkehr waren, lösten sie fieberhafte und intensive Nachforschungen aus. So wurden u. a. die Stoffwechselprodukte und die im Körper möglichen chemischen Umwandlungen untersucht, und ob diese Produkte ihrerseits möglicherweise krebserregend wären. Dabei wurden eventuelle Reaktionen mit künstlichen und natürlichen Säuren, mit Enzymen, mit Mikroorganismen, ja sogar mit Medikamenten erforscht.

**Saccharin** erwies sich dabei als äußerst stabil. Das gilt nur mit Einschränkungen für das **Cyclamat**. Etwa 20% der Menschen scheinen mit ihrem Verdauungsapparat in der Lage zu sein, zumindest einen Teil des Cyclamats in sogenanntes Cyclohexylamin zu spalten (vgl. Abbildung 19). Dabei machte man die interessante Beobachtung, daß in Ostasien mehr Menschen anzutreffen sind, die Cyclamat spalten können, als in Amerika und Europa. Der Grund liegt darin, daß Cyclamat von bestimmten Darmbakterien zersetzt wird, die in der Darmflora der Ostasiaten häufiger vorkommen.

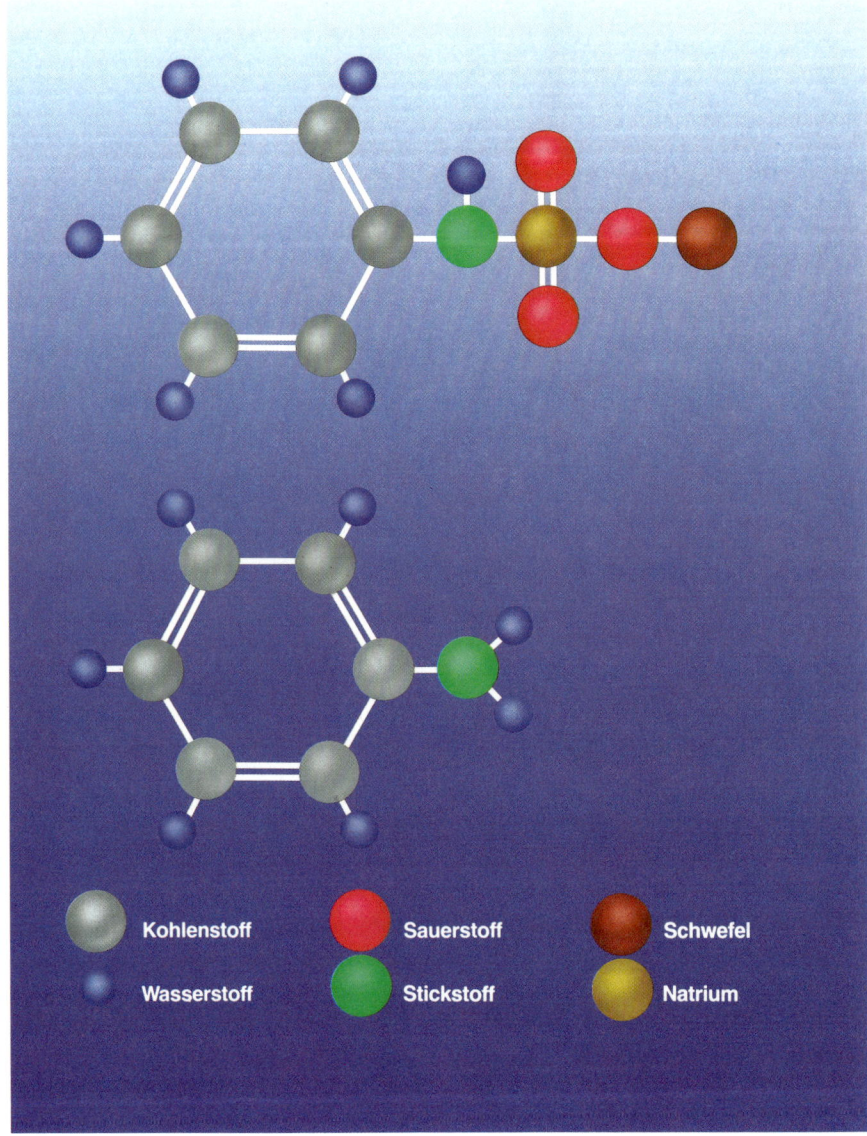

Abb. 19:
Manche Menschen sind in der Lage, den Süßstoff Cyclamat teilweise zu verdauen, wobei ein Teil des Cyclamats in sogenanntes Cyclohexylamin gespalten wird.

Die Forscher fragten nun nach einer möglichen Wirkung von Cyclohexylamin. Sie fanden heraus, daß die durch Umsetzung des Cyclamats gebildeten Mengen und der Anteil, der davon gegebenenfalls in den Kreislauf gerät, garantiert nicht giftig ist. Weiterhin löst Cyclohexylamin auch keinen Krebs aus oder schädigt ein heranwachsendes Kind im Mutterleib.

Trotzdem konnte man noch keine Entwarnung geben, denn — und das wußte man von Untersuchungen aus den 20er Jahren Cyclohexylamin kann im Organismus wie ein Medikament wirken, das den Blutdruck steigert. Diese Substanz scheint in größeren Dosen die Aufnahme des an der Steuerung des Blutdrucks beteiligten Hormons Noradrenalin durch das Herz zu vermindern. Allerdings hauptsächlich bei intravenöser Anwendung, d. h., wenn man das Mittel in die Venen spritzt.

Die Frage war, ob es auch die gleiche Wirkung beim Menschen hat, wenn es durch Cyclamat-Spaltung freigesetzt wird. Aber auch hier konnte Entwarnung gegeben werden: In keinem Fall wurde eine Beeinflussung des Kreislaufs festgestellt. Möglicherweise liegt es daran, daß dieses Cyclohexylamin, das im Darm gebildet wird, sehr bald wieder ausgeschieden wird. Man hat jedenfalls nach der Eingabe erhebliche Spuren davon im Urin gefunden.

Für die beiden anderen Süßstoffe gilt folgendes: **Acesulfan** scheint der chemisch stabilste Stoff von allen Süßstoffen zu sein. Er wird gänzlich unverdaut ausgeschieden. **Aspartam**, das auf einer Eiweißstruktur aufbaut, wird ähnlich wie andere Eiweißstoffe vom Organismus zu harmlosen Stoffwechselprodukten umgesetzt.

Außerdem wurde der Weg der Süßstoffe im Körper des Menschen genau nachverfolgt (z. B. durch radioaktive Markierungen minimalster Dosis). Das sollte die Frage beantworten, wie und wo der Süßstoff ausgeschieden wird und ob er sich in bestimmten Organen anhäuft. Auch hier stellte sich heraus, daß Saccharin und Acesulfam praktisch unverändert durch den Urin ausgeschieden werden, ebenso das Cyclamat, wenn man von den Menschen absieht, die in der Lage sind, Cyclamat zu spalten. Aspartam wird regelrecht verdaut, ist aber unbedenklich.

Die Stoffe wurden auch in ihrer Wirkung auf Zellkulturen im Reagenzglas untersucht, um mögliche Einflüsse auf die Veränderung der Erbsubstanz festzustellen. Einflüsse, die auf den lebenden Organismus übertragbar wären, wurden bisher jedenfalls nicht gefunden.

In sogenannten epidemiologischen Studien (das sind statistische Auswertungen langjähriger Beobachtungsreihen an vielen Menschen, die z. B. wegen eines Leidens in ärztlicher Behandlung stehen) fand man heraus, daß die Süßstoffe ungefährlich sind. Darüber liegen unzählige Ergebnisse vor. Hier sei stellvertretend der Ernährungswissenschaftler Prof. Zöllner aus München erwähnt, der diese Auswertungsmethode bei Patienten anwandte, die wegen eines Leber- und Nierenleidens sich ohne Zucker ernähren mußten und weitgehend auf Cyclamat ausgewichen waren. Er fand keine negativen Anhaltspunkte. Das gilt auch für andere Studien.

Die Epidemiologie ist übrigens mittlerweile zu einem der wichtigsten Instrumente der Wissenschaft zur Erforschung von schädlichen Umwelteinflüssen und der Wirkung von Fremdstoffen auf die menschliche Gesundheit geworden.

Zum Schluß sei hier noch eine Feststellung von Prof. Schmähl vom Deutschen Krebsforschungsinstitut zitiert, der Tierversuche mit Saccharin noch einmal nachvollzogen hat, allerdings mit einer geringeren Dosis: „Tierversuche, bei denen die Saccharin-Dosis geringer gehalten wurde, erbrachten keinerlei Hinweise auf eine krebserzeugende Wirkung. Auf den Menschen umgerechnet, bedeutet die Dosierung (die Prof. Schmähl selbst bei seinen Untersuchungen angesetzt hat) selbst bei 100- bis 200facher Überdosierung der Süßstoffe keine krebserregende Wirkung."

Mit diesen ausführlichen wissenschaftlichen Darstellungen wollten wir Ihnen, verehrte Leser, die Chance geben, das mögliche Risiko etwas besser einschätzen zu können, das gegebenenfalls mit der Einnahme von Süßstoffen verbunden ist. Sie sollten erfahren, daß es mittlerweile nicht nur eine Glaubensfrage ist, sich für oder gegen Süßstoffe zu entscheiden, sondern daß das Risiko vertretbar ist. Doch dies muß jeder letztlich für sich selbst entscheiden. Man sollte allerdings berücksichtigen, daß auch andere Nahrungs- und Genußmittel Risiken bergen, nicht zuletzt Zucker (Karies, Überernährung, Verdauungsbeschwerden, vgl. *Seite 23 ff.*).

Die Deutsche Gesellschaft für Ernährung empfiehlt beispielsweise, nicht mehr als 60 g Haushaltszucker pro Tag in den Speisen zu sich zu nehmen. Tatsächlich aber essen wir im Durchschnitt über 100 g. Durchschnitt bedeutet, daß viele Menschen wesentlich mehr zu sich nehmen. Vielleicht können sie mit Süßstoffen ihren Konsum reduzieren.

Was das Risiko anbelangt, so tragen auch staatliche Instanzen zur Verringerung bei, insbesondere die Gesundheitsämter aller Länder. Bei geringstem Verdacht greifen sie – wie es schon häufig geschehen ist – ein. Jeder Süßstoff wurde außerdem einem zeitraubenden Zulassungsverfahren unterworfen. Wobei die Kriterien von Land zu Land sehr unterschiedlich sein können. In Frankreich beispielsweise galt noch bis 1987 ein Gesetz aus dem Jahre 1902, nach dem Süßstoffe generell verboten waren. Man mußte sich daher mit Ausnahmeregelungen behelfen.

Neue Süßstoffe wie Aspartam und Acesulfam benötigten 20 Jahre und mehr, um die behördliche Zulassung zu erreichen. Aspartam wurde 1965 in den USA entdeckt und synthetisiert, Acesulfam im Jahre 1967 in Deutschland. Erst 1982 erhielt Aspartam vom Gesundheitsamt in Deutschland als einem der letzten Länder die vorläufige Zulassung als Tafelsüße, 1984 wurde diese auch auf diätische Speisen und Getränke ausgedehnt (heute ist es z. B. in Cola Light enthalten).

Mit Acesulfam ging das Bundesgesundheitsamt noch strenger um. 1982 erhielt es zwar die vorläufige Zulassung als Tafelsüße, aber erst 1989 – im Zusammenhang mit einer EG-weiten Regelung – bekam es in Deutschland die Zulassung für alle Anwendungsarten, also auch für Speisen, Süßigkeiten und Getränke. Da war es schon in vielen anderen Ländern wie z. B. in USA, Großbritannien, Luxemburg, Frankreich, Schweiz, Dänemark, Schweden, Italien und Australien bereits zugelassen.

## Der ADI-Wert und seine Bedeutung

Auch die Weltgesundheitsorganisation (WHO) hat sich mit dem Problem des Risikos von Süßstoffen beschäftigt. Immerhin arbeiten in ihr Wissenschaftler aller Länder mit dem wohl größten Überblick. Sie gibt Empfehlungen heraus, die äußerst vorsichtig gefaßt sind, weil sich die Fachleute aus den unterschiedlichsten Ländern meist auf den kleinsten gemeinsamen Nenner einigen. Um alle Eventualitäten, insbesondere das Risiko von überhöhter Einnahme auszuschließen, hat die WHO Höchstwerte mit extremen Sicherheitsfaktoren herausgegeben, die sogenannten *ADI-Werte* (*A*cceptable *D*aily *I*ntake). Der Wert beschreibt den nach Meinung der Fachleute sicher vertretbaren Einnahmewert, und zwar bei täglicher Einnahme über Jahrzehnte hinweg – im Zweifel über das ganze Leben.

1978 bzw. 1984 hat die WHO den ADI-Wert beispielsweise für Saccharin auf 0 bis 2,5 mg pro Kilogramm Körpergewicht festgelegt. Dem hat sich dann der wissenschaftliche Lebensmittelausschuß der EG unmittelbar angeschlossen. 2,5 mg Saccharin mal 75 kg durchschnittliches Körpergewicht des Menschen bedeutet, daß insgesamt ca. 190 mg pro Tag zur Süßung eingenommen werden können. Bei etwa 400facher Süßkraft des Saccharins entspricht dies einer Zuckermenge (Zuckeräquivalent) von ca. 75 g.

Wenn man damit nur Kaffee oder Tee süßt und gegebenenfalls auch noch Joghurt, dann wird die Wahrscheinlichkeit gering sein, den Wert zu überschreiten. Sollte der Zucker aber damit völlig ersetzt werden, dann besteht schon die Gefahr der gelegentlichen Überdosierung. Allerdings sollte berücksichtigt werden, daß ein erheblicher Sicherheitsfaktor – in der Regel etwa 10 bis 50 – vorliegt, und daß ein gelegentliches Überschreiten nach dem Urteil aller Fachleute unbedenklich ist. Beim Cyclamat liegt der ADI-Wert wesentlich niedriger. Die WHO hatte zunächst 1964 einen ADI-Wert von 0 bis 50 mg vorgeschlagen, diesen aber nach den erwähnten Tests auf 4 mg reduziert. Nachdem die Ergebnisse sich aber als auf den Menschen nicht übertragbar herausstellten, wurde der Wert 1982 wieder vorsichtig auf 11 mg erhöht. 1984 bestätigte der wissenschaftliche Ausschuß der EG diesen Wert (vgl. *Tabelle*).

Wer völlig auf Zucker verzichten will oder muß, hat darüber hinaus die Möglichkeit, auf zusätzliche Süßstoffe zurückzugreifen. Die ADI-Werte sind unabhängig voneinander, sie können also ruhig addiert werden. So ergeben 2,5 mg Saccharin und 11 mg Cyclamat zusammen theoretisch ein durchschnittliches Zuckeräquivalent von 75 g + 35 g = 110 g. Wem das noch nicht reicht, dem stehen die beiden anderen neuen Süßstoffe Aspartam und Acesulfam mit weiteren ADI-Werten zur Verfügung.

Da gibt es noch zwei Argumente, die für eine Kombination von verschiedenen Süßstoffen sprechen: Sie können sich im Geschmack ergänzen, z. B. den beim Saccharin und Acesulfam feststellbaren leicht bitteren Nachgeschmack vermindern, auch harte oder wäßrige Süße in die dem Zucker am nächsten kommende verwandeln.

| | ADI-Wert pro kg Körpergewicht | ADI-Wert pro Mensch | | ADI-Wert in Zuckeräquivalent | |
|---|---|---|---|---|---|
| | | 60 kg Körpergewicht | 75 kg Körpergewicht | 60 kg Körrpergewicht | 75 kg Körpergewicht |
| Saccharin | 0–2,5 mg | 150 mg | 190 mg | 60 g | 75 g |
| Cyclamat | 0–11 mg | 660 mg | 830 mg | 26 g | 35 g |
| Aspartam | 0–40 mg | 2,4 g | 3 g | 480 g | 600 g |
| Acesulfam | 0–9 mg | 540 mg | 675 mg | 108 g | 135 g |
| Saccharin/Cyclamat 10% /90% 1 Tablette enthält 4 mg Saccharin und 40 mg Cyclamat | | 16,5 Tabletten | 20 Tabletten | 72 g | 90 g |
| Optimale Mischung von Saccharin/Cyclamat | 2,5 mg Saccharin 11 mg Cyclamat | 150 mg Saccharin 660 mg Cyclamat | 190 mg Saccharin 830 mg Cyclamat | 120 g | 150 g |

Gleichzeitig wirken sie aber auch synergistisch, d. h., sie verstärken gegenseitig die Süßkraft. Konkret ausgedrückt bedeutet das, daß sie in der Kombination süßer wirken, als wenn man die Süßkraft der Stoffe einzeln zusammenziehen würde.

Dies ist beispielsweise bei Kombinationen zwischen Saccharin und Cyclamat der Fall. Im Handel werden sie folglich in Kombinationen von 10% Saccharin und 90% Cyclamat angeboten. In einer handelsüblichen Tablette befinden sich z. B. 4 mg Saccharin und 40 mg Cyclamat. 4 mg Saccharin entsprechen etwa 1,2 g Zucker und 40 mg Cyclamat etwa 1,6 g Zucker. Das ergäbe eigentlich nur eine Süßkraft von 2,8 g. In der Kombination aber entspricht dies einem Zuckeräquivalent von 4,4 g, also einem Stück Würfelzucker. Dies ist immerhin eine Erhöhung der Süßkraft um fast 50%. Wenn man sich genau an die ADI-Werte hält, dann begrenzt das Cyclamat die Aufnahme dieser Mischung (vgl. *Tabelle*).

Sie müssen also auf keinen Fall darben, auch wenn Sie ein extremer Liebhaber von Süßigkeiten sind. Hinzu kommt, daß Sie natürlich noch andere Kombinationen mit den neuen Süßstoffen wählen können. Diese Kombinationen sind z. T. noch gar nicht auf dem Markt, aber es bleibt Ihnen überlassen, die Ihrem Geschmack entsprechende Mischung selbst herauszufinden.

Sehr gut kombinierbar sind z. B. Aspartam und Saccharin sowie Acesulfam und Cyclamat. Die ADI-Werte für Aspartam und Acesulfam entnehmen Sie bitte der Tabelle.

Zum Schluß sei zu den ADI-Werten noch eine Bemerkung am Rande erlaubt.

Man kann sich fragen, warum die ADI-Werte (oder die entsprechenden Zuckeräquivalente) nicht auf den Packungen der Süßstoffe angegeben sind. Das Bundesgesundheitsamt hat jedenfalls eine Empfehlung in dieser Hinsicht durchzusetzen versucht. Die Industrie hat dies mit dem Argument der Diskriminierung gegenüber dem Zucker kontern können. Ein Sprecher: „Das kann man natürlich überall fordern, auch bei Zucker oder Salz."

Offenbar reichte das als Einwand aus. Ein bißchen Wahrheit ist ja auch daran, die negativen Wirkungen des Zuckers sind nicht zu leugnen, die haben wir ja schon beschrieben.

Interessant ist noch der Hinweis auf das Salz, von dem bekannt ist, daß bei geringer Überdosierung Nierenschäden und Bluthochdruck verursacht werden können. 3 g Salz braucht der Mensch täglich. Wir versalzen unsere Speisen aber im Durchschnitt mit ca. 12 g.

Trotzdem ist die fehlende gesetzliche Handhabe beim Salz meines Erachtens kein Argument gegen eine Kennzeichnung. Vielleicht sollte dies vom Gesetzgeber bald nachgeholt werden, ebenso wie die Auflage der ADI-Süßstoffwerte und gerechterweise dann natürlich auch Hinweise auf schädliche Wirkungen von Saccharose, es käme der Information des Verbrauchers zugute.

Hier noch einmal die vier von uns präsentierten Süßstoffe im Überblick, verbunden mit den wichtigen Informationen in bezug auf die geschmacklichen und verarbeitungstechnischen Eigenschaften. Zuvor jedoch noch einige Bemerkungen zur Beurteilung der Geschmacksqualität von Süßstoffen.

Maßstab ist der Geschmack der entsprechenden konzentrierten Zuckerlösung. Süße kann voll sein wie beim Zucker oder hart, spitz, wäßrig, langanhaltend oder aber auch im Nachgeschmack seifig, kratzend und metallisch. Zugegebenermaßen ist der Vergleich mit der Zuckerlösung etwas theoretisch, viel wichtiger ist die Art der zu süßenden Speisen, ob Getränke, Pudding oder Eis usw. damit gesüßt wird, und vor allen Dingen natürlich der individuelle Geschmack.

Versuchen Sie doch einfach einmal, Ihr eigenes Geschmacksprofil aus verschiedenen Süßstoffen zusammenzustellen. Die Auswahl von mittlerweile vier verfügbaren Süßstoffgruppen gibt Ihnen da reichlich Spielraum.

# Die Süßstoffe im einzelnen

### Saccharin

Im Handel ist vorwiegend das Natriumsalz des Saccharins zu bekommen. Es ist aber auch in Form des Kalium- und Calciumsalzes erhältlich.
Die Salze sind besser löslich bei gleicher Süßkraft als das reine Saccharin.
- Saccharin ist ca. 300- bis 500mal süßer als Zucker, je nach Konzentration. Der höhere Wert gilt – wie bei allen Süßstoffen – eher für schwache Konzentrationen, der niedrige für hohe.
- In höheren Konzentrationen (ab 3% Zuckerlösungsäquivalent) hat es einen leicht bitteren Nachgeschmack. Die Süße ist außerdem etwas hart. Wir empfehlen daher einerseits die Kombination mit Cyclamat oder mit Aspartam bzw. mit Zuckeraustauschstoffen wie Sorbit, Xylit oder Isomalt. Dadurch geht vor allen Dingen der harte, bittere Geschmack verloren. Kurzum, die Süße wird als angenehmer empfunden. Beim Saccharin wirkt die Süße etwas länger nach als beim Zucker.
- Saccharin ist kochfest und weitgehend backfest, nur bei sehr hoch erhitzten kleinen Plätzchen kann sich die Süßkraft etwas abschwächen.
- Saccharin ist für Diabetiker geeignet. Es ist kalorienfrei und zahnschonend.

Saccharin hat z. Zt. die größte Anwendungsbreite aller Süßstoffe und wird neben der Verwendung als Tafelsüße und Süßungsmittel im Haushalt in fast allen kalorienreduzierten süßen Nahrungs- und Genußmitteln eingesetzt, wie in Getränken, Speiseeis, Milchprodukten, Bonbons, Pralinenüberzugsmassen, Schokolade, Kaugummis usw., aber auch in Marmeladen und Konfitüren sowie in Zahnpasten und Mundwasser.

### Cyclamat

Im Handel ist wegen der besseren Löslichkeit vorwiegend das Natriumsalz des Cyclamats erhältlich. Es gibt aber auch Calciumsalze.
- Cyclamat ist ca. 40mal süßer als Zucker, damit ist es von den von uns präsentierten Süßstoffen derjenige mit der geringsten Süßkraft.
- Seine Süße ist etwas hart und wirkt länger nach als Zucker, sein Nachgeschmack ist aber weniger bitter als beim Saccharin. Er verschwindet gänzlich in Kombination mit Saccharin bzw. Acesulfam (synergetische Wirkung).
- Cyclamat ist koch- und backfest.
- Es ist für Diabetiker geeignet, kalorienfrei und zahnschonend.
- Wie erwähnt, eignet sich Cyclamat vor allen Dingen in Kombination mit Saccharin. So ist es bisher auch im Handel erhältlich. In Zukunft wird es auch mit anderen Süßstoffen kombiniert.

Angeboten wird es in Tabletten, in Pulver- und in flüssiger Form. Am häufigsten in der Kombination 10% Saccharin und 90% Cyclamat (vgl. *Tabelle „Marktübersicht"*).

| Süßstoff | Marke | Darreichungsform | Süßkraft |
|---|---|---|---|
| Saccharin | Sachillen Bayer Süßstoff<br>Süssin<br>Sukrinetten<br>Sütan | Tabletten<br>Tabletten<br>Tabletten<br>Tabletten | 1 Tabl. ≙ ca. 7,5 g Zucker<br>1 Tabl. ≙ 7,5 g Zucker<br>1 Tabl. ≙ ca. 7,0 g Zucker<br>1 Tabl. ≙ 7,5 g Zucker |
| Cyclamat | Assugrin Süßwürfel feinsüß<br>Ilgonetten | Tabletten<br>Tabletten | 1 Tabl. ≙ ca. 3 g Zucker<br>1 Tabl. ≙ 5 g Zucker |
| Cyclamat/Saccharin<br>Cyclamat-Saccharin | natreen-SÜSSE<br>natreen-SÜSSE<br>Assugrin-Flüssigsüße<br>Assucro-Streusüße<br>Lihn<br>Lihn<br>Schneekoppe-Süßkraft<br>Schneekoppe-Süßkraft<br>Flarom<br>Flarom<br>Diamant<br>Diamant<br>Cologrin<br>Cologrin<br>Süssli<br>Süssli<br>Huxolin<br>Huxolin<br>Süßfix<br>Süßfix<br>Sütan<br>Minibig<br>Ilgonetten S<br>Ilgon flüssig | Tabletten<br>flüssig<br>flüssig<br>Pulver<br>Tabletten<br>flüssig<br>Tabletten<br>flüssig<br>Tabletten<br>flüssig<br>Tabletten<br>flüssig<br>Tabletten<br>flüssig<br>Tabletten<br>flüssig<br>Tabletten<br>flüssig<br>Tabletten<br>flüssig<br>flüssig<br>Tabletten<br>Tabletten<br>flüssig | 1 Tabl. ≙ 4,4 g Zucker<br>1 Teel. ≙ ca. 66 g Zucker<br>1 Teel. ≙ ca. 66 g Zucker<br>1 Teel. ≙ 1 Teel. Zucker<br>1 Tabl. ≙ 4,4 g Zucker<br><br>1 Tabl. ≙ 4,4 g Zucker<br>1 Teel. ≙ ca. 66 g Zucker<br>1 Tabl. ≙ 4,4 g Zucker<br>1 Teel. ≙ ca. 66 g Zucker<br>1 Tabl. ≙ 4,4 g Zucker<br>1 Teel. ≙ ca. 66 g Zucker<br>1 Tabl. ≙ 4,4 g Zucker<br>1 Teel. ≙ ca. 66 g Zucker<br>1 Tabl. ≙ 4,4 g Zucker<br>1 Teel. ≙ ca. 66 g Zucker<br>1 Tabl. ≙ 4,4 g Zucker<br>1 Teel. ≙ ca. 66 g Zucker<br>1 Tabl. ≙ 4,4 g Zucker<br>1 Teel. ≙ ca. 66 g Zucker<br>1 Teel. ≙ ca. 66 g Zucker<br>1 Tabl. ≙ 4,4 g Zucker<br>1 Tabl. ≙ 4,4 g Zucker<br>1 Teel. ≙ ca. 66 g Zucker |
| Aspartam | Assugrin NutraSweet<br>Canderel-Tafelsüße<br>Canderel-Streusüße | Tabletten<br>Tabletten<br>Pulver | 1 Tabl. ≙ ca. 3,6 g Zucker<br>1 Tabl. ≙ 4 g Zucker<br>1 Teel. ≙ 1 Teel. Zucker |
| Cyclamat/Saccharin/<br>Acesulfam | Sionon-Diabetiker-<br>Süßstoff | Tabletten | 1 Tabl. ≙ ca. 4,4 g Zucker |
| Acesulfam-Kristallin | Lieferanten Hobbythek-<br>Zutaten | 9:1 verdünnen<br>(Empfehlung) | 1 Tabl. ≙ 80–100 g Zucker<br>2,5 ml (= 1 Meßl.) ≙ 50 g Zucker<br>3–4 Tr. ≙ 4,4 g Zucker |

Marktübersicht Süßstoffe

**Aspartam**

Aspartam enthält Aminosäuren; das sind die Grundbausteine des Eiweiß. Für die Fachleute: es besteht aus einer Kombination von Asparaginsäure und Phenylalanin. Diese Aminosäuren kommen in fast allen eiweißhaltigen Nahrungsmitteln natürlich vor, so z. B. in Fleisch, in Getreide, in Milchprodukten, in Gemüse usw. Weil das so ist, kann es vom Organismus im Gegensatz zu den anderen Süßstoffen auch verdaut werden. Es zerfällt in die Grundbestandteile Phenylalanin und Asparaginsäure sowie geringe Spuren Methanol. Methanol ist im Prinzip eine giftige Substanz, jedoch wird es bei der Verdauung in so geringen Mengen freigesetzt, daß keinerlei negative Auswirkungen zu befürchten sind. Methanol kommt auch in vielen anderen Lebensmitteln vor, z. B. in Obst, in Säften und vor allem aber in alkoholischen Getränken, insbesondere im Rotwein, aber auch in Schnaps, Whisky, Cognac usw.

– Da Aspartam verdaut werden kann, kann man ihn nur als kalorienarmen Süßstoff bezeichnen, allerdings ist die freigesetzte Kalorienmenge so gering, daß sie vernachlässigbar ist. Eine winzige Menge Aspartam mit einer Zehntel Kalorie hat die Süßkraft von einem Teelöffel Zucker mit 16 Kilokalorien.
– Die Süßkraft von Aspartam ist etwa 200mal süßer als Zucker. Die Süße ist etwas wäßrig und nicht so hart wie beim Saccharin und Cyclamat. In der Regel wird sie als recht angenehm, als volle Süße empfunden. Der bittere, seifige oder metallische Nebengeschmack ist sehr wenig ausgeprägt, allerdings wirkt die Süße recht anhaltend im Vergleich zum Zucker.
– Da Aspartam aus Eiweißbaustoffen besteht, ist es nicht hitzebeständig. Die Süßkraft kann bei Produkten, die bei der Zubereitung starker Hitze ausgesetzt sind, erheblich abnehmen. Außerdem kann Aspartam durch Enzyme und Säuren, die in den Lebensmitteln vorkommen, mit der Zeit abgebaut werden, was ebenfalls mit einer Reduzierung der Süßkraft verbunden ist. Über Zeiträume von 3 bis 6 Monaten ist dieser Süßkraftverlust kaum zu bemerken.
– Aspartam ist für Diabetiker geeignet. Sollten schwangere oder stillende Frauen bei den anderen Süßstoffen Bedenken haben, können Sie beim Aspartam diese völlig aufgeben, denn es besteht ja aus Grundsubstanzen, die man auch in der täglichen Nahrung findet.
– Trotzdem gibt es eine kleine Einschränkung in der Anwendung für Personen, die mit der seltenen Erbkrankheit „Phenylketonurie" (PKU) geboren wurden. Diese Menschen haben die Fähigkeit zum Abbau der eigentlich lebensnotwendigen Aminosäure Phenylalanin verloren. Die Folge des gestörten Abbauweges ist zum einen die Anhäufung von Phenylanalin im Blut und zum zweiten die ungenügende Bildung der Aminosäure Tyrosin, die dem Körper zum Aufbau von Hormonen und Farbstoffen dient. Die hohe Konzentration von Phenylalanin im Blut stört das Gleichgewicht der verschiedenen Aminosäuren und anderer wichtiger Blutbestandteile. Wird die Krankheit nicht erkannt, kommt es zu Fehlentwicklungen des Nervensystems, die sich u. a. in einer schwerwiegenden Schädigung des Gehirns bemerkbar machen. Je mehr Phenylalanin mit der Nahrung aufgenommen wird, desto stärker sind die auftretenden Schäden. Diese Menschen müssen daher ihre Zufuhr an Phenylalanin aus allen Nahrungsmitteln einschränken. Dazu gehören u. a. auch Milch und Milcherzeugnisse.
Menschen, die unter dieser Krankheit leiden, wissen das in der Regel und sollten in jedem Fall auch Aspartam meiden.
– Aspartam wird neben der Verwendung als Tafelsüßstoff und Süßungsmittel im Haushalt zum Süßen verschiedenster Speisen und Getränke verwendet, vor allen Dingen bei denjenigen, die bei der Zubereitung nicht zu lange und zu stark erhitzt werden müssen, wie beispielsweise Müsli, Cornflakes, Getränke, Säfte, Pudding, Gelatine-Bonbons, Kaugummi, Speiseeis, alkoholfreie Getränke und etliche Süßigkeiten. Für Marmeladen und Gelees ist es nur dann geeignet, wenn sie nur kurze Zeit erhitzt werden.

**Acesulfam**

Auch Acesulfam K genannt, weil hier meist das Kaliumsalz des Acesulfam wegen der besseren Löslichkeit in Frage kommt. Wie erwähnt, wird Acesulfam K im Körper nicht umgewandelt, sondern unverändert durch die Nieren wieder ausgeschieden.

– Acesulfam ist etwa 130- bis 200mal

süßer als Zucker. Der untere Wert gilt für höhere Konzentrationen.
- In höheren Konzentrationen (ab 3% Zuckerlösungsäquivalent) hat es einen bitteren Nachgeschmack, die Süße ist ähnlich wie beim Saccharin etwas hart. Wir empfehlen daher die Kombination mit Cyclamat bzw. Zuckeraustauschstoffen wie Sorbit, Xylit, Isomalt usw. Zum Teil verschwindet der Nachgeschmack des Einzelsüßstoffs aber auch in den Speisen. Gut geeignet ist es zum Süßen von Kaffee, Tee und Fruchtsäften, aber auch zur Dessertzubereitung, Pudding, Speiseeis usw.
- Acesulfam ist koch- und backfest.
- Acesulfam ist für Diabetiker geeignet, kalorienfrei und zahnschonend.

Da Acesulfam erst kürzlich für alle Anwendungen zugelassen wurde, ist es auf dem Markt noch nicht so verbreitet (vgl. *Tabelle Marktübersicht*). In der Hobbythek empfehlen wir — sollten Sie es nicht in allen notwendigen Zubereitungsformen erhalten — Acesulfam in Kristallform. Zur besseren Dosierung empfehlen wir, es im Verhältnis 1 : 10 in Wasser auszulösen. Dazu nehmen Sie 10 g Acesulfam (kristallin) und lösen Sie es in 100 g heißem Wasser auf. Diese Lösung hat dann ein Verhältnis von Zucker zu Süßstoff von 20 : 1, das heißt, dem Zuckeräquivalent von 2,5 ml (Inhalt unserer Meßlöffel) entsprechen dann ungefähr 50 g Zucker. Aber auch in Tropfenform können Sie es dosieren, 1 Tropfen entspricht etwa 1 bis 1,5 g Zucker.

# Bonbons, Lakritze, Gummibärchen...

# Zunächst noch ein paar andere Rohstoffe

## Fruchtpulver und -extrakte

Für viele unsere Rezepte sind Fruchtpulver und -extrakte geeignet. Hergestellt werden die Fruchtpulver aus natürlichem Fruchtsaft oder flüssiger Fruchtzubereitung. Bei der Sprühtrocknung wird als Trägerstoff meist Maltodextrin verwendet. Der Trägerstoffanteil sollte keinesfalls höher als 50% liegen. Bei vielen Fruchtsorten wird der Trägerstoff zur Herstellung benötigt. Apfelpulver gibt es auch völlig ohne Trägerstoff, fragen Sie danach bei den entsprechenden Bezugsadressen und achten Sie auf preisliche Unterschiede.

*Maltodextrin* ist eine Stärke mit veränderten Eigenschaften (modifizierte Stärke). Natürliche Stärke wird hydrolisiert, d. h., die Faden-Moleküle werden zerkleinert bzw. gespalten. Es entsteht dabei ein Produkt, das sehr leicht wasserlöslich und nur schwach hygroskopisch ist, also wasseranziehend. Maltodextrin hat einen sehr schwach süßen Geschmack. Es wird eingesetzt in Kindernahrung, Backwaren, Süßwaren, als Trägerstoff beim Sprühtrocknen und als Füllstoff bei der pharmazeutischen Industrie. Es ist nicht für Diabetiker geeignet.

Der Trägerstoff spielt auch bei der Aufbewahrung des Fruchtpulvers eine Rolle, weil das sprühgetrocknete Pulver leider etwas hygroskopisch ist. Es muß deshalb stets gut verschlossen aufbewahrt werden, am besten in einem Glas mit Twist-off-Deckel (wie z. B. Marmeladengläser). Der Trägerstoff verhindert, daß das Fruchtpulver Feuchtigkeit anzieht und verklumpt. Außerdem läßt es sich dadurch leichter auflösen. Sollte es dennoch einmal während der Aufbewahrung verklumpt sein, so können Sie es trotzdem verwenden. Es läßt sich dann nur schwieriger auflösen. Das Problem löst sich von selbst, wenn Sie die gesamte Lösung erhitzen. Verklumptes Fruchtpulver läßt sich auch im Mörser wieder zerreiben oder in der elektrischen Kaffeemühle mit dem Schlagmesser zerkleinern.

Man kann Fruchtpulver und -extrakte vielfältig verwenden, z. B. Früchtetee aufbrühen oder Fruchtsäfte herstellen. Sie eignen sich ganz besonders für solche Süßigkeiten, bei denen der Saftgehalt frischer Früchte stören würde. Fruchtpulver ermöglichen es, den gewünschten Geschmack beliebig intensiv zu gestalten. Dies ist vor allem dann von Vorteil, wenn konzentrierte Trockensubstanz benötigt wird, wie z. B. in Drops, Bonbons, Fondant, Weingummi, Speckgummi und Geleefrüchten. Aber man kann sie auch in Pudding, Speiseeis, Likör usw. als natürliche Geschmacksgeber oder -verbesserer einsetzen.

Mit heißem Wasser übergossen, lösen sich die Fruchtpulver leicht auf. Einige Sorten lösen sich sogar in kaltem Wasser. Wir haben das z. B. mit Apfel, Ananas, Orange und Maracuja probiert. Andere Sorten, die sich im kalten Wasser schwerer lösen, werden vorher mit Puderzucker, Traubenzucker, gemahlenem Sorbit oder Puderxylit (vgl. *Seite 27 ff.*) trocken vermischt.

Aus dieser Mischung können Sie dann im Nu ein hervorragendes Fruchtgetränk durch Aufguß mit kaltem oder warmem Wasser gewinnen, ähnlich wie bei flüssigem Sirup. Ein weiterer Vorteil dieses Verfahrens ist, daß sich die Fruchtextrakte durch den Zuckerzusatz wesentlich besser auflösen. Wir empfehlen eine Mischung von Fruchtextrakt zu Zucker oder Zuckerersatzstoff im Verhältnis von etwa 1:1. Auf 100 g Extrakt kommen dann 100 g Zucker oder Zuckeraustauschstoff. Nachsüßen kann man evtl. sogar mit Süßstoff. Das Getränk oder die Süßigkeiten werden dann kalorienärmer.

Es gibt zur Zeit folgende Fruchtpulver und Extrakte: Ananas, Apfel, Aprikose, Brombeere, Erdbeere, Grapefruit (Pampelmuse), Heidelbeere, Himbeere, Maracuja (Passionsfrucht), Orange, Sauerkirsch, schwarze Johannisbeere (Cassis) und Zitrone. Die meisten enthalten ca. 50% Trägerstoff (Maltodextrin).

Hier das Rezept für die

## Fruchtdrink-Mischung

```
100 g Fruchtpulver (es können
    auch mehrere Sorten ge-
    mischt werden)
100 g Kristallzucker, Sorbit + S
    oder Xylit
    evtl. 2–3 Tabletten Süßstoff,
    zerkleinert
    evtl. 1 Meßl. Apfelsäure
```

Zutaten in ein gut verschließbares Glas geben und durchrühren bzw. schütteln (auch vor Gebrauch noch einmal). Für einen Drink geben Sie etwa 1–2 Eßlöffel in ein 200 ml Trinkglas und schütten es mit kaltem Wasser auf, umrühren, fertig. Im Winter ist der Drink heiß als Früchtetee zu empfehlen.

## Lakritze und Lakritzextrakt

Lakritze und Lakritzextrakt werden aus der Süßholzwurzel gewonnen. Süßigkeiten mit Lakritz sind so beliebt bei Kindern und Erwachsenen, daß kaum jemand daran denkt, daß Süßholzwurzeln sowohl negative als auch positive Wirkungen auf den menschlichen Organismus haben.

Zu Ihrer Information geben wir Ihnen hier eine genaue Beschreibung der Süßholzwurzel, die von der Kommission E des Bundesgesundheitsamtes veröffentlicht wurde.

Wir haben uns bemüht, den Text in eine allgemeinverständliche Form zu bringen (vgl. auch Hobbythek-Buch „Gesundheit mit Kräutern und Essenzen").

**Süßholzwurzel** *(Liquiritiae radix)*

Die Droge besteht aus den ungeschälten, getrockneten Wurzeln und deren Ausläufer des Süßholzstrauchs (*Glycyrrhiza glabra*). Sie enthält mindestens 4% Glycyrrhizinsäure und 25% wasserlösliche Anteile.

*Anwendungsgebiete:* Katarrhe der oberen Luftwege, insbesondere Bronchitis, zur Schleimlösung und Erleichterung des Auswurfs (aus Standardzulassung), zur Behandlung von Magengeschwüren sowie zur Unterstützung der Behandlung von krampfartigen Beschwerden bei chronischen Magenschleimhautentzündungen, oft auch als Gastritis bezeichnet (letzteres stammt aus Standardzulassung).

*Gegenanzeigen:* Meiden Sie süßholzhaltige Substanzen, wenn Sie eine chronische oder abklingende Leberentzündung haben sowie bei Leberkrebs, Bluthochdruck, aber auch bei Kaliummangel im Blut. Dies gilt auch für den Fall, daß Sie Lakritz besonders lieben, in dem die Süßholzwurzel hauptsächlicher geschmacksbildender Bestandteil ist.

*Nebenwirkungen:* In der Monographie steht zwar „keine bekannt", die Standardzulassung schränkt dies aber ein und präzisiert, daß diese nur bei bestimmungsgemäßem Gebrauch nicht bekannt sind. Vor allem aber gibt sie den Hinweis, daß bei längerer Anwendung und höherer Dosierung eine vermehrte Wassereinlagerung mit leichten Schwellungen, besonders im Bereich von Gesicht und Fußgelenken, auftreten kann. Die Natriumausscheidung durch den Harn wird vermindert und die Kaliumausscheidung erhöht. Gleich-

*Abb. 1:* Das Angebot an Fruchtextrakten ist so vielfältig wie das Angebot der Natur.

zeitig ist eine Erhöhung des Blutdrucks möglich.

*Unsere Anmerkung,* die durch den Hinweis in der Monographie gestützt ist: Gerade die Glycyrrhizinsäure, die der Hauptwirkstoff der Süßholzwurzel ist, hat eine große Ähnlichkeit mit dem Nebennierenrindenhormon Cortison. Bei überhöhter Dosis können deshalb alle Erscheinungen beobachtet werden,

*Abb. 2:* Aus der Wurzel der Süßholzpflanze wird Lakritzextrakt gewonnen.

welche bei Verabreichung von cortisonhaltigen Medikamenten bekannt sind. Da gerade Kinder Lakritz sehr lieben, sollte die Süßwarenindustrie den Glycyrrhizinsäuregehalt möglichst niedrig halten; denn aus Erfahrung weiß man, daß für manche Kinder Lakritz geradezu ein Nahrungsmittel geworden ist. Im Zweifelsfall fragen Sie bei der Herstellfirma nach.

Laut Monographie bestehen allerdings gegen die Verwendung der Droge als geschmackskorrigierende Substanz keine Einwände. Sie können also durchaus Ihre Genießertees oder auch Ihre Magentees mit Süßholzwurzel würzen.

Die Monographie beschränkt die *Daueranwendung,* sicherlich auch wegen der oben beschriebenen Risiken, auf 4—6 Wochen.

*Wirkungen:* Die Glycyrrhizinsäure und das Aglucon der Glycyrrhizinsäure beschleunigen nach kontrollierten klinischen Studien die Heilung von Magengeschwüren. Auch die schleimlösende und auswurffördernde Wirkung ist im Tierversuch nachgewiesen (Tierversuche kann man der Süßholzwurzel nicht ankreiden; diese sind für medizinische Anwendungsfälle zwingend vorgeschrieben).

*Wechselwirkungen mit anderen Medikamenten* werden in der Monographie als „nicht bekannt" vermerkt. In der Standardzulassung allerdings wird darauf hingewiesen, daß durch die verminderte Natrium- und generelle Wasserausscheidung die Einstellung mit Arzneimitteln gegen Bluthochdruck erschwert werden kann und wegen der Kaliumverluste die Wirkung von Herzglykosiden verstärkt wird.

*Art der Anwendung:* Kleingeschnittene Droge, Drogenpulver, Trockenextrakte für Aufgüsse, Abkochungen, flüssige Anwendung, z. B. lakritzähnliche Substanzen.

*Dosierungsanleitung und Art der Anwendung* (die Vorschriften der Monographie und Standardzulassung haben wir zusammengefaßt): Als mittlere Tagesdosis gelten ca. 5—15 g Droge. Sie können auch Süßholzkonzentrat oder entsprechende Medikamente in der Apotheke erhalten (*Succus liquiritiae* DAB). Als mittlere Tagesdosis gelten 0,5—1 g Succus und bei Magen- und Zwölffingerdarmgeschwüren 1,5—3 g. Genaue Hinweise zur Teeherstellung finden Sie im Hobbythek-Buch „Gesundheit mit Kräutern und Essenzen". Die Rezepte für Süßigkeiten mit Lakritzextrakt können Sie ab Seite 65 nachlesen.

# Lebensmittelfarbstoffe

Zur Zeit sind Lebensmittelfarbstoffe ein viel diskutiertes Thema. Manche Verbraucher sind kritisch genug zu fragen, ob sie die Farbstoffe in Speisen überhaupt brauchen.

Wenn Sie nicht darauf verzichten wollen, dann sollten Sie zumindest so sparsam wie möglich damit umgehen. Die Versuchung, der natürlichen Färbung mit Farbstoffen nachzuhelfen, ist deshalb so groß, weil — wie jeder weiß — auch das Auge mitißt, aber gerade Farbstoffe sind nicht immer risikolos, das sollten Sie wissen. Selbst das Ausweichen auf natürliche Farbstoffe bedeutet keineswegs, daß diese generell ungefährlicher sind; dafür gibt es genügend Gegenbeispiele in der Geschichte.

In Frankreich war es immerhin im 18. Jahrhundert nötig, durch eine Verordnung darauf hinzuweisen, daß Lebensmittel nur von solchen Pflanzenteilen eingefärbt werden dürften, die garantiert als ungiftig bekannt waren. Selbst im 19. Jahrhundert wurden Schwermetallsalze wie Bleichromat, Mennige, Zinnober (Quecksilbersulfit) zum Färben von Zuckerwaren und Karamellen verwendet. Sogar das Kupferarsenit wurde eingesetzt; in diesem Zusammenhang gab es erstmals Berichte von Todesfällen.

1887 wurde in Deutschland das erste Lebensmittelfarben-Gesetz erlassen, das jedoch lediglich verlangte, daß die eingesetzten Farbstoffe keine schädlichen Metalle, wie Antimon, Arsen, Barium, Blei, Cadmium, Kupfer, Quecksilber, Uran, Zink, Zinn enthalten durften. Auch einige mineralische Substanzen wurden verboten.

## Künstliche Farbstoffe

Mit der Erfindung der Azofarbstoffe im vorigen Jahrhundert entstand ein neues Problem. Diese künstlichen, organischen Farbstoffe wurden zwar äußerst gründlich untersucht, und man konnte bei einigen auch eine hohe Giftigkeit, ja sogar krebserregende Wirkung nachweisen, aber andere – vor allen Dingen die wasserlöslichen – gelten auch heute noch nach offiziellen Aussagen als unbedenklich. Trotzdem sind die Azofarbstoffe in das Kreuzfeuer der Kritik geraten.

Azofarbstoffe können bei empfindlichen Menschen allergische Reaktionen hervorrufen. Vorsichtig sollten vor allem diejenigen sein, die wissen, daß sie Aspirin schlecht vertragen. Hautausschläge, Schwellungen der Blutgefäße, Magenverstimmungen bis hin zu Erbrechen können die Folge sein. Manchmal werden auch Kinder in ihrem Verhalten durch Farbstoffe und andere Substanzen beeinflußt; das kann häufig bei überaktiven Kindern der Fall sein. Es gibt Wissenschaftler, die insbesondere die Azofarbstoffe sowie Glutamate, Nitrite, Nitrate und etliche Konservierungsstoffe dafür verantwortlich machen. Vorsicht ist auch bei der Anwendung von Aspirin oder anderen salicylsäurehaltigen Medikamenten angebracht, aber Salicylate gibt es in geringen Spuren auch in Mandeln, Nüssen, Äpfeln, Aprikosen, Birnen, Pflaumen, Zwetschgen, Apfelsinen, Tomaten, Gurken, Kirschen, Trauben, Rosinen und vielen Limonaden-Getränken, in denen ja auch Fruchtsäfte enthalten sein sollen. Die Gefahr für Allergien ist bei diesen natürlichen Stoffen jedoch relativ gering.

Um die wirkliche Ursache einer Überempfindlichkeit herauszufinden, sind umfangreiche Untersuchungen notwendig. Der amerikanische Arzt Ben Feingold hat dazu eine spezielle Diätvorschrift entwickelt, und in einigen Ländern existieren auch Unterstützungsgruppen für überaktive Kinder. Besonders in England gibt es eine äußerst rührige Gruppe. Sie rät beim geringsten Verdacht der Empfindlichkeit, die Stoffe zu meiden, die wir Ihnen gleich aufführen. Sie dürften relativ leicht identifiziert werden können, denn nach der Lebensmittel-Zusatzstoff-Verordnung sind sie deklarierungspflichtig und auf den Packungsetiketten vermerkt.

Zu diesen Stoffen gehören alle Azofarbstoffe wie E 102, E 104, E 107, E 110, E 120, E 122 bis E 124, E 127, E 128, E 131 bis E 133, E 141, E 142, E 151, E 154, E 155.

Zusätzlich gilt dies auch für die Konservierungsstoffe E 210 (Benzoesäure), E 211 (Natriumbenzoat), E 220 (Schwefeldioxid oder schweflige Säure), E 250 (Natriumnitrit) und E 251 (Kaliumnitrit) sowie die Antioxidationsmittel E 320 (BHA-Butylhydroxianisol) und E 321 (BHT-Butylhydroxitoluol).

Asthmatiker und aspirinempfindliche Menschen sollten außerdem die Konservierungsstoffe E 212 bis E 219, die Antioxidationsstoffe E 310 und E 312 sowie die Geschmacksverbesserer und -verstärker E 621 bis E 623, E 627, E 631 und E 635 meiden.

Viele dieser Substanzen sind in fertigen Süßigkeiten, Knabbergebäck, Wurst und Käse sowie in Kartoffelchips u. ä. enthalten. Beachten Sie bei diesen Produkten ganz besonders die Etikettenaufschriften.

Wenn Sie auf Farbstoffe partout nicht verzichten wollen, dann versuchen Sie es doch mal mit natürlichen.

## Natürliche Lebensmittelfarbstoffe

Selbst bei diesen Farben sollten Sie etwas vorsichtig sein, z. B. streiten sich die Wissenschaftler beim Zuckerkulör – einem braunen Farbstoff, der durch Erhitzen oder durch Einwirkung von Chemikalien auf Zuckerstoffe entstanden ist – immer noch um seine gesundheitliche Bewertung. Die Zahl der erhältlichen Typen wurde mittlerweile auf 6 reduziert. Nach der unschädlichsten Form wird immer noch geforscht. Zuckerkulör, der beispielsweise mit Hilfe von Ammoniak hergestellt wurde, löste bei Ratten Krebs aus und wurde weitgehend aus dem Verkehr gezogen.

Der schwarze Farbstoff E 153 ist ebenfalls ein Naturerzeugnis; er entsteht durch Verbrennen von pflanzlichem Material zu Pflanzenkohle – oder auch medizinischer Kohle. Bei richtiger Herstellung – und davon kann man ausgehen – sind kaum Risiken zu erwarten. Trotzdem ist er in den Vereinigten Staaten verboten, weil dort zwar nicht bewiesen, aber vermutet wird, daß die Kohle an der Entstehung von Krebs beteiligt sein könnte.

Der orangengelbe Farbstoff E 160 a ist ein Extrakt aus Pflanzen und besteht aus $\alpha$-Karotin, $\beta$-Karotin und $\gamma$-Karotin. Er wird aus Möhren, grünem Blattgemüse, Tomaten, Aprikosen, Hagebutten und Orangen gewonnen. Es ist eine Vorstufe des Vitamins A und kann vom Körper in gewissen Grenzen in Vitamin A umgewandelt werden. In nicht allzu hohen Dosen ist er garantiert unschädlich.

Gleiches gilt beim gelben bis pfirsichfarbenen Farbstoff E 160 b, der ein pflanzlicher Farbstoff aus dem wäßrigen Auszug von Samen des tropischen Annatto-Baumes ist. Auch hier sind Nebenwirkungen nicht bekannt. E 160 c ist der Farbstoff aus der roten Paprikaschote, auch bei ihm sind Nebenwirkungen nicht bekannt. Gleiches gilt für E 160 e, E 160 f, die allesamt aus Pflanzen gewonnen werden.

Ein weiterer gelber Farbstoff ist E 161 und E 161 a, ein Karotinoid-Pigment, das aus den grünen Blättern einer Butterblumenart gewonnen wird. Es ist ein gelber Farbstoff, während E 161 b ein gelblicher bis rötlicher Farbstoff ist, der in fast allen grünen Blättern reichlich vorkommt, ebenso wie im Eigelb.

E 161 c, d, und e sind ebenfalls gelbe Farbstoffe ohne bekannte Nebenwirkungen, c und d werden aus Tomaten und Kirschen gewonnen und der letzte

*Abb. 3:* Für bunte Überzüge von Dragees kann man auch die Perlglanzpigmente verwenden, die in der Kosmetik der Hobbythek eine Rolle spielen.

aus dem Pflanzenpigment Karotin, das unmittelbar den gelben Stiefmütterchen entstammt.

Wollen Sie eine rote Farbe haben, dann nehmen Sie am besten Beetenrot – auch Betanin genannt – mit der Nummer E 162. Es ist ein natürlicher Extrakt aus der Roten Beete; Nebenwirkungen sind nicht bekannt. Es schmeckt aber noch nach Rote Beete, was z. B. im Eis unerwünscht ist. Dies gilt auch für E 163, ein Extrakt aus dem Zellsaft von Obst und Gemüse.

Weißer Farbstoff wird aus Calciumcarbonat (Kalk) gewonnen. Es ist ein natürlich vorkommendes Mineral und praktisch ohne Nebenwirkungen. Stärker deckend ist das Titandioxid, das aus dem Mineral Ilmenit gewonnen wird; es besitzt die E-Nummer 171.

E 172 beschreibt alle Eisenoxidfarben und Eisenhydroxide, es gibt sie in

Braun, Rot, Gelb und Schwarz. Auch hier sind negative Nebenwirkungen nicht zu erwarten.

Wenn Sie eine grüne Lebensmittelfarbe benötigen, dann empfehlen wir Ihnen E 140, es handelt sich hier um Chlorophyll, den natürlichen Farbstoff aus Pflanzen. Chlorophyll ist allerdings schwierig zu isolieren und wird meist aus Brennesseln, Gras oder Luzerne gewonnen. Es hat keine Nebenwirkungen.

Ein besonders wertvoller Lebensmittelfarbstoff ist Silber. Allerdings sind Silbersalze für Bakterien und niedrige Lebensformen giftig. Lange, regelmäßige Einnahme kann zu einer blaugrauen Hautverfärbung führen, die jedoch nicht gefährlich ist. Tragbar ist sie für Überzüge von Dragees und Verzierungen von Konfekt. Wir empfehlen jedoch eher unsere bereits in der Hobbythek über Kosmetik vorgestellten Perlglanzpigmente auf Glimmerbasis, die ebenfalls völlig ungiftig und ohne Nebenwirkung sind (vgl. auch Hobbythek-Buch „Schminken, pflegen, schönes Haar").

Gleiches gilt für E 175, reines Gold. Von Gold weiß man, daß es eine sehr geringe chemische Aktivität besitzt und daher auch kaum Nebenwirkungen hat, leider aber sehr teuer ist. Anstelle des Goldes empfehlen wir wiederum die Perlglanzpigmente.

Mit diesen Substanzen müßten Sie eigentlich ganz gut zurecht kommen, sofern Sie der Natur farblich etwas auf die Sprünge helfen wollen. Vielleicht noch zum Schluß ein Farbstoff, den Sie selbst gewinnen können: Nehmen Sie einfach Spinatwasser, indem Sie z. B. tiefgekühlten Spinat auspressen. Aber Vorsicht, im Spinat sind häufig relativ hohe Mengen von Nitrat enthalten.

## Gelatine

Gelatine besteht hauptsächlich aus tierischem Eiweiß und enthält außerdem noch 2 bis 4% Mineralstoffe. Hergestellt wird sie hauptsächlich aus Knochen, Haut oder Schwarte von Schweinen oder Rindern.

Je nach Molekülgröße unterscheidet sich die Gelierfähigkeit der verschiedenen Sorten. Gelatine darf nicht gekocht werden, sonst verliert sie ihre Gelierfähigkeit.

Deshalb wird die Gelatine zunächst ca. 10 Minuten in kaltem Wasser gequollen, dann ausgedrückt und anschließend im Wasserbad vorsichtig bis ca. 70° C erhitzt. Dabei löst sie sich auf und kann leicht untergerührt werden.

Beim Abkühlen bindet sie viel Flüssigkeit. Je nach Gelatinemenge wird die Flüssigkeit nur leicht eingedickt oder zu einem schnittfesten Gel (z. B. Aspik) oder sie bekommt sogar gummiartige Konsistenz (Weingummi).

Aber Gelatine wirkt durch ihren Eiweißgehalt auch schaumbildend. Deshalb – aber hauptsächlich zum Stabilisieren – verwenden wir sie im Rezept für Negerküsse (vgl. *Seite 68*).

Handelsübliche Gelatine ist entweder als Pulver oder als Blattgelatine erhältlich.

## Und nun zur Zubereitung

Wir beginnen mit ein paar Tips, die Sie für die Herstellung von Süßigkeiten generell anwenden können.

## Zucker kochen

Wasser siedet bei 100 °C. Selbst wenn man es noch so stark kocht, steigt die Temperatur nicht höher an. Anders ist es, wenn Zucker im Wasser enthalten ist. Mit zunehmender Konzentration von gelöstem Zucker im Wasser steigt die Siedetemperatur an (vgl. Tabelle). Daher ist die Siedetemperatur ein Maß für den Zuckergehalt der Lösung.

Wenn Zuckerlösung kocht, verdampft nur das Wasser, nicht jedoch der Zucker. Mit zunehmender Kochzeit steigt also der Zuckergehalt, was sich in langsamer Erhöhung der Siedetemperatur zeigt. Ab etwa 120 °C ist nur noch 10% Wasser in der Lösung enthalten. Bei dieser Temperatur kann das restliche Wasser in Sekundenschnelle verdampfen. Achten Sie deshalb darauf, dann den Topf schnell vom Feuer zu nehmen.

Über 160 °C beginnt der Zucker zu karamelisieren, also allmählich braun zu werden.

Zunächst brauchen Sie ein Thermometer, dessen Skala bis mindestens 160 °C reicht, damit Sie die gewünschte Temperatur exakt einhalten können.

Achten Sie beim Kochen darauf, daß sich die Zuckerkristalle im Wasser vollständig auflösen. Erhitzt man am Anfang zu schnell, können winzige ungelöste Kristalle zurückbleiben, die beim Abkühlen wieder auskristallisieren. Außerdem besteht immer die Gefahr, daß die Zuckerlösung rekristallisiert, d. h., es bilden sich wieder neue Kristalle, entweder weil die Temperatur abfällt oder durch Reibung. Reibung entsteht, wenn man z. B. mit einem Metallöffel am Boden und an den Wänden des Kochtopfes rührt. Deshalb sollte man mit einem Holzlöffel rühren und versuchen, weder mit dem Boden noch mit der Wandung des Kochtopfes in Kontakt zu kommen.

Ein weiteres Problem besteht darin, daß beim Kochen Wasser verdampft, dadurch bleibt über der Oberfläche ein Rand aus Zuckerkristallen an der Topfwand zurück. Dieser Rand muß mit einem nassen Pinsel gründlich abgewaschen werden. Bei einem kleinen Topf setzt sich meist das Kondenswasser an der Wand ab, so daß erst gar kein Zuk-

## Konzentration der Zuckerlösung bei entsprechender Kochtemperatur

Es handelt sich um ungefähre Angaben, die auf- oder abgerundet sind. Sie zeigen, welche Auswirkungen die Kochtemperatur der Zuckerlösung hat.

| Kochtemperatur | Gehalt an Trockensubstanz (TS) |
|---|---|
| 102 °C | 54 % |
| 105 °C | 70 % |
| 108 °C | 77 % |
| 110 °C | 80 % |
| 114 °C | 85 % |
| 118 °C | 88 % |
| 121 °C | 90,5% |
| 142 °C | 96,6% |
| 150 °C | 98 % (Karamel) |

kerrand entsteht. Wenn die Zuckerlösung erst einmal kocht, steigt die Temperatur sehr schnell. Prüfen Sie also rechtzeitig mit dem Thermometer, damit die Lösung nicht zu heiß und damit zu konzentriert wird.

Das Zuckerkochen darf nicht unterbrochen werden. Sonst können sich plötzlich Kristalle bilden, die sich nicht mehr auflösen.

### Vergleichsangaben für Sorbit und Xylit:

Sorbit und Xylit müssen wesentlich höher gekocht werden, um die gleiche Trockenmasse zu erhalten. Z. B. ergibt eine Temperatur von 112 bis 114 °C eine Trockensubstanz (TS) von ca. 75%. 80% TS wird etwa bei 120 °C erreicht. Der Grund für den Temperaturanstieg liegt darin, daß beim Kochen immer mehr Wasser verdampft und die Lösung immer zuckerhaltiger wird. Die Konzentration der Zuckerlösung steigt mit zunehmender Temperatur. Gibt

*Abb. 4:* Beim Zuckerkochen verdunstet Wasser. Damit die immer konzentrierter werdende Lösung nicht kristallisiert, müssen am Topfrand entstehende Kristalle mit einem nassen Kuchenpinsel gründlich abgewaschen werden.

man also für ein Rezept eine bestimmte Temperatur vor, legt man damit den Sättigungsgrad der Zuckerlösung fest.
Ob sie zu Beginn des Kochens mehr oder weniger Wasser zufügen, spielt eigentlich keine Rolle. Wichtig ist, daß der Zucker sich in der Wassermenge vollständig lösen kann. Als Faustregel gilt: 3 Teile Zucker auf 1 Teil Wasser.
Geben Sie zuviel Wasser zu, dauert das Kochen länger.
Wenn die im Rezept angegebene Temperatur erreicht ist, muß der Topf sofort vom Feuer gezogen werden.
Falls mehrmals hintereinander Zucker gekocht wird, ist dazwischen der Topf jedesmal gründlich zu reinigen. Bleiben Zuckerreste am Rand zurück, so kann es passieren, daß die ganze neue Zuckerlösung auskristallisiert. Dann spült man wieder gründlich und kocht neu.
Das alles klingt komplizierter als es ist. Beim Ausprobieren merkt man gleich, worauf es ankommt.
Beachten Sie bitte die Verbrennungsgefahr mit der heißen Zuckerlösung!

## Zucker schmelzen

Bei der Herstellung von Nougat und Krokant muß reiner Zucker ohne Zugabe von Wasser geschmolzen werden. Da dies einige Schwierigkeiten mit sich bringt, folgen ein paar ausführliche Bemerkungen.
Um das Wichtigste vorwegzunehmen: Verwenden Sie statt des normalen Kristallzuckers am besten Puderzucker.
Beim Zuckerschmelzen ist größte Vorsicht geboten. Lassen Sie auf keinen Fall Kinder an den Herd. Der Zucker erreicht sehr hohe Temperaturen bis 180 °C.
Bei einem Unglück kann es daher zu schwersten Verbrennungen kommen.
Falls doch einmal etwas passiert, halten Sie die verbrannte Stelle sofort unter kaltes Wasser oder noch besser, legen Sie Eiswürfel darauf und gehen Sie sofort zum Arzt.
Aber keine Angst, wenn Sie vorsichtig arbeiten, kann eigentlich nichts Außergewöhnliches geschehen. Schmelzen Sie den Zucker am besten in einem Edelstahltopf oder einer Pfanne, weil man auf dem hellen Boden die Farbe des Zuckers am besten beobachten kann. Gerührt wird mit einem stabilen Pfannenwender aus Metall.
Wenn Zucker erhitzt wird, verbrennt er sehr leicht, er wird dann dunkel und bitter. Deshalb wird der Zucker stets langsam bei niedriger bis mittlerer Hitze unter ständigem Rühren geschmolzen. Kristallzucker verklumpt beim Erhitzen sehr leicht, die größeren Klumpen lösen sich nur langsam wieder auf und währenddessen wird der andere, bereits geschmolzene Zucker immer dunkler.
Beim ersten Probieren ist dies relativ schwierig. Wird der Zucker zu dunkel, so nehmen Sie ihn vom Feuer, gießen vorsichtig heißes Wasser in die etwas abgekühlte Pfanne (kaltes Wasser würde spritzen) und schütten Sie das Ganze weg.
Wenn Sie allerdings statt Kristallzucker Puderzucker verwenden, so geht alles viel einfacher, der Puderzucker schmilzt gleichmäßiger und klumpt nicht. Der geschmolzene Zucker sollte nicht dunkler als bernsteingelb sein. Sie werden aber bald wissen, wie die optimale Farbe aussieht.

# Rezepte, Rezepte ...

## Sirupgrundbasis mit und ohne Zucker

Vor der Herstellung von Sirup oder Bonbons empfehlen wir Ihnen, sich über Zucker und Zuckeraustauschstoffe ab *Seite 27* zu informieren.
Zuckersirup ist durch den hohen Zuckergehalt jahrelang lagerfähig. Er ist sehr vielseitig einsetzbar und man hat für verschiedene Gelegenheiten etwas griffbereit, z. B. um Tee zu süßen. Man kann ihn für erfrischende Fruchtgetränke mit Mineralwasser oder Milch mixen. Er läßt sich auch übers Speiseeis oder als süße Sauce zum Dessert geben, über Crêpes oder über in Butter gebackene Bananen gießen – an Verwendungszwecken fehlt es nicht.
An dieser Stelle ist noch ein Wort zum *Ahornsirup* zu sagen, den viele Menschen in dem Glauben kaufen, eine Alternative zum Zucker zu haben. Es handelt sich dabei um den eingedickten Saft aus dem Ahornbaum. Der Ahornsirup besteht jedoch aus 67% Saccharose, allerdings verbunden mit einigen Vitaminen und Spurenelementen. Die restlichen 33% sind Wasser. Karies löst also auch der Ahornsirup aus. Das kann man auch billiger haben und Rübenkraut verwenden, das ungefähr die gleiche Zusammensetzung hat. Beidem würden wir jedoch den Honig vorziehen, der reich an Enzymen und Vitaminen ist. Aber auch Honig ist kariogen. Und deshalb empfehlen wir den zuckerfreien Sirup, der sich zudem

hervorragend mit Früchtepulver verrühren läßt. Auf diese Weise kann man herrliche erfrischende Himbeer-, Erdbeer-, Ananas-, Maracuja-Sirupe herstellen.
Aber zunächst ein einfaches Grundrezept *mit* Zucker:

## Grundrezept Zuckersirup

64 g Zucker
36 g Wasser
5–10 g Fruchtpulver

Kochen Sie Zucker und Wasser auf und rühren dabei leicht. Wenn es siedet, nehmen Sie den Kochtopf von der Herdplatte und lassen die Lösung auf etwa 80 °C abkühlen und geben dann das Fruchtpulver hinein. Sollte es sich nicht gut lösen, dann ist die Temperatur vielleicht schon zu stark abgesunken. In diesem Fall das Ganze nochmals kurz erhitzen. Füllen Sie den Sirup in Glasflaschen ab, die gut verschließbar sind. Wegen des hohen Zuckeranteils ist dieser Sirup lange Zeit haltbar.
Aber denken Sie daran, sollten Sie Ihre Lust auf Süßes partout nicht zähmen können, müssen Sie nach jedem Zuckergenuß die Zähne putzen, oder aber Sie gehen auf *Zuckeraustauschstoffe* über.
Es ist überhaupt kein Problem, mit Sorbit einen Sirup herzustellen, der nicht rekristallisiert. Anders ist dies beim Xylit. Wir verwenden ihn im Sirup deshalb stets in Kombination mit Sorbit.

*Abb. 5:* Fruchtsirup – die Basis für viele Bonbonrezepte.

## Grundrezept Sirup ohne Zucker

Hier haben Sie die Gewähr, daß keine kariogenen Stoffe enthalten sind.

```
35 g Sorbit
35 g Xylit
30 g Wasser
5–10 g Fruchtpulver
```

Wasser, Sorbit und Xylit erhitzen, bis alles geschmolzen ist. Dann den Topf vom Herd nehmen und etwas abkühlen lassen. Das Fruchtpulver unterrühren und in Glasflaschen abfüllen.
Aus Xylit allein können Sie – wie gesagt – einen solchen Sirup nicht herstellen. Er würde zu schnell auskristallisieren.
Sie können auch einen reinen Sorbitsirup kochen. Dann nehmen Sie 70 g Sorbit und 30 g Wasser. Wenn Sie reinen Sorbit verwenden, schmeckt der Sirup nur etwa halb so süß wie der mit Zucker oder Xylit hergestellte; denn Sorbit hat nur die halbe Süßkraft. Lieben Sie es süß, dann können Sie auch den handelsüblichen *Sorbit + S* verwenden. Diese Bezeichnung bedeutet, daß der Sorbit mit dem Süßstoff Saccharin auf die volle Süßkraft des Kristallzuckers gebracht worden ist. Sorbit + S bekommen Sie im Supermarkt; nicht aufgesüßten Sorbit in den Läden, die Hobbythek-Produkte führen.

## Invertzucker

Eine genaue Beschreibung der Eigenschaften von Invertzucker finden Sie auf *Seite 26*. Invertzucker kann zum Teil den Glucosesirup (vgl. *Seite 25*) ersetzen. Invertzucker wird verwendet bei der Herstellung von Fondant, Zuckerbonbons, Karamellen, Türkischem Honig, Weingummi usw., aber auch zum Süßen von Likören und Speisen.

## Invertzuckerherstellung mit Weinsteinsäure

```
335 g Kristallzucker
165 ml Wasser
½ Teel. Weinsteinsäure
½ Teel. Natron (Natriumhydrogen-
   carbonat)
```

Zucker, Wasser und Weinsteinsäure werden gemeinsam im Wasserbad auf 70 bis 80 °C erhitzt. Dabei spaltet die Weinsteinsäure den Kristallzucker in Frucht- und Traubenzucker. Das dauert etwa 1½ Std.; während dieser Zeit braucht der Zucker eine gleichmäßige Temperatur von 70–80 °C. Das ist im Wasserbad bei kleiner Hitze kein Problem. Lassen Sie das Thermometer im Topf stehen und kontrollieren Sie von Zeit zu Zeit die Temperatur. Nach 1½ Std. fügen Sie das Natron-Salz hinzu, um den Rest der Weinsteinsäure zu neutralisieren. Die chemische Reaktion zeigt sich durch kräftiges Aufschäumen.
Der nun entstandene Invertzucker bleibt auch nach dem Erkalten flüssig und ist dem Honig sehr ähnlich. So kann man auch Kunsthonig gewinnen. Den Invertzucker kann man in einem verschließbaren Glas aufheben und bei Bedarf immer einen Teil herausnehmen. Bei sachgemäßer Zubereitung bleibt der Invertzucker – ähnlich wie Honig – auch nach sehr langer Lagerung flüssig. Sollte er trotzdem wieder kristallisieren, so können Sie ihn immer noch zur Herstellung von Süßspeisen und Kuchen einsetzen. Beachten Sie aber den zusätzlichen Wassergehalt.

## Invertzuckerherstellung mit Invertin-Enzym (Invertfluid HT)

Es handelt sich um eine Verdünnung des Enzyms *ß-Fructosidase* (Saccharase). Dieses Enzym bewirkt bei Anwesenheit von Wasser die Spaltung von Kristallzucker in Glucose und Fructose. Damit das Enzym wirken kann, ist ein pH-Bereich zwischen 4,5 bis 5,5 nötig. Auch die Temperatur spielt eine Rolle. Sie sollte mindestens bei 25 °C liegen. Die Aktivität des Enzyms steigert sich um 6% pro °C. Die Hobbythek-Bezeichnung für das Präparat lautet *Invertfluid HT*.
Es darf vor der Invertierung nicht mit Alkohol vermischt werden, der mehr als 20 Vol.-% enthält. Auch darf es nicht über 65 °C erhitzt werden, weil es unwirksam wird. Die Haltbarkeit beträgt bei 20 °C mindestens 6 Monate, bei Lagerung im Kühlschrank mindestens 12 Monate.
Gesundheitlich ist es unbedenklich, denn ein ähnliches Enzym befindet sich auch in unserem Verdauungssaft des Magens und Dünndarmes. Im übrigen gelten nach der Lebensmittelverordnung Enzyme nicht als Zusatzstoffe, sondern als Lebensmittel, weil sie im wesentlichen aus verdaulichem Eiweiß bestehen.
Der mit Invertin hergestellte Invertzuk-

ker wird wesentlich homogener und er rekristallisiert nicht. Außerdem kann die Zuckerkonzentration des Sirups erhöht werden.

Nun zur Herstellung:

> 335 bis max. 500 g Kristallzucker
> 165 ml Wasser
> 1 Msp. Zitronensäure
> 1–2 Meßl. (2,5–5 ml) Invertfluid HT

Kristallzucker, Wasser und Zitronensäure auf 50 °C erwärmen. Die Temperatur darf nicht höher sein (Thermometer!). Mischung vom Herd nehmen und Invertfluid HT zugeben. Der Zucker muß nicht ganz gelöst sein; das geschieht später durch das Enzym. Die Mischung in eine Flasche abfüllen und möglichst über 25 °C lagern, z. B. an der Heizung. Nach einigen Tagen hat sich der Zucker völlig verflüssigt. Die Reaktion ist hauptsächlich von der Temperatur abhängig. Bei ca. 50 °C geht es besonders rasch; bei 65 °C verliert das Enzym aber seine Wirkung. Bei Verwendung von höher konzentriertem Invertzucker müssen Sie dies bei den Rezepten berücksichtigen.

# Fondant

Fondant ist eine Grundsubstanz mit fast unbegrenzten Möglichkeiten. Für den Konditor ist sie unentbehrlich. Man kann aus Fondant beispielsweise hervorragende Tortenüberzüge herstellen, die viel glatter und fester werden als mit Puderzucker. Vor allem wird die Glasur nicht pappig. Er kann außerdem als universelle Modelliermasse verwendet

*Abb. 6:* Fondant ist eine Grundsubstanz mit fast unbegrenzten Möglichkeiten.

werden. Für Christbaumbehang, für lustige Schneemänner und Phantasiegestalten läßt er sich mit Speisefarben beliebig einfärben, so daß man neben vielem anderen auch bunte Fondant-Eier zu Ostern modellieren kann. Fondant eignet sich außerdem als Pralinen-Füllmasse und man kann ihn mit Likör oder Aromastoffen zu Bonbons verschiedenster Geschmacksrichtungen verarbeiten.

Die Bestandteile des Fondants sind fast ausschließlich Zucker und Wasser. Würde man diese Grundstoffe jedoch ohne Zusätze kochen, so wäre der Zucker nach dem Erkalten entweder hart wie Glas oder brüchig und grobkristallin. Da sich Fondant gut verarbeiten lassen soll, muß er weich und geschmeidig sein. Um dies zu erreichen, verwendet der Fachmann bei der Herstellung sogenannten Glucosesirup. Er besteht in wesentlichen Teilen aus Traubenzucker (Glucose). Da Traubenzucker nicht wie der normale Haushaltszucker (Saccharose) kristallisiert, bewirkt dieser Zusatz, daß die Fondant-Masse nicht völlig erstarrt und deshalb plastisch bleibt. Erst beim Austrocknen erhält Fondant dann eine härtere, beständige Oberfläche.

## Fondant à la Hobbythek

Man braucht dazu:

> 500 g Kristallzucker
> 120 g Wasser
> 60 g selbstgemachten Invertzucker oder Glucosesirup

Wasser und Zucker gibt man in einen Topf und erhitzt beides unter Rühren auf starker Flamme. Bei über 100 °C beginnt die Zuckerlösung kräftig zu kochen. Dabei verdampft ein Teil des Wassers, die Zuckerkonzentration wird höher und somit steigt auch die Siedetemperatur. Achten Sie bitte genau auf das Thermometer, die gewünschte Temperatur darf nicht überschritten werden. Bei 100 °C gibt man die 60 g Invertzucker dazu und läßt alles zusammen weiterkochen bis 110 oder 120 °C. Dabei sollte man beachten, daß bereits 1 °C Temperatur-Unterschied den Fondant verändert. Erhitzt man ihn auf 110 °C, so wird er weicher, bei 120 °C härter.

Dann stellt man den Topf in kaltes Wasser und rührt so lange, bis die Masse abkühlt. Am einfachsten geht das mit einer Küchenmaschine mit Knethaken. Je mehr der Fondant abkühlt, um so kräftiger muß die Maschine arbeiten. Wenn die zunächst klare Zuckerlösung anfängt, milchig-weiß und fest zu wer-

*Abb. 7:* Wie wäre es mit einer Geburtstagstorte, die mit Fondant überzogen und mit Marzipan verziert ist?

Speisefarben oder Fruchtpulvern einfärben. Die fertigen Figuren läßt man anschließend 1 bis 2 Tage trocknen.

### Fondant als Kuchenglasur

Dafür erhitzt man ihn auf 30 bis höchstens 40 °C, so daß er flüssig wird und sich gut auf den Kuchen streichen läßt. Erhitzt man den Fondant höher, so verliert die Glasur ihren Glanz und wird zu hart. Eventuell gibt man in den erwärmten Fondant noch ein wenig Wasser, Saft oder Alkohol – aber bitte nicht zuviel, sonst wird der Fondant nachher nicht mehr fest. Die Glasur ist nach dem Erkalten glänzend und noch relativ weich, läßt sich also gut schneiden.

### Garnieren von Torten

Den heißen Fondant läßt man etwas abkühlen, gibt ihn dann in den Spritzbeutel und garniert nach eigenen Entwürfen.

## Fondantbonbons und -pralinen

Aus Fondant stellt man auch Bonbons oder Pralinen-Innenkörper her. Dazu erwärmt man etwas von der Masse in einer Kasserolle auf etwa 80 °C und gibt – je nach Geschmack – ein paar Spritzer Weinbrand, Rum, Likör oder ähnliches dazu. Wollen Sie z. B. Pfefferminzgeschmack erzielen, so können Sie etwas Pfefferminzlikör zufügen. Auch Aroma-Öle finden hier Verwendung.

Die einfachste Methode ist es, den Fondant auf Backpapier zu runden Bonbons oder Plätzchen auszugießen. Für Fondant-Sterne und ähnliches eignen sich Kunststoff-Formen, die es in

den, rührt man 1 Meßlöffel Puderzukker unter. Den fertigen Fondant gibt man in ein Gefäß mit dicht schließendem Deckel, z. B. eine Frischhaltedose, damit die Masse nicht austrocknet.

## Verwendung des Fondants

### Fondant als Modelliermasse

Man kann ihn kalt, so wie er ist, zu Figuren modellieren oder auch vorher mit

Haushalts-Geschäften zu kaufen gibt. Vorsicht: hier dürfen Sie nicht zu heiß einfüllen, sonst schmilzt der Kunststoff.
Der auf 80 °C erhitzte Fondant ist *abgestorben*, wie der Fachmann sagt, er wird nach dem Erkalten fester als der auf 30 bis 40 °C erwärmte und läßt sich danach auch durch Erhitzen nicht wieder verflüssigen.
Mit Fondant lassen sich auch leckere flüssig gefüllte Kirschpralinen herstellen (vgl. *Seite 69*).

## Fondant mit Isomalt

300 g Isomalt
40 g Sorbit
150 g Wasser
10 g Kokosfett
1 Meßl. (2,5 ml Inhalt) Isomalt, puderfein

Alle Zutaten, außer dem puderfeinen Isomalt, werden wie vorher beschrieben, gekocht allerdings hier nur bis maximal 110 °C.
Anschließend wieder mit dem Knethaken kaltrühren. Wenn der Fondant anfängt, trüb zu werden, d. h., wenn sich Kristalle bilden, wird das puderfeine Isomalt untergerührt. Die weitere Verarbeitung und Lagerung ist bereits beim Zuckerfondant beschrieben.

## Zuckerbonbons

Das klassische Bonbonrezept ließ sich bisher nur mit Zucker verwirklichen. Neuerdings gibt es aber die Möglichkeit, solche Bonbons auch mit dem Zuckeraustauschstoff Isomalt zu kochen. Und wenngleich wir Bedenken wegen der Karies auslösenden Wirkung von Zucker haben, wollen wir Ihnen auch die Zuckerversion des Rezeptes nicht vorenthalten. Wir empfehlen, nach dem Lutschen dieser Bonbons die Zähne zu putzen.
Das Zuckerkochen ist nicht ganz einfach (vgl. *Seite 48*). Aber wem es einmal gelungen ist, dem macht es später immer mehr Spaß. Das Problem ist, daß die Zuckerlösung so lange eingekocht werden muß, bis sich eine Temperatur von 155 bis 160 °C einstellt. Dafür brauchen Sie unbedingt das entsprechende Thermometer. Und Sie müssen besonders achtsam mit der heißen Masse umgehen, um sich nicht zu verbrennen. Hier zunächst das Rezept:

## Grundrezept der Zuckerbonbons

150 g Zucker
60 g Wasser
50 g Honig oder Glucosesirup
10 – 20 g Fruchtpulver

Wenn Sie Honig verwenden wollen, müssen Sie darauf achten, daß es flüssiger Honig ist. Wen der Honiggeschmack stört, der kann — wie die Profis auch — den schon auf *Seite 25* angesprochenen Glucosesirup verwenden, der preiswerter als Honig ist. Aber auch selbstgemachter Invertzucker ist möglich. Die Tricks beim Zuckerkochen lesen Sie bitte auf Seite 48 nach.
Zucker, Wasser, Honig bzw. Glucosesirup werden im offenen Kochtopf (möglichst aus Edelstahl) solange erhitzt, bis sich alles restlos aufgelöst hat. Dann beginnt das eigentliche Zuckerkochen. Während das Wasser verdampft, steigt die Temperatur. Je mehr Wasser verdampft, um so schneller erhöht sich die Temperatur.
Schalten Sie deshalb die Herdplatte am besten schon bei 130 °C auf schwächere Hitze. Zum Schluß müssen Sie ganz besonders gut aufpassen: die Zuckermasse soll nur bis etwa 155 bis 158 °C gekocht werden.
Ziehen Sie den Topf sofort von der Herdplatte und lassen ihn etwas abkühlen. Wenn Sie versehentlich zu hohe Temperaturen erreicht haben, beginnt der Zucker braun zu werden. Das ist bei dieser Art von Bonbons nicht erwünscht. Wenn die Temperatur zu niedrig war, wird die Masse hinterher zu weich.
Beim Abkühlen der Masse fügen Sie bei etwa 120 °C das Fruchtpulver hinzu, das den Bonbons den jeweiligen Geschmack verleiht.
Lecker sind auch Bonbons, die einfach nur Honig enthalten.
Wenn Sie diese geschmacksbildenden Substanzen untergerührt haben, ist die Temperatur der Zuckermasse noch etwas weiter abgesunken. Jetzt müssen Sie die heiße Masse schnell ausgießen, sonst erstarrt sie im Topf. Profis machen das auf einer Marmorplatte, die leicht eingefettet ist. Die Marmorplatte bekommen Sie für wenig Geld beim Steinmetz oder im Baumarkt. Es geht auch — allerdings wesentlich unbequemer — auf etwas größeren Marmorfrühstücksbrettchen. Zur Not können Sie auch eine Unterlage aus gespanntem Backpapier (von unten mit Doppelklebeband auf einem großen Holzbrettchen befestigen) vorbereiten und die Masse darauf gießen.

Der Vorteil der Marmorplatte besteht darin, daß Sie die Zuckermasse mit einem Spachtel aus nichtrostendem Stahl ganz gut führen können. Ist diese noch heiß genug, dann können Sie sie auch zusammenklappen wie einen Teig. Sie läuft anschließend immer wieder zu einer ebenen Fläche aus, die Sie

*Abb. 8:* Zuckerbonbons lassen sich ganz einfach herstellen. Gießen Sie die Zuckermasse auf eine Marmorplatte und kerben Sie sie mit einem Spachtel oder Messerrücken quadratisch oder rautenförmig ein. Nach dem Erkalten können Sie die Platte leicht in einzelne Bonbons zerbrechen.

mit dem Spachtel etwas nachformen können. Ist die Masse zu hart geworden, können Sie sie im Backofen leicht wieder etwas aufwärmen.
Drücken Sie möglichst bald mit der Kante des Spachtels oder dem Rücken eines Brotmessers Rillen in den Bonbonfladen. Und zwar in regelmäßigen Abständen kreuz und quer, so daß ein Karo entsteht. Nach dem Abkühlen lassen sich die so entstandenen Stückchen leicht auseinanderbrechen.

## Zuckerfreie Süßigkeiten mit Isomalt

### Isomalt-Hartkaramellen

```
200 g Isomalt
½ Meßl. (1,3 g) Zitronensäure,
   kristallin
3 g Fruchtpulver, sprühgetrocknet
evtl. natürliches Fruchtaroma
```

Isomalt wird in der Edelstahlpfanne unter Rühren geschmolzen. Dann Zitronensäure und Fruchtpulver mischen und unterrühren, bis es sich gelöst bzw. gut verteilt hat. Zum Schluß das Fruchtaroma unterrühren.
Die Masse sofort auf gut gefettetes Backpapier ausgießen, etwas abkühlen lassen und die warme Masse mit einem großen Messer teilen, wie in *Abbildung 8* zu sehen. Die erkalteten Stückchen lassen sich leicht auseinanderbrechen. Aus der gleichen Masse kann man auch sehr schöne Lollis bzw. Lutscher herstellen. Sie ziehen kein Wasser an, wie z. B. Bonbons oder Lutscher aus Zucker es nach einiger Zeit tun. Deshalb sind Hartkaramellen aus Isomalt besonders lange haltbar und auch als Dekoration geeignet.

### Isomalt-Weichkaramellen

```
250 g Isomalt
 50 g Sorbit
 50 g Butter
 50 g Sahne
  2 g (1½ Meßl.) Reinlecithin-Pulver
```

*Abb. 9:* Im Volksmund heißen Weichkaramellen auch „Plombenzieher". Wenn Sie sie mit Isomalt zubereiten, können Sie sicher sein, daß *diese* Karamellen Ihren Zähnen nicht schaden.

Zunächst wird der Sorbit und das Reinlecithin-Pulver in der Sahne gelöst.
Dann wird Isomalt in der Edelstahlpfanne geschmolzen, dazu die Butter und das Sahne-Gemisch geben. Die Masse bis 126 °C kochen. Sofort auf gefettetes Backpapier ausgießen und wie die Hartkaramellen schneiden.

**Isomalt-Kaubonbons**

> 250 g Isomalt
> 50 g Sorbit
> 60 g Wasser
> 50 g Kokosfett
> 0,5 g (1 Msp.) Zitronensäure (kristallin)
> 0,5 g (½ Meßl.) Reinlecithin-Pulver
> 3 g Gelatine
> 6 g Wasser
> 10 Tropfen natürliches Fruchtaroma

3 g Gelatine werden in 6 g kaltem Wasser gequollen. Wasser, Isomalt und Sorbit werden langsam unter Rühren mit dem Holzlöffel erwärmt. Wählen Sie einen großen Kochtopf, weil die Masse stark schäumt. Bei ca. 90 °C beginnt das Isomalt manchmal, leicht zu klumpen, das hört aber auf, wenn es noch heißer wird. Zwischendurch werden Kokosfett und Zitronensäure zugegeben. Das Reinlecithin in wenig Wasser vorlösen und unterrühren. Mit dem Thermometer die Temperatur kontrollieren. Kochen bis 136 °C, dann den Topf von der Herdplatte nehmen und sofort die Gelatine unterrühren, die sich bei der Hitze schnell auflöst. Zum Schluß das Aroma hinzugeben. Die Masse etwas abkühlen lassen und auf eine gut gefettete Arbeitsplatte ausschütten. Sobald die Bonbonsubstanz

*Abb. 10:* Durch kräftiges Ziehen und Dehnen erhält die Masse für unsere Isomalt-Kaubonbons erst die richtige Konsistenz.

nur noch handwarm ist, beginnt man sie zu ziehen – am besten zu zweit. Ziehen Sie einen Strang, der dann immer wieder umgeschlagen und erneut gezogen wird. Dadurch verändert sich die Konsistenz völlig, es entsteht ein typisches Kaubonbon. Schneiden Sie es nach Belieben in Stücke.
Der große Vorteil: die Masse ist nicht kariogen. Die fertigen Kaubonbons werden in einer gut verschlossenen Dose aufbewahrt, damit sie nicht austrocknen. Am besten werden sie bald verzehrt.
Die Herstellung kann zum Spaß für die ganze Familie werden. Lassen Sie Ihre Kinder doch mal Kaubonbonmasse ziehen. Das Kochen muß allerdings wegen der hohen Temperatur unbedingt von Erwachsenen durchgeführt werden.

## Zuckerfreie Bonbons mit Xylit

Diese Bonbons haben den Vorteil, nicht nur nicht Karies auszulösen, sondern sogar Karies verhüten zu helfen. Sie verhindern nämlich die Milchsäuregärung an den Zähnen. Leider ist Xylit etwa zehnmal teurer als Zucker. Aber die Gesundheit der Zähne sollte uns das wert sein.

## Grundrezept für Xylitbonbons

> 250 g Xylit
> ca. 2 Eßl. Fruchtpulver

Die genaue Dosierung des Fruchtpulvers ist Geschmackssache. Probieren Sie die Ihnen zusagende Menge aus.
Und so wird's gemacht:
Xylit wird im Kochtopf erwärmt, bis es bei 90 °C schmilzt. Die Temperatur brauchen Sie dabei nicht zu kontrollieren. Sobald das Xylit anfängt zu schmelzen, rührt man den Extrakt oder die ätherischen Öle unter.
Am besten gießt man die Masse in Alu-Pralinenkapseln, in die man jedoch vorher etwas Puderxylit gestreut hat. Puderxylit bekommen Sie ebenfalls in den Zutatenläden der Hobbythek. Aber Sie können es sich auch aus kristallinem Xylit selbst herstellen, und zwar in einer Kaffeemühle mit Schlagmesserwerk.
Füllen Sie also die heiße Xylitmasse in die Kapseln so hoch, daß die Drops etwa 4 bis 6 mm dick werden.
Zum Schluß streut man obendrauf noch etwas Puderxylit. Dieser Puder-

*Abb. 11:* Xylitbonbons können Sie leicht herstellen, indem Sie die noch warme Bonbonmasse in Alu-Pralinenkapseln gießen.

# Grundrezept kalthergestellter Puderxylit-Drops

20 g Eiklar
  (frisches Hühnereiweiß)
220–230 g Puderxylit
15 g Gummi arabicum, walzengetrocknet
10–20 g Fruchtpulver

Mit einem elektrischen Handrührgerät schlagen Sie das Eiklar mit 10 g Puderxylit auf. In diese Masse geben Sie während des Rührprozesses 15 g Gummi arabicum und das Fruchtpulver. Erst dann wird nach und nach die restliche größere Puderxylitmenge (210 g) zugefügt, bis sich ein Teig bildet. Zur Weiterbearbeitung beginnen Sie jetzt am besten – ähnlich wie bei einem Kuchenteig – die Masse mit der Hand zu kneten. Falls der Teig noch klebt, müssen Sie vorsichtig weiteren Puderxylit zugeben. Vorsicht! Nicht zuviel auf einmal; sonst wird der Teig brüchig. Sie müssen das einfach ausprobieren. Übergroße Schwierigkeiten gibt es dabei nicht.

Der Teig muß später eine Konsistenz haben, daß er sich wie Plätzchenteig ausrollen läßt. Als Unterlage ist die bei den Xylitbonbons beschriebene glatte Marmorplatte geradezu ideal. Es geht aber auch mit einem großen Küchenbrett, das Sie mit Hilfe von Doppelklebeband mit Alufolie bespannt haben.

Streuen Sie auf die Unterlage, bevor Sie den Teig daraufgeben, ebenfalls Puderxylit, damit er nicht anklebt. Rollen Sie den Teig auf eine etwa 2 bis

xylit hat eine wichtige Funktion. Er sorgt dafür, daß die Masse sich besser rekristallisiert, was hier ausdrücklich erwünscht ist. Die feinen Puderkörnchen wirken dabei wie Kristallisationskerne. Sie sind sozusagen kleine Impfkristalle, die dafür sorgen, daß der Kristallisationsvorgang schneller abläuft.

Trotzdem müssen Sie schon damit rechnen, daß es 24 bis 48 Stunden dauert, bis Sie die Dropse aus den Pralinenhütchen herausnehmen können. Diese Hütchen können Sie natürlich immer wieder verwenden (Sie bekommen sie in Konditor-Zubehörgeschäften oder in den im Anhang genannten Läden).

Xylit erzeugt im Mund einen angenehmen kühlenden Effekt. Ursache dafür ist, daß Xylit eine relativ hohe Lösungswärme benötigt. Diese Wärme wird beim Lutschen der Zunge entzogen.

Für Sie haben wir außerdem noch ein anderes Rezept für zahnschonende Drops entwickelt, das sogar ohne Erhitzen hergestellt werden kann.

*Abb. 12:* Man kann die Bonbonmasse aber auch auswalzen und mit kleinen Formen die einzelnen Bonbons ausstechen.

## Sahnekaramellen

Es ist wirklich nicht schwer, Karamellen zu kochen. Ihr Endprodukt sind exquisite, mürbe Weichkaramellen, die im Munde zergehen und keinesfalls Plombenzieher sind. Leider können Sie auch hierfür keine Zuckeraustauschstoffe verwenden.

## Weichkaramellen

200–250 g Sahne
150 g Kristallzucker
20–30 g Butter

Alle Zutaten in einen flachen Kochtopf mit großer Oberfläche oder eine Pfanne geben und auf höchster Stufe unter ständigem Rühren ca. 5 bis 10 Minuten kochen lassen. Wenn die Masse am Topfboden trotz Rührens zu braun wird, nehmen Sie den Topf vom Herd und schalten die Hitze etwas herunter. Weiterrühren, bis genügend Wasser verdampft ist und die Masse andickt. Auf gefettetes Backpapier ausgießen, etwas abkühlen lassen und dann in Stücke schneiden.

Für *Mokka-Sahnekaramellen:* 1 TL löslichen Kaffee in die Sahne geben.

Für *Haselnuß-Sahnekaramellen:* 1 EL Nußmus oder geriebene oder geröstete Haselnüsse zugeben.

Solche Bonbons sind zum sofortigen Verzehr bestimmt, dann schmecken sie am besten. Sie sind nicht sehr lange haltbar.

Gibt man 1 Meßlöffel (2,5 ml) Reinlecithin-Pulver (vgl. *Seite 82*) in die Sahne, so bleibt die Masse nach dem Kochen und Auskühlen zunächst noch relativ

3 mm dicke Schicht aus und stechen Sie ihn dann mit kleinen Förmchen, die es für Kleinstgebäck im Haushaltswarengeschäft gibt, oder mit einem kleinen dünnwandigen Aluminiumröhrchen oder einem Reagenzglas aus. Wir haben auch ein Pillendöschen aus Glas verwendet. Ein kurzes Aluminiumröhrchen hat den Vorteil, daß Sie die ausgestochene Platte von hinten herausdrücken können, was bei den anderen Vorschlägen nicht geht. Da müssen Sie die Bonbons herausschütteln.

Danach lassen Sie die noch feuchten Drops mindestens 24 Stunden trocknen. Schneller geht es, wenn Sie sie nach einiger Zeit einmal wenden.

Die gut getrockneten Drops bewahren Sie am besten in einem Marmeladenglas mit dichtverschließbarem Deckel auf.

Die Drops schmecken nicht nur mit Fruchtpulver, sondern z. B. auch mit Lakritzextrakt unaussprechlich gut (vgl. *Seite 65*). Der Geschmacksvielfalt sind keine Grenzen gesetzt.

weich. Schneiden Sie sie, sobald es geht, in Stücke und lassen Sie sie über Nacht liegen.
Dann bildet sich zunächst außen ein fester Rand und innen bleibt ein weicherer Kern, weil das Lecithin die Rekristallisation des Zuckers verzögert. Probieren Sie einfach beide Varianten aus.
Das folgende Rezept ist wesentlich aufwendiger.

## Türkischer Honig

Er wird je nach Herkunft auch weißer Nougat oder Nougat Montélimar genannt.
In Frankreich läuft er unter der Bezeichnung *Nougat,* während wir ja etwas ganz anderes darunter verstehen (vgl. *Seite 107*). Früher wurde türkischer Honig, der mit Farbstoffen eingefärbt war, häufig auf der Kirmes angeboten. Wir geben Ihnen hier ein edles Rezept mit vielen Früchten und Mandeln.
Es ist nicht ganz einfach, diesen türkischen Honig herzustellen. Er wird auch meist nicht schneeweiß, sondern hat eine – schon allein vom Honigzusatz – leichte Tönung.
Türkischen Honig mit Zuckeraus-

*Abb. 13: Links:* Türkischer Honig wird zum Schluß in einer Schüssel mit Wasserbad gerührt. Wichtig ist, daß die verschiedenen Zutaten wie geschmolzener Zucker (oben), erhitzter Honig (rechts) und erwärmtes Eiweiß (links) nach unseren Anweisungen gemischt werden.
*Rechts:* Die kandierten Früchte geben dem türkschen Honig erst sein typisches Aussehen.

tauschstoffen herzustellen, ist leider nicht möglich. Trotzdem wollen wir Ihnen diese köstliche Masse nicht vorenthalten.
Man nehme:

300 g fester Bienenhonig
300 g Zucker
200 g Wasser
10 g Kakaobutter
80–100 g Eiweiß (3 Eiklar) mit
    10 g Zucker (1 EL)
ca. 150 g halbierte Mandeln, geröstete Haselnüsse, kandierte Früchte gewürfelt, Pistazien

Als Variation sind außerdem Sonnenblumenkerne, Kürbiskerne, Sesamsamen, Haferflocken usw. geeignet.
Zur Herstellung der Masse müssen zuerst die kandierten Früchte kleingeschnitten und die Nüsse vorbereitet werden. Dann den Honig erwärmen, bis er kocht. Kaufen Sie unbedingt festen Honig, sonst wird die fertige Masse nachher zu weich.
Ein Kochtopf mit heißem Wasser und eine Metallschüssel ergeben das Wasserbad. Nehmen Sie die Schüssel aber zunächst noch aus dem Wasserbad und geben das Eiweiß mit den 10 g Zucker hinein. Es wird mit dem Schneebesen leicht aufgeschlagen.
Währenddessen werden in einem anderen Kochtopf Zucker und Wasser bis 140 °C gekocht. Beachten Sie dabei unbedingt die Grundregeln des Zuckerkochens auf *Seite 48 f.*
Kurz bevor die Endtemperatur erreicht ist, stellen Sie schon die Schüssel mit dem Eiweiß ins kochende Wasserbad. Bei 140 °C müssen Sie sofort die Zuckerlösung von der Herdplatte ziehen und unter kräftigem Rühren mit dem Schneebesen in das Eiweiß gießen. Achten Sie darauf, daß keine Eischneeklümpchen entstehen.
Sollte der Zucker zunächst hart werden, so löst er sich im heißen Wasserbad wieder auf. Dann schütten Sie den fest kochenden Honig dazu und schlagen die Masse etwa 20 min. geduldig weiter. Sie merken, wie sie immer fester wird und sich von der Schüsselwand löst.
Zum Schluß werden die Kakaobutter sowie die Früchte und Nüsse untergerührt.
Nun legen Sie auf ein gefettetes Backpapier einen Rahmen aus Vierkanthölzchen, in den Sie die heiße Masse schütten. So wird sie schön gleichmäßig. Sie können die Masse auch auf Backoblaten gießen.
Sobald der Türkische Honig ausgekühlt ist, wird er geschnitten und eventuell noch in aufgelöste Kakaobutter getaucht, damit er kein Wasser anzieht. Ohne Überzug ist der Türkische Honig relativ hygroskopisch und wird dadurch leicht klebrig und weich.
Beim Kochen arbeiten Sie am besten zu zweit, und passen Sie gut auf, daß Sie sich nicht mit der heißen Zuckerlösung verbrennen. Bei der Herstellung von Türkischem Honig sollten sich auch Kinder nicht am Herd aufhalten.

## Geleefrüchte – Erntezeit das ganze Jahr

Diese Geleefrüchte sind im Nu fertig. Nach dem Kochen gelieren sie sofort und sind dann genußfertig. Stunden- oder tagelanges Trocknen ist überflüssig. Der Fruchtgeschmack wird nicht mit frischen Früchten erreicht, sondern mit natürlichem, sprühgetrocknetem Fruchtpulver (vgl. *Seite 43*). Das steht das ganze Jahr zur Verfügung. Sie können auch im Winter nach Herzenslust Geleefrüchte kochen. Selbstverständlich haben wir auf die üblichen künstlichen Aromastoffe bewußt verzichtet.
Hier lohnt es sich in jedem Fall, die zahnschonenden Zuckeraustauschstoffe zu nehmen. Empfehlenswert ist eine Sorbit-/Xylitmischung. Aber wir lassen Ihnen natürlich die freie Wahl. Wenn Sie wollen, können Sie die Geleefrüchte noch mit der tollen zuckerfreien Schokoglasur überziehen.
Wichtigster Bestandteil der Geleefrüchte ist Pektin HVG, d. h. „*Hoch Verestertes Pektin für Geleefrüchte*", mit dem Sie auch herkömmliche Marmeladen kochen können. Eine genauere Beschreibung dieses Pektins finden Sie auf *Seite 143 ff.*

## Geleefrüchte mit Zucker

180 ml Wasser
5 g (3½ Meßl.) Pektin HVG
240 g Zucker
50 g Glucosesirup
    oder 40 g Traubenzucker
16 g (8–10 Meßl.) Fruchtpulver
15–20 g (5–6 Meßl.) Zitronensäurelösung 1:1

Zunächst rühren Sie die Zitronensäurelösung an, und zwar kristalline Zitronensäure und lauwarmes Wasser zu gleichen Gewichtsanteilen, z. B. 10 g Zitronensäure und 10 ml Wasser. Diese Lösung können Sie auf Vorrat anrühren, da sie sehr lange haltbar ist.

*Abb. 15:* Geleefrüchte kann man auch mit Kuvertüre überziehen.

**Herstellung der Geleefrüchte**

- 4 Eßlöffel vom Zucker abnehmen und trocken mit dem Pektin vermischen, damit das Pektin nicht klumpt.
- Unter Rühren mit dem Schneebesen ins warme Wasser geben.
- Ca. 3 Minuten kochen lassen, bis das Pektin gelöst ist, erst dann restlichen Zucker dazugeben. Die Geleefrüchte enthalten viel Zucker. Würde man die gesamte Zuckermenge sofort ins Wasser geben, so entstünde eine gesättigte Lösung, das Pektin könnte sich darin nicht mehr auflösen, und die Geleefrüchte erreichten dann nicht die gewünschte Festigkeit.
- Glucosesirup oder Traubenzucker unterrühren, um eine nachträgliche Kristallisation des Zuckers zu verhindern.
- Kochen bis 115 °C; mit dem Thermometer kontrollieren.
- Fruchtpulver klumpenfrei unter die Zitronensäurelösung rühren, in die kochende Mischung geben und den Gelee sofort ausgießen, z. B. in eine gefettete Kuchenform. Der Gelee wird fest, indem Sie die Zitronensäurelösung zugeben.
- Geleefrüchte schneiden und in Zucker bzw. Zuckeraustauschstoffen rollen oder − besonders empfehlenswert − mit Schokoglasur überziehen, dann erhalten Sie so eine Art Geleebananen. Wie gesagt, geeignet ist jeder Fruchtgeschmack, ganz nach Ihrer speziellen Vorliebe.

Besonders zahnschonend und gesund sind natürlich zuckerfreie Geleefrüchte, der Kaloriengehalt ist allerdings der gleiche wie bei Zucker.
Geleefrüchte lassen sich, wie die meisten anderen Süßigkeiten auch, nicht mit Süßstoff herstellen, weil der Hauptbestandteil der Masse nun einmal Zucker oder Zuckeraustauschstoffe sind.

## Geleefrüchte mit Xylit und Sorbit

| |
|---|
| 180 ml Wasser |
| 5 g (3½ gestr. Meßl.) Pektin HVG |
| 140 g Xylit |
| 140 g Sorbit S |
| 16 g (8−10 Meßl.) Fruchtpulver |
| 15−20 g (5−6 Meßl.) Zitronensäurelösung 1:1 |

Zitronensäurelösung mischen wie im vorigen Rezept. Die Herstellung der Geleefrüchte geht ebenfalls wie oben beschrieben. Ein wichtiger Unterschied ist die Kochtemperatur: Sorbit und Xylit müssen wesentlich höher gekocht werden als Zucker, um die gleiche Lösungskonzentration zu erreichen. Die Kochtemperatur liegt hier bei 128 °C. Diese Temperatur sollten Sie auch ziemlich genau einhalten, weil davon auch die Festigkeit der fertigen Geleefrüchte abhängt. Die Fertigstellung erfolgt wie beschrieben.

## Weingummi – Gummibärchen und Gummibeeren

Bei selbstgemachtem Weingummi haben Sie natürlich einen entscheidenden Frische-Vorteil gegenüber gekauften Produkten. Außerdem können Sie zwischen den herrlichsten Geschmacksnuancen wählen. Ob Honig-, Kirsch-, Maracuja-, Orange-, Erdbeer-, Johannisbeer-, Zitronenbärchen – das Beste ist die eigentliche Herstellung. Ein Spaß für die ganze Familie.
Die Gelatine kaufen Sie am besten in preiswerten Kilopaketen, mit Aspikpulver geht es genauso gut. Blattgelatine ist übrigens meist teurer als gemahlene, geliert allerdings auch fester.

*Abb. 16:* Sogar die beliebten Gummibärchen kann man selber machen.

## Weingummi-Grundrezept

```
150 g Gelatine
200 g Wasser
20–30 g Fruchtpulver
120 g Wasser
400 g Zucker
480 g Glucosesirup,
     Invertzucker
     oder flüssiger Honig
1½ Meßl. Apfelsäure
1½ Meßl. Wasser
```

— Gelatine und Wasser werden in einem kleinen Kochtopf verrührt, 15 Minuten quellen lassen.
— Wasser, Zucker und Fruchtpulver werden solange gekocht, bis sie 115 °C erreicht haben. Dann ziehen Sie den Topf sofort vom Feuer.
— In der Zwischenzeit können Sie übrigens schon die gequollene Gelatine im Wasserbad schmelzen. Die Gelatinelösung darf dabei nicht heißer als 70–80 °C werden. Auf keinen Fall darf sie kochen, sonst verringert sich ihre Gelierfähigkeit.

— In die 115 °C heiße Zuckerlösung gießt man zunächst den Glucosesirup, Honig oder selbstgemachten Invertzucker (vgl. *Seite 52*). Durch Zugabe des Sirups geht die Temperatur so weit herunter, daß man anschließend sofort die gelöste Gelatine dazugießen kann. Alles gut verrühren und auf kleiner Flamme warmhalten.
— Zum Schluß gibt man noch Äpfelsäurelösung (1:1) hinzu, damit der fertige Weingummi richtig fruchtigsäuerlich schmeckt.

Die ganze Mischung läßt man 5 bis 10 Minuten auf dem Herd stehen, damit sie sich klärt. Dabei steigen die vielen kleinen Bläschen aus der Gelatinelösung nach oben und lassen sich als Schaum abschöpfen. Dann füllt man die Masse in einen Trichter und gießt sie ins vorbereitete Stärkebett (vgl. Seite 71).

**Formpuder für Weingummi**

Die Herstellung des Stärkebetts wird ausführlich bei den Likörpralinen ab Seite 71 beschrieben.
Für Weingummi genügt jedes normale Tablett mit einem etwas höherem Rand. Dieses Tablett wird dann mit der trockenen Stärke befüllt. Wenn Sie auch Likörpralinen herstellen wollen, lohnt sich der Bau eines Holzkastens.
Erforderlich sind mehrere Stempel aus selbsthärtender Modelliermasse (vgl. Seite 72). Für die Formen können Sie Ihrer Phantasie freien Lauf lassen, einzige Bedingung: sie sollten ziemlich flach sein, ca. 5–8 mm, damit sich die Weingummis nachher besser essen lassen.
Für die Formen können Sie z. B. Modelliermasse zwischen Kanthölzern ausrollen und mit Plätzchenformen ausstechen: Herzen, Pilze, Sterne, aber auch Fruchtformen sind schön. Sie können dann auch etwas dicker sein – in der Form ähnlich wie Pralinen. Weingummi läßt sich sogar zweifarbig ausgießen.
Beim Eingießen der Gelatinemasse darf die Stärke auf gar keinen Fall wärmer als Raumtemperatur sein. Ansonsten ist alles relativ einfach.
Wenn Ihnen das Gießen der Formen zuviel Arbeit macht, können Sie den Weingummi auch in ein Backblech oder einen Teller ausgießen. Er trocknet schnell und löst sich leicht vom Untergrund.

## Lakritz-Weingummi

Statt Äpfelsäure und Fruchtpulver gibt man zum Schluß eine Mischung aus 20 g Lakritzpulver und 20 g Wasser hinzu und rührt es gleichmäßig unter.

## Weingummi-Lakritz mit Sorbit und Xylit

Statt Zucker und Glucosesirup werden 800 g Sorbit und 80 g Wasser mehr verwendet.
Wenn Sie Xylit bevorzugen, nehmen Sie:

| |
|---|
| 240 g Xylit |
| 160 g Sorbit |
| 80 g Wasser |

Die Herstellung ist wie oben beschrieben.

## Speckgummi – weich und fruchtig

Das Besondere dieses Gummispecks ist der herrliche fruchtig-leichte Geschmack, der durch das Fruchtpulver entsteht. Im Grunde handelt es sich um eine Art aufgeschäumten Weingummi. Sie sollten ihn einmal selbst probieren.

Abb. 17: Speckgummi – nicht nur bei Kindern beliebt. Man kann daraus sogar ganze Kuchen formen.

**Rezept (mit Zucker)**

| |
|---|
| 100 g Hühnereiweiß (ca. 3 Eiklar) |
| 10 ml Wasser |
| 35 g Gelatine |
| 30 ml Wasser |
| 8 Meßl. Fruchtpulver |
| 240 g Kristallzucker |
| 60 g Glucosesirup oder flüssigen Honig |
| 120 ml Wasser |
| ½ Meßl. Äpfelsäure, aufgelöst in 1 Meßl. Wasser |

Eiweiß und Wasser zu steifem Schnee schlagen.
Gelatine so lange im Wasser quellen lassen und im heißen Wasserbad bei 70 °C auflösen.
Fruchtpulver trocken mit Kristallzucker mischen und mit Glucosesirup und Wasser kochen bis 115 °C. Zuckerlösung abkühlen auf 90 °C, dann Gela-

tine unterrühren und anschließend die aufgelöste Äpfelsäure.

Diese Lösung sofort unter den Eischnee rühren. Dann die Masse auf Backpapier ausgießen, am besten in einen Holzrahmen oder auf ein sauberes Backblech. Nach dem Erkalten schneiden und eventuell in Puderzucker oder besser noch Isomalt puderfein wälzen, der keine Feuchtigkeit anzieht.

## Geburtstagstorte aus Speckgummi

Gießen Sie die Masse in eine runde Springform, holen Sie sie nach dem Erkalten heraus und dekorieren sie mit selbstgemachtem Weingummi. In Folie verpackt gibt das ein tolles Geschenk.

## Speckgummi mit Sorbit oder Xylit

| |
|---|
| 100 g Hühnereiweiß (ca. 3 Eiklar) |
| 10 ml Wasser |
| 35 g Gelatine |
| 30 ml Wasser |
| 8 Meßl. Fruchtpulver |
| 300 g Sorbit oder 200 g Xylit und 100 g Sorbit |
| 120 g Wasser |
| ½ Meßl. Äpfelsäure aufgelöst in 1 Meßl. Wasser |

Die Herstellung erfolgt wie oben, die Zuckerlösung wird allerdings bis mindestens 125 °C gekocht.

Der Speckgummi mit Sorbit oder Xylit muß schnell verzehrt werden, weil beide Zuckeraustauschstoffe aus der Luft Wasser anziehen und weich und glitschig werden.

## Lakritz

Über Lakritzextrakt und seine Wirkungen lesen Sie bitte ab *Seite 44*.

Da es so viele verschiedene Lakritzsüßigkeiten gibt, bieten wir Ihnen gleich drei verschiedene Rezepte an. Das erste haben wir schon bei den Weingummi- bzw. Gummibärchenrezepten auf *Seite 63* beschrieben. Statt Fruchtpulver geben Sie Lakritzextrakt hinein. Das zweite Rezept ergibt die härteste Konsistenz und eignet sich für die Zubereitung von Lakritz-Schnecken.

*Abb. 18:* Mit einer solchen Speckgummi-Torte kann kein Kindergeburtstag schiefgehen.

*Abb. 19:* Die normale feste Lakritzmasse wird mit Mehl hergestellt.

## Lakritz mit Mehl und Zucker

140 g Weizenmehl Type 405
60 g Kristallzucker
200 g Glucosesirup
   (oder 160 g
   Traubenzucker mit
   40 ml Wasser)
200 g Wasser
9 Kohletabletten
40 g Lakritzpulver
40 g Wasser

Die Kohletabletten gibt es in der Apotheke. Es sind die gleichen, die man auch bei Darmbeschwerden einnimmt. Die Kohletabletten werden im Lakritz gebraucht, um ihm die tiefschwarze Farbe zu verleihen.
Mehl und Zucker trocken vermischen, mit dem Schneebesen ins kalte Wasser rühren. Glucosesirup zugeben und unter Rühren auf kleiner Flamme erwärmen, am besten in einer beschichteten Pfanne, weil das Mehl sonst leicht anbrennt. Dann die gründlich zerkleinerten Kohletabletten und das in Wasser gelöste Lakritzpulver zugeben. Wenn es sich schwer löst, können Sie das Wasser auch leicht erwärmen.
Die teigige Lakritzmasse wird auf kleiner Flamme unter ständigem Rühren immer weiter eingekocht, bis ein dicker Kloß entstanden ist. Backpapier mit Mehl bestäuben und die Masse darauf ausstreichen, die nicht klebt, wenn sie lange genug gekocht hat. Etwas abkühlen lassen, ausrollen und leicht bemehlen. Etwas trocknen lassen und entweder in Stücke oder Streifen schneiden oder mit Förmchen ausstechen.

## Lakritz mit Mehl und Sorbit oder Xylit

140 g Weizenmehl Type 405
220 g Sorbit
   (oder 60 g Sorbit und
   160 g Xylit)
240 g Wasser
8 Kohletabletten
40 g Lakritzpulver
40 g Wasser

Die Zubereitung geht genauso wie im Rezept zuvor.

## Lakritz mit Stärke und Zucker

Für die Lakritz-Fans folgt ein weiteres Rezept. Sie brauchen dafür jedoch unbedingt dünnkochende Stärke.

60 g dünnkochende Stärke
280 g Kristallzucker
80 g Glucosesirup (oder 60 g
   Traubenzucker mit 20 g Wasser)
120 g Wasser
8 Kohletabletten
25 g Gelatine
40 g Wasser
40 g Lakritzpulver
40 g Wasser

Stärke, Zucker, Glucosesirup, Wasser und zerkleinerte Kohletabletten mischen und bis 120 °C kochen.
Dann die Gelatine im Wasser quellen lassen und im Wasserbad bei 70 °C auflösen.

*Abb. 20:* Mit dünnkochender Stärke läßt sich eine Lakritzmasse herstellen, die man in Formen gießen kann.

Stärkebrei auf 90 °C abkühlen und Gelatine unterrühren, ebenfalls das im Wasser gelöste Lakritzpulver.
Die fertige Masse wird in Formpuder wie beim Weingummi ausgegossen.

*Abb. 21:* Lakritze läßt sich in alle erdenklichen Formen bringen.

# Negerküsse

Frisch und knackig müssen sie sein und selbst hergestellt sind sie ein wahrer Genuß.

Sie können sowohl mit Zucker als auch mit Sorbit zubereitet werden, d. h., auch Diabetiker dürfen unbeschwert genießen.

Besorgte Mütter brauchen ihren Kleinen diese Köstlichkeit nicht länger zu verwehren. Wir können uns jedenfalls noch gut an die Zeit erinnern, als Negerküsse zu unseren „Lieblingsspeisen" zählten.

Die Herstellung ist zwar nicht ganz einfach, aber wenn Sie sich genau an die Anleitung halten, wird es sicher klappen.

Als Vorbereitung sollten Sie zunächst eine Schokoladenglasur nach dem Rezept von *Seite 100* zusammenschmelzen. Sie können aber auch bereits fertige Kuchenglasur oder Kuvertüre verwenden (gibt es im Supermarkt zu kaufen), die ist dann natürlich nicht so edel wie die selbstgemachte.

## Rezept für Negerküsse

```
3 g (1½ Meßl.) Gelatine
10 g Wasser
100 g frisches Hühnereiweiß
     (Eiklar von 3–4 Eiern)
200 g Zucker oder
     Sorbit S
40 g Wasser
10 runde Eiswaffeln oder Oblaten
```

Mit Sorbit werden die Negerküsse am allerbesten. Mit Xylit funktioniert es leider nicht so gut. Es sei denn, Sie essen die Negerküsse sofort, innerhalb weniger Stunden auf. Reines Xylit würde nämlich schnell rekristallisieren. Xylit-Sorbit-Sirupe laufen schon nach kurzer Zeit aus den fertigen Negerküssen heraus. Deshalb verwenden Sie am besten Sorbit pur oder – wenn Sie möchten – auch Zucker.

Und so wird's gemacht:

– 3 g Gelatine in 10 g Wasser quellen lassen.
– Hühnereiweiß mit elektrischem Handrührgerät cremig aufschlagen, nicht steif schlagen.
– Gelatinemischung im Wasserbad bis 70 °C erwärmen und auflösen, nicht steif schlagen.
– Wasser und Zucker im offenen Topf kochen. Dabei vorsichtig mit einem

*Abb. 22:* Vergleichen Sie Ihre selbstgemachten Negerküsse einmal mit den gekauften . . .

Holzlöffel umrühren. Temperatur mit dem Thermometer kontrollieren. Das Wasser muß so lange verdampfen, bis die Zuckerlösung so konzentriert ist, daß sie 120 °C erreicht. Wenn Sie mit Sorbit arbeiten, sollten Sie das mit Süßstoff aufgesüßte Sorbit S verwenden. Kochen Sie es wie den Zucker, aber bis 128 °C.

– Mit dem elektrischen Handrührgerät schlagen Sie den Eischnee und lassen währenddessen die 120 °C heiße Zuckerlösung sofort aus dem Kochtopf langsam in den Eischnee laufen.
– Alles sorgfältig vermischen und dann die gelöste Gelatine unter Rühren dazugeben.
– Dann per Hand mit dem Schneebesen kaltrühren und dabei Luft unterschlagen.
– Nach 30–60 Minuten im Kühlschrank verfestigt sich die Masse.
– Die kalte Schneemasse auf die Eiswaffeln spritzen. Das geht am besten mit einer Stofftülle mit dem größten Spritzeinsatz. Eventuell können Sie die Öffnung des Einsatzes noch etwas größer schneiden. Selbstgemachte Negerküsse können ruhig etwas flacher sein als gekaufte. Wenn die Masse zu hoch aufgetürmt wird, läuft sie eventuell zur Seite weg. Es werden je nach Größe etwa 8 bis 10 Stück.

Sollte die Masse zu weich sein und von der Waffel laufen, dann stimmt entweder das Eiweiß-Zucker-Verhältnis nicht, die Kochtemperatur war nicht hoch genug, oder Sie haben die heiße Zuckerlösung nicht schnell und gleichmäßig genug unter die Eischneemasse gerührt.
Stabilisiert wird der Eischnee zum einen durch den erkalteten Zuckeranteil, zum anderen verfestigt sich der Eischnee bei Temperaturen über 60 °C selbst.

Die Festigkeit durch die Gelatine wird erst viel später erreicht, weil die Gelatine in dieser geringen Konzentration sehr lange Zeit braucht, um fest zu werden. Versuchen Sie bitte nicht, den Gelatine-Anteil zu erhöhen, sonst bekommen die Negerküsse eine weingummiähnliche Konsistenz.

– Wenn die gespritzte Eischnee-Masse gut auf den Eiswaffeln hält, wird die Schokoladenglasur geschmolzen und so lange abgekühlt, bis sie sich nicht mehr warm anfühlt, wenn man die Temperatur mit der Fingerkuppe testet. Natürlich muß die Glasur dann immer noch richtig flüssig sein. Am besten nimmt man ein kleines Schüsselchen oder ein feuerfestes Becherglas (für ca. 200 bis 300 ml). Darüber legt man z. B. 2 bis 3 Schaschlikspieße oder ein Gitter und setzt den zu überziehenden Negerkuß darauf; dann schüttet man langsam die flüssige Schokoglasur darüber. Die restliche Glasur fließt in das Auffanggefäß und kann erneut verwendet werden. Ist die Glasur beim Überziehen noch zu heiß, so bilden sich Streifen.

## Likörpralinen mit Fondant

Eine interessante Methode, die sich im Geschmack deutlich von den Likörpralinen ab *Seite 70* unterscheidet. Man verwendet dazu in Alkohol eingelegte Kirschen oder andere Früchte.
Die Fondant-Herstellung wurde bereits auf *Seite 53* beschrieben.

*Abb. 23:* Ein ungewöhnliches Konfekt: Likörpralinen mit Fondant.

## Beschwipste Kirschen

Alkoholische Kirschen kann man kaufen oder natürlich auch selbst herstellen. Dazu legt man die entsteinten Süßkirschen oder anderes frisches oder eingemachtes Obst in Schnaps oder Likör. Gut geeignet ist z. B. Weinbrand. Es empfiehlt sich, die Alkoholkonzentration der Flüssigkeit mit 80- bis 90%igem reinen Ethylalkohol (Weingeist), den man in der Apotheke erhält, zu erhöhen. Das macht den Geschmack intensiver, weil der Alkohol besser in die Früchte eindringt. Sie müssen mindestens 3 bis 4 Wochen ziehen, je länger, desto besser. Aus diesen eingelegten Früchten – es können auch Früchte aus dem Rumtopf sein – können Sie wahre Köstlichkeiten herstellen.

## Likörpralinen à la Hobbythek

Man nimmt die Früchte aus dem Alkohol und trocknet sie gründlich mit Papiertüchern ab.
Der selbstgemachte Fondant aus Zucker wird mit dem Enzym Invertfluid HT vermischt (vgl. *Seite 52*).
Dazu nimmt man:

> 250 g Fondant (aus Zucker)
> 1 Meßl. Invertfluid HT
> evtl. etwas Zitronen- oder Äpfelsäure

Der Fondant muß etwa 20% Wasser enthalten. Dies ist der Fall, wenn er bei der Herstellung nur bis 110 °C gekocht wurde. Wichtig ist, daß er danach nicht austrocknet. Der pH-Wert des Fondant wird mit Indikatorstäbchen gemessen, er soll zwischen 4,5 und 5,5 liegen. Ist er etwas höher, so gibt man sehr wenig Säure zu. Äpfelsäure ist schwächer als Zitronensäure. Es genügen einige Kristalle, die mit ein paar Wassertropfen aufgelöst und untergeknetet werden. Auch der Meßlöffel Invertfluid HT wird untergemischt.
Dann werden die Alkoholfrüchte in diesen behandelten Fondant eingepackt, zu Kugeln geformt und sofort mit Schokolade oder Kuvertüre überzogen. Legen Sie die überzogenen Kugeln auf Backpapier ab. Es bilden sich dabei „Füßchen", aber wichtig ist, daß auch der Boden der Pralinen mit genügend Schokolade bedeckt ist. Die überzogenen Kugeln kurz im Kühlschrank erstarren lassen und sofort nochmal tauchen, damit der Schokoladenüberzug stabil genug wird.
Die Pralinen werden bei Raumtemperatur gelagert. Nach einigen Tagen beginnt sich der Fondant durch die Wirkung des Enzyms zu verflüssigen. Nach ca. 10 Tagen haben Sie auf diese Weise halbflüssig gefüllte Pralinen.

## Maraschino-Kirschen in Marzipan

Sehr zu empfehlen sind auch verpackte Maraschino-Kirschen, d. h. Kirschen, die in Maraschino-Likör eingelegt wurden. Die handelsüblichen Maraschino-Kirschen sind entsteint und oft noch mit Stiel. Daher sehen sie später als Pralinen besonders dekorativ aus.
Man holt die eingelegten Früchte aus dem Alkohol und trocknet sie sorgfältig mit Papiertüchern ab. 1 bis 2 Stunden trocknen. Dann werden sie gründlich von allen Seiten mit einer Marzipanschicht umhüllt (vgl. *Seite 104 ff.*), damit der Alkohol nicht herausläuft. Anschließend müssen sie sofort mit Kuvertüre überzogen werden.

## Likörpralinen, flüssig gefüllt

Uns hat der Gedanke sehr begeistert, flüssig gefüllte Likörpralinen mit zarter Zuckerkruste selbst zu machen. Deshalb haben wir auch weder Zeit noch Mühen gescheut, bis wir eine geeignete Methode fanden. Nach etlichen mißratenen Versuchen haben wir es dann endlich geschafft, herrliche Krustenpralinen zu fabrizieren.
Wie kommt eigentlich der Likör in die Praline, die völlig in eine Zuckerkruste eingehüllt ist? Reingespritzt, z. B. mit einer Injektionsnadel, wird er jedenfalls nicht.
Des Rätsels Lösung hat viel mit Physik zu tun. Aber selbst gestandene Physiker kamen aus dem Staunen nicht heraus, als wir ihnen das süße Geheimnis vieler Konditoren verraten haben.
Es hat zunächst etwas damit zu tun, daß Zucker sich im Wasser nicht in unbegrenzter Menge lösen kann und im reinen Alkohol fast überhaupt nicht.
Die Löslichkeit des Zuckers in Wasser hängt zusätzlich von der Temperatur ab, wie jeder in der Kaffee- oder Teetasse selbst prüfen kann; in kaltem Kaffee oder Tee löst sich der Zucker viel schwerer als in warmem. Dies bedeutet, daß in einer kalten Flüssigkeit viel weniger Zucker in Lösung gehen kann, als in einer warmen.
Man spricht von einer gesättigten Lösung, wenn die Grenze der Löslichkeit erreicht ist. Darüber bleibt der Zucker als fester Rückstand unten im Gefäß liegen.
Bei 20 °C liegt der Sättigungsgrad einer

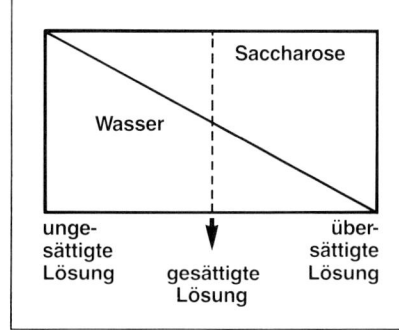

*Abb. 24:* Schematische Darstellung der Sättigungsgrade von Zuckerlösungen.

Zuckerlösung bei ca. 66%, bei 70 °C aber schon über 80%, das Lösungsvermögen klettert mit der Temperatur immer weiter, bis in die Nähe von 100%. Dabei steigt die Siedetemperatur der Zuckerlösung weit über 100 °C — also weit über die des reinen Wassers (vgl. *Seite 49*). Gleichzeitig verkocht natürlich auch das Wasser, so daß die Zuckerkonzentration immer höher wird. Man kann von der Siedetemperatur der Lösung, die jetzt schon eine Art Sirup ist, auf ihre Konzentration schließen. Das ist eines der Fachgeheimnisse des Zuckerbäckers.

Wenn man nun den gekochten Zuckersirup abkühlen läßt, wird die Lösung immer übersättigter. Der Zucker scheidet sich aus der Lösung wieder aus. Dabei bildet er im Laufe der Zeit seine naturgegebenen Kristalle wieder aus. In der Regel dauert dieser Auskristallisationsprozeß einige Tage oder Wochen. Der Vorgang wird erheblich beschleunigt, wenn man zu dem Sirup Alkohol gibt, weil Zucker in Alkohol schwer löslich ist. Genau das erfolgt bei der Herstellung von Likörpralinen.

Die Kunst besteht nun darin, die Zuckerkristallbildung so zu steuern, daß sie an genau vorbestimmter Stelle geschieht, und zwar nur außen als Kruste. Der Zucker, der sich absetzt, wird dem Alkohol-Wasser-Zucker-Gemisch innen entzogen, die Konzentration nimmt dort bis unter die Sättigungsgrenze ab. Der Rest, eine Art Likör aus Zucker, Wasser und Alkohol, bleibt dann flüssig. Die Kruste wurde zu einem natürlichen Likörgefäß.

Aber in der Praxis ist es leider nicht ganz so einfach. Man muß schon einige Tricks anwenden, damit sich die Zuckerkristalle außen am Rand schön gleichmäßig bilden. Es kann passieren, daß entweder gar keine Kruste entsteht und die Sache flüssig bleibt, oder die Kruste zu dünn ist und sofort kaputtgeht. Es kann auch vorkommen, daß die ganze Zuckerlösung vollständig kristallisiert und daß statt einer Krustenpraline ein hartes Zuckerbonbon entsteht. Oder die Kruste wird einfach zu dick usw. Fehlerquellen gibt es genug.

Um ideale Likörpralinen zu bekommen, muß man die Natur schon ein wenig überlisten. Wir bringen die Zuckerlösung dazu, genau so zu kristallisieren, wie wir es möchten, indem wir sie sozusagen an der richtigen Stelle kitzeln, d. h., die feine Kristallbildung wird ausgelöst, indem man die Zuckerlösung in entsprechende Formen mit sehr fein strukturierten Wänden gießt.

Für diese Formen ist Stärke notwendig.

## Das Stärkebett für Krustenpralinen

Der Fachmann nennt das Stärkebett „Formpuder". Stärke besteht aus ganz feinem Puder. Diese Puderkörner wirken wie kleine Kristallisationskerne.

Auch hier spielt die Physik eine entscheidende Rolle. Wenn sich ein Kristall bildet, dann braucht dieser zunächst einen Kern, um den herum er sich bilden kann. Dieser Erkenntnis verdanken wir u. a. auch die Halbleiterchips der modernen Elektronik. Das Forschungsgebiet, das sich mit diesen Grundlagen befaßt, nennt sich „Festkörperphysik".

So anspruchsvoll müssen Zuckerbäcker normalerweise nicht sein. Es zeigt uns aber, wie die einzelnen Gebiete von Alltag, Wissenschaft und Technik ineinandergreifen.

Wie erwähnt, bilden die feinen Stärkepuderkörnchen eine Unmenge von Kristallisationskernen, genau an der Kontaktfläche zwischen Pralinenkörper und Stärke.

Es gibt verschiedene Stärkearten, die sich unterschiedlich gut zur Pralinenherstellung eignen. Nicht geeignet ist Kartoffelstärke, da sie zuviel Wasser enthält und zu grob ist. Weizenstärke hingegen hält die Form, die man in das Stärkebett hineingedrückt hat. Sie enthält aber gleichzeitig etwas mehr Wasser als die Maisstärke, die zwar leichter zusammenfällt, dafür aber trockener ist. Damit die Pralinen gelingen, muß die Stärke unbedingt trocken sein.

Am besten verwenden Sie reinen Weizenpuder, der zunächst im Backofen getrocknet wird. Dabei sollte der Backofen nicht heißer als 100 bis 130 °C werden. Wenn Sie keinen Heißluft-Backofen besitzen, lassen Sie eventuell die Backofentüre ein wenig geöffnet, damit die Feuchtigkeit entweichen kann.

Etwa drei Stunden lang sollte die frische Stärke beim erstenmal getrocknet werden. Machen Sie zwischendurch ruhig manchmal Pausen, wobei Sie den Backofen wieder abschalten, er ist dann immer noch heiß genug.

Wenn Sie nicht genug Weizenpuder haben, können Sie, wie gesagt, auch Maisstärke darunter mischen, jedoch nicht mehr als die Hälfte.

Ohne das ausgiebige Trocknen im Backofen würde sich die Zuckerlösung der Likörpraline mit der Stärke verbinden, und die Mischung wäre nicht mehr zu gebrauchen. Mit der getrockneten Stärke kann das nicht passieren.

*Abb. 25:* Für das Stärkebett von Krustenpralinen nehmen Sie am besten Weizenstärke, die vollkommen trocken sein muß.

*Abb. 26:* Die Formen für die Likörpralinen werden in das Stärkebett mit einem Stempel aus Modelliermasse gedrückt. Im Hintergrund sehen Sie die Form für halbkugelige Formen; vorn halten wir die typische Cognacbohnen-Form, auf einen Korken geklebt.

Hat man sie einmal als Pralinenform verwendet, so muß man sie kurz vor der nächsten Herstellung noch einmal nachtrocknen, denn die trockene Stärke nimmt immer wieder etwas Feuchtigkeit von den Krustenpralinen oder auch aus der Umgebung auf. Als Trockenzeit genügen jetzt 30 Minuten. Natürlich können Sie immer wieder die gleiche Stärke verwenden; ihre Qualität nimmt von mal zu Mal zu. Die Fachleute schwören auf „alte" Stärke, die zur Krustenpralinen-Herstellung besonders brauchbar ist.

Man gibt die Stärke in ein Gefäß, das einerseits die Backofenhitze aushält, gleichzeitig aber auch als Bett für die Likörpralinen-Herstellung geeignet ist. Das geht z. B. mit der Fettpfanne aus dem Backofen.

Mit einem selbstgebastelten Holzkasten geht es natürlich am besten. Die Maße wählen Sie so, daß er in den Backofen paßt. Der Rand des Kastens soll allerdings nicht höher als 3,5 bis 4 cm sein, sonst brauchen Sie unnötig viel Stärke und müssen zudem länger trocknen.

Die Stärke wird im Holzkasten gleichmäßig verteilt, falls nötig, muß sie auch gesiebt werden. Mit einem Schneebesen, den man durch die Stärke zieht, läßt sie sich leicht auflockern. Sie darf auf keinen Fall zu sehr gepreßt werden, sonst hat man nachher Schwierigkeiten, die Formen einzudrücken.

Die Oberfläche des Stärkebettes wird mit einer Holzlatte geglättet. In diese Oberfläche drückt man nun Stempel aus Modelliermasse, die man in der gewünschten Weise geformt hat. Selbsthärtende Modelliermasse gibt's in Bastel- und Spielwarengeschäften. Daraus formt man nun runde Pralinen oder die typischen Weinbrandbohnen. Am besten geeignet sind abgerundete Formen ohne scharfe Kanten. Die Profis verwenden Gipsformen, aber zum Selbermachen finden wir die selbsthärtende Modelliermasse wesentlich praktischer. Achten Sie darauf, daß die Formen nicht zu groß werden und maximal 1,5 cm hoch sind.

Läßt man die modellierten Formen an der Luft trocknen, so kann das 2 bis 3 Tage dauern, deshalb legen Sie sie am besten mit in den Backofen, wenn Sie die Stärke trocknen.

Die fertigen Modellierformen kann man nun entweder als Einzelstempel auf Korken kleben, oder — wenn's schnell gehen soll — mehrere gleiche oder verschiedene Formen auf eine schmale Holzleiste kleben, wobei man dazwischen einen Abstand von jeweils ca. 3 cm lassen sollte.

Die Stempel drückt man nun vorsichtig in das Stärkebett. Um sicherzugehen, daß auch die untere Stärkeschicht trocken genug ist, kann man nun den ganzen Kasten nochmals im Backofen ca. 15 bis 30 Minuten trocknen. Dann holt man ihn wieder heraus und läßt ihn abkühlen.

Währenddessen kochen Sie die Zuckerlösung. Was Sie dabei beachten müssen, lesen Sie bitte auf *Seite 48 f.*

## Likörpralinen — Grundrezept

> 375 g Zucker
> 125 g Wasser
> 65 g 38–43%iger Alkohol,
>   z. B. Weinbrand
> 35 g 90%iger Weingeist (Ethanol)

Zucker und Wasser werden unter Rühren bis 115 °C gekocht. Dann sofort vom Feuer nehmen, Deckel auflegen und 2 bis 4 Minuten abkühlen lassen.

Ist die Zuckerlösung auf ca. 90–95 °C abgekühlt, wird es kritisch: Auf der Oberfläche könnten sich jetzt schon langsam Kristalle absetzen. Um das zu verhindern, gibt man den zum Aromatisieren benötigten Alkohol (Weinbrand o. ä. und Weingeist) jetzt schon hinzu. Dabei läßt man ihn vorsichtig über einen Löffelrücken einlaufen, damit der spezifisch etwas leichtere Alkohol auf der Oberfläche bleibt und so die Kristallbildung verhindert. Sofort wieder den Deckel drauf und einen Augenblick warten, dann vorsichtig verrühren und in die Formen gießen. Die Lösung sollte jetzt eine Temperatur von ca. 70 bis 80 °C haben.

Normalerweise verdunstet Alkohol sehr leicht bei so hohen Temperaturen. Am besten wäre es deshalb, ihn erst bei ca. 60 °C zuzugeben. Bei dieser Temperatur ist allerdings die Gefahr der Rekristallisation schon zu groß; deshalb wird die Lösung bei 70 bis 80 °C in die Formen gegossen.

Der Formpuder sollte etwa Raumtemperatur haben, man kann ihn allerdings auch im leicht gewärmten Zustand verwenden, dann dauert das Abkühlen länger, und die Kruste bildet sich bei diesem langsamen Prozeß aus besonders feinen, kleinen Kristallen.

Das hat zwar Vorteile, die Kruste kann aber auch sehr zart und ziemlich brüchig werden. Probieren Sie es ruhig aus. Läßt man die Lösung im Formpu-

*Abb. 27:* Das Kochen der Alkoholmischung für Likörpralinen erfordert etwas Fingerspitzengefühl.

*Abb. 28:* Die Füllung für Likörpralinen wird noch heiß in die Formen gegossen.

*Abb. 29:* Der Boden der Likörpralinen wird vorsichtig mit Stärke bestreut, damit auch er kristallisiert.

der in kalter Umgebung sehr schnell auskühlen, so werden die Zuckerkristalle groß und grob, das ist auf jeden Fall unerwünscht. Wie gesagt, Raumtemperatur ist empfehlenswert.

Für das Ausgießen in die Formen gibt es ein sehr praktisches Patent. Dazu brauchen Sie einen normalen Kunststofftrichter, als Ventil dient ein Stempel, der genau in den Trichterhals hineinpaßt. Da sich der Hals meist konisch verengt, geht das mit fast jedem Salatoder Kochlöffelstiel oder mit dem Griff einer Fonduegabel. Stecken Sie den Löffelstiel in den Trichter und stellen den Trichter aufrecht z. B. in ein Litermaß hinein. So können Sie ihn bequem mit der flüssigen Zucker-Alkohol-Lösung füllen. Dann nehmen Sie den Trichter in die linke Hand und das Ende des Kochlöffels in die rechte. Wenn Sie den Löffelstiel hochziehen, läuft unten die Lösung heraus, schieben Sie ihn tiefer in den Trichterhals, wird der Fluß gestoppt. So können Sie spielend dosieren.

Sind die Vertiefungen mit dem Zucker-Alkohol-Sirup gefüllt, wird die Oberfläche des Sirup ebenfalls mit getrockneter Stärke bedeckt. Mit einem kleinen Teesieb wird sie sehr sorgfältig und gleichmäßig darüber gesiebt. Eine ganz dünne Schicht reicht völlig aus, damit sich auch oben eine Kruste bildet. Die Puderschicht darf aber nicht ungleichmäßig sein, sonst drückt die Stärke auf die zarte Zuckerkruste, und die Flüssigkeit läuft aus.

Wichtig ist, daß der Kasten nach dem Füllen der Formen nicht mehr bewegt wird. Nach 2 bis 4 Stunden müssen die Likörkörper in ihrem Stärkebett gewendet werden, damit der Deckel bzw. Boden eine stabile Kruste bildet. Dreht man die Krustenkörper später, so ist der Kristallisationsvorgang schon so weit fortgeschritten, daß nicht mehr genügend überschüssiger Zucker da ist, der noch kristallisieren könnte. Die Likörkörper werden sehr vorsichtig mit einer Gabel angehoben und gedreht, sollte eine dabei zerbrechen, warten Sie weitere 2 Stunden. Nach dem Drehen bleiben sie noch ca. 20 Stunden in der Stärke. Dann holt man sie heraus und entfernt die noch anhaftende Stärke gründlich mit einem sauberen Pinsel.

**Falls es nicht geklappt hat**

Damit die Pralinen gelingen, geben wir Ihnen noch einmal genaue Hinweise auf mögliche Fehlerquellen.
Sollte die Zuckermasse in die Stärke auslaufen, dann war entweder die Kochtemperatur nicht ausreichend hoch, oder die Stärke noch nicht trocken genug. Nach ca. 2 bis 4 Stunden empfiehlt es sich, den zähen Sirup mit einem Löffel herauszunehmen und die Stärke neu durchzusieben.
Ob die Zuckerkruste dicker oder dünner wird, hängt von der Kochtemperatur und vom zugefügten Alkohol ab. Dabei sollten Sie sich genau an das Rezept halten. Z. B. enthalten 100 g 40%iger Alkohol 40 g Alkohol und 60 g Wasser, bei 60%igem Alkohol ist das umgekehrt. Wenn mit dem Alkohol zuviel Wasser in die gekochte Zuckerlösung gelangt, wird die Kruste zu dünn.
Was die Kochtemperatur angeht, so probieren Sie, bis 115 °C zu kochen. Wird die Kruste zu dick, kochen Sie das nächste Mal nur bis 114 oder 113 °C, wird die Kruste zu dünn, kochen Sie bis 116 oder 117 °C. Sie werden sehen, die Mühe lohnt sich.

**Zum Schluß die Schokolade**

Die fertigen Krustenkörper werden mit Bitterkuvertüre überzogen. Variation: Auf die Pralinen mit noch flüssigem Kuvertüre-Überzug werden gehackte, geröstete Nüsse oder Mandeln gestreut, fest werden lassen und noch einmal in Kuvertüre tauchen.
Nach soviel edler Pralinenkunst nun zu einem ganz anderen Thema.

# Kaugummi

Erfunden haben den Kaugummi die nordamerikanischen Indianer. Sie kannten ihn schon seit über tausend Jahren. Gekaut wurden natürliche Harze und Balsame wie z. B. das Harz der Zuckerkiefer, der Balsam der Tanne und des Amberbaums, natürlich alles zuckerfrei. Daß dieses Kauen ausgezeichnet für die Zähne war, merkten die spanischen Eroberer im 16. Jahrhundert. Sie fanden die außergewöhnlich gesunden Zähne der Indianer – wahrscheinlich im Gegensatz zu ihren eigenen – so verblüffend, daß sie ausführlich in ihren Chroniken darüber berichteten. Die Europäer waren es schließlich, die später die eigene Vorliebe für Süßigkeiten nach Amerika exportierten, nachdem sie vorher dort den Zucker entdeckt hatten. Sie konnten ihn besonders preiswert durch die industrielle Verarbeitung des Zuckerrohrs erzeugen, wobei Millionen von schwarzen Sklaven in den Zuckerplantagen ausgebeutet wurden.
So wurden auch die ursprünglich zuckerfreien Kaugummis gesüßt, so daß die Wirkung des ursprünglich gesunden Kaugummis eher ins Gegenteil verkehrt wurde.
Deshalb haben wir uns entschlossen, Ihnen ein Rezept vorzuschlagen, wie man Kaugummi ohne Zucker herstellen kann. Zudem kennen Sie dann die genauen Bestandteile. Sie können dies letztlich im Rahmen unserer Rezepte selbst bestimmen.

## Kau-Gum-Base

Die Kaugummigrundmasse haben wir Kau-Gum-Base genannt. Sie können sie fertig kaufen und dann die geschmacksgebenden Zutaten hineinkneten.
Es handelt sich hier um eine sehr gute, nicht klebende Bubblegum-Masse, die leicht zu verarbeiten ist. Sie wissen sicherlich noch, daß sich aus Bubblegum die schönen großen Ballons blasen lassen.
Die genauen Inhaltsstoffe der Rohkaugummimasse gibt kein Hersteller preis; sie fallen unter das Betriebsgeheimnis. Sicher ist aber, daß nur solche Bestandteile darin zu finden sind, die in der Kaugummi-Verordnung zugelassen sind. Das sind hauptsächlich unbedenkliche Substanzen, insbesondere Harze, aber auch Wachse usw. Diese Masse sollte höchstens bis 50 °C erhitzt werden, sonst wird sie zu flüssig und verdunstet.

**Kaugummi-Rezept**

> 100 g Kau-Gum-Base
> 100 g Puderxylit
> 5 ml (2 Meßl.) ätherisches Krauseminzeöl

Krauseminzeöl ergibt den typischen Spearmint-Geschmack.
Kaugummi-Rohmasse auf etwa 35 bis 45 °C zunächst erhitzen. Am besten

*Abb. 30:* Kaugummimasse gibt es in Linsenform zu kaufen. Man kann sie kneten, anschließend ausrollen und daraus Kaugummis schneiden.

geht es im Backofen auf kleinster Hitze, wobei selbst diese Stufe häufig noch zu warm wird.
Daher den Backofen bei Erreichen der Temperatur immer wieder einmal aus- und eventuell später wieder einschalten, bis die Masse knetbar wird wie ein Kuchenteig. Sie darf nicht flüssig werden, sonst läßt sie sich nicht verarbeiten.
Wenn Sie einen Mikrowellenherd besitzen, geht das Erwärmen besonders einfach. Geben Sie die Kau-Gum-Base-Linsen auf einen gefetteten Teller (mikrowellengeeignet) und erwärmen Sie etwa 2 Minuten lang auf kleinster Stufe oder etwas mehr, je nachdem wie viele Stufen Ihr Gerät hat. Eventuell den Vorgang wiederholen. Danach nehmen Sie die Kaugummimasse heraus.
Damit die Masse nicht klebt, Unterlage und Hände immer wieder leicht mit Speiseöl einfetten.
Dann heißt es kneten, kneten, kneten und anschließend mit der Küchenrolle auswalzen. Auf diese ausgewalzte Fläche kommen jetzt die Inhaltsstoffe, also zunächst Puderxylit, oder auch feinpudriges Sorbit S (gegebenenfalls in der Kaffeemühle feinmahlen). In jedem Fall verwenden wir beim Kaugummi zuckerfreie Stoffe. Als Geschmacksgeber und Wirkstoffe können Sie die unterschiedlichsten ätherischen Öle nehmen, z. B. Krauseminze, Pfefferminze, Menthol oder auch Pfefferminze und Salbei gemischt. Letzteres empfiehlt sich bei Erkältungen.
Den Fladen vorsichtig zusammenklappen, damit der Inhalt nicht herausfällt, wieder ausrollen, erneut zusammenfalten und gründlich kneten, bis alle Stoffe untergemengt sind. Zum Schluß ausrollen und in Streifen schneiden oder zu Kügelchen rollen. Am einfachsten ist es, den fertig gekneteten Kaugummi zu einer Wurst zu rollen, kleine Stücke davon abzuschneiden und zu Kügelchen zu formen. In Alufolie gewickelt, erhalten Sie einen professionell aussehenden Kaugummi.

Selbstgemachte Pralinen können es mit gekauften durchaus aufnehmen. Selbst wenn Sie bei den Zutaten nur das Allerfeinste nehmen, ist dieses Konfekt im Preis nicht zu schlagen.

Schokolade und Pralinen

## Ein bitterer Exote

Kakaopulver gibt es heute in jedem Supermarkt. Früher konnte man es jedoch nur in sogenannten Kolonialwarengeschäften kaufen. Wie der Tee und der Kaffee war auch der Kakao von einem Hauch von Seefahrerromantik umhüllt. Wenn wir heute eine Tasse Kakao trinken oder ein Stück Schokolade oder eine Praline essen, denken wir schon gar nicht mehr daran, woher dieser exotische Stoff kommt. Es lohnt sich deshalb, sich die Geschichte des Kakaos einmal etwas genauer anzuschauen.

## Der Luxus der Azteken

Als Christoph Columbus (1451–1506) auf seiner vierten Seereise – auf der Suche nach Westindien – an der mittelamerikanischen Küste landete, sah er als erster Europäer Kakaobohnen. Er verstand jedoch noch nicht ihre Bedeutung. Erst im Jahre 1519 – als der spanische Eroberer Hernando Cortez die Azteken besiegt hatte – erkannten die Spanier den Wert des Kakaos.

Die Azteken schätzten den Kakao bereits seit dem 12. Jahrhundert, seitdem sie ihn von den unterworfenen Tolteken übernommen hatten.

Die Bezeichnung „Kakao" wurde abgeleitet von dem aztekischen Wort „Cacahuatl", was soviel wie Kakaokerne bedeutet. Auch das Wort Schokolade stammt von dorther, und zwar von dem aztekischen Wort „Xocoatl". „Xocos" heißt sauer, herb, würzig, und das Wort „Atl" steht für Wasser.

Bei den Azteken genossen die Kakaobohnen ein außergewöhnlich großes Ansehen. Sie galten sogar als allgemein anerkanntes Zahlungsmittel, das auch für die Brautwerbung nötig war. Für 100 Kakaobohnen bekam man einen Sklaven.

Daraus läßt sich schließen, daß das aus den Kakaobohnen hergestellte bitterherbe Getränk ein ausgesprochener Luxus war.

Für die Zubereitung des Getränkes trocknete man zunächst die Kakaobohnen in der Sonne, röstete sie dann über dem Feuer und zerrieb sie anschließend mit einem Mahlstein. Dieses Pulver wurde mit Wasser schaumig gerührt; dazu kamen Maismehl, Honig und Vanille.

Das in der Kakaobohne reichlich enthaltene Fett sammelte sich beim Kochen an der Oberfläche und wurde teilweise abgeschöpft, erst dann war das Getränk genießbar. Ihm wurde übrigens auch aphrodisische Wirkung zugeschrieben. Überhaupt galt es schon wegen seines gehaltvollen Inhalts als ausgezeichnetes Stärkungsmittel. Montezuma, der letzte König der Azteken, soll täglich 50 Becher davon getrunken haben.

1528 brachte Cortez die ersten Kakaobohnen nach Europa. Aber dort war man zunächst diesem bitteren Getränk gar nicht zugetan. Erst die Idee, es mit Rohrzucker zu süßen, verhalf ihm zum Siegeszug. Anfangs war der Kakao allerdings noch so rar, daß er nur von sehr reichen Leuten gekostet werden konnte.

Erst 1756 wurde in Steinhude die erste deutsche Schokoladenfabrik gegründet.

In der *Schweiz* begann die industrielle Schokoladenproduktion Anfang des

*Abb. 1:* So sehen Kakaofrüchte aus.

19. Jahrhunderts. 1875 wurde dort auch die Milchschokolade erfunden.

In *Holland* und *England* waren hingegen schon Mitte des 17. Jahrhunderts die ersten Schokoladenfabriken entstanden.

## Der Kakaoanbau

Die bevorzugten Anbaugebiete befinden sich rund um den Äquator. Die prozentualen Anteile an der Welternte waren 1983/84 etwa so verteilt: Afrika lieferte ca. 55% der Welternte, Südamerika ca. 29%, Asien und Ozeanien ca. 9%, der Rest kam aus Mittelamerika und Westindien.

Geerntet wird der Kakao in Pflanzungen, die im Schatten von tropischen Regenwäldern gedeihen. Der Kakaobaum mit seiner ausladenden Krone kann bis zu 15 m hoch werden. Im kultivierten Anbau wird er allerdings auf die Hälfte gestutzt, um die Ernte der Früchte zu erleichtern. Die Bäume blühen fast das ganze Jahr über. Ein einziger Baum trägt pro Jahr etwa 50 000 bis 100 000 gelblich-weiße oder rötliche Blüten. Durch künstliche Bestäubung dieser Blüten erzielt man höhere Erträge.

Die Kakaofrüchte sind zunächst grün. Nach einer Reifezeit von vier bis acht Wochen bekommen sie eine Farbe von Gelb oder Gelbrot bis Rotbraun. Die reifen Früchte haben eine Länge von 15 bis 25 cm und sind 7 bis 10 cm dick. Schneidet man die Kakaofrucht auf, so findet man darin 25 bis 30 länglich-eiförmige Samen: die Kakaobohnen. Sie sind eingebettet in Fruchtfleisch, aus dem sie sich nur umständlich entfernen lassen.

*Abb. 2:* In den Kakaofrüchten befinden sich die Kakaobohnen, der eigentliche Lieferant des Kakaopulvers.

## Die Fermentation der Kakaobohnen

Aus den geernteten Früchten holt man Samen und Fruchtfleisch heraus und schüttet alles zusammen auf ausgelegte Bananenblätter oder in Bottiche. Nun geschieht der Umwandlungsprozeß, der aus dem weißlich-gelben Samen die braune Kakaobohne macht, die uns den Schokoladengenuß erst ermöglicht.

Dieser Fermentation genannte Prozeß wird ausgelöst durch die im Kakaofruchtfleisch enthaltenen Enzyme, die bei den tropischen Temperaturen sofort aktiv werden. Sie leiten einen biochemischen Gärprozeß ein, bei dem die Kohlehydrate in dem Fruchtfleisch (z. B. Fruchtzucker) durch Hefebakterien zunächst zu Alkohol vergoren werden, der wiederum unverzüglich zu Essigsäure oxidiert.

Das Kakaofruchtfleisch wird durch diese Fermentation zersetzt; es verflüssigt sich. Übrig bleiben die Kakaobohnen, die ihre Keimfähigkeit durch die Hitze verloren haben; denn beim Gärprozeß entstehen Temperaturen bis zu 50 °C. Aber auch die Zellwände der Kakaobohnen werden zerstört, so daß der Zellsaft die ganze Bohne durchziehen kann.

Nach abgeschlossener Fermentation hat sich sowohl ihre Farbe verändert als auch ihr bitter-herber Geschmack, der etwas schwächer geworden ist. Dieser Umwandlungsprozeß dauert etwa 1,5 bis 7 Tage. Die Vorstufe zum typischen Kakaoaroma ist danach bereits entwickelt; es wird allerdings durch anschließendes Trocknen und Rösten noch vervollkommnet. Durch den Verlust ihrer Keimfähigkeit ist die fermentierte Kakaobohne außerdem wesentlich länger haltbar geworden. Das ist wichtig für die lange Seereise, die der Kakao dann antritt.

Der Kakaoanbau ist seit Beginn der Kolonialzeit in der Hand großer internationaler Konzerne.

Rund 1 600 000 Tonnen Rohkakao werden heute pro Jahr umgesetzt. Es ist ein knallhartes Geschäft. Der Preis wird täglich in den Warenterminbörsen von London, Paris und New York ausgehandelt. Bei dem Handel bleibt allerdings für die meist unterentwickelten Erzeugerländer der Dritten Welt der kleinste Anteil vom Erlös.

Spezialisten wachen darüber, daß trotz aller Sortenvielfalt eine gleichbleibende Qualität erhalten bleibt.

## Die Inhaltsstoffe des Kakaos

Die Kakaobohne enthält in natürlichem Zustand enorm viel Fett; nämlich rund 54%, die sogenannte Kakaobutter. Außerdem 11,5% Eiweiß; 9% Zellulose (nicht verdauliche Pflanzenteile); 7,5% Stärke; 6% Gerbstoffe; 5% Wasser; 2,6% Mineralstoffe; Vitamine $A_1$, $B_1$, $B_2$; 1,2% Theobromin; 1% Zuckerarten und 0,2% Coffein.

Apropos Theobromin. Es gehört wie das Coffein zu den Alkaloiden. Das sind stickstoffhaltige organische Verbindungen mit intensiven anregenden Wirkungen auf das menschliche Gehirn. Die Bezeichnung Theobromin entstand nach dem lateinischen Namen des Kakaos „Theobroma" (Speise der Götter). Um Mißverständnissen vorzubeugen: Theobromin ist in den Mengen, in denen Schokolade und Kakaotrank normalerweise gegessen und getrunken werden, völlig harmlos.

Falls Sie Kakao als „Stärkungsmittel" zu sich nehmen, hier ein paar Kalorienwerte:

Für 100 g Vollmilchschokolade wird ein Durchschnittswert von 563 kcal. angegeben, der natürlich je nach Sorte schwankt und natürlich nicht nur vom Kakaoanteil verursacht wird.

100 g schwach entöltes Kakaopulver enthalten 472 kcal. (= 1975 kJ) und nur noch 25% Fett, außerdem 20% Eiweiß, 38% Kohlenhydrate, 35 mg Natrium, 1920 mg Kalium, 115 mg Calcium, 650 mg Phosphor, 11,5 mg Eisen und Vitamin A, $B_1$, $B_2$ usw. Weitere natürlich enthaltene Bestandteile sind organische Säuren, Geschmacksstoffe, Gerbstoffe und farbgebende Stoffe, die der Schokolade ihr Aroma und ihr Aussehen verleihen. Für den guten Geschmack sorgt natürlich auch der hohe Fettanteil; denn Fett ist ja gleichzeitig Aromaträger.

## Die Verarbeitung des Kakaos

Das nahrhafte Rohprodukt, die fermentierten und getrockneten Kakaobohnen, werden zunächst geröstet und von der Schale befreit. Dann wird entweder ein Teil des Fettes abgepreßt, wodurch Kakaobutter und Kakaopulver – schwach oder stark entölt – getrennt werden, oder die Kakaomasse wird fein zermahlen und zu Schokolade verarbeitet.

Das Kakaopulver kennen Sie. Es wird in jedem Laden verkauft, und es dient zur Herstellung von Instantpulver für Getränke und Schokoladensaucen usw. Die gewonnene Kakaobutter wird ebenfalls bei der Herstellung guter und feiner Schokolade verwendet, ist aber z. B. auch für kosmetische Produkte begehrt.

Besonders edle Kakaosorten mit dem besten Aroma stammen von Kreuzungen der Criollo-Pflanze, die in Lateinamerika, hauptsächlich in Ecuador und Venezuela, wächst. Problematisch ist die – vor allem in Ecuador – natürlich vorhandene Bodenbelastung mit Schwermetallen. Cadmium kann in diesem Kakao enthalten sein; allerdings in sehr geringen Mengen, die unter den vorgeschriebenen Grenzwerten liegen.

## Die Rohstoffe für Schokoladen und Pralinen

Bei der Schokoladenherstellung spielen vor allem Kakaobutter, aber auch Kokosfett und Butter eine Rolle. Sie bestehen weitgehend aus Fetten und diese wiederum aus Fettsäuren und Glyzerin. Dem Geheimnis der Fettsäuren haben wir in unserem *Hobbythekbuch „Cremes und sanfte Seifen"* ein ganzes Kapitel gewidmet. Es lohnt sich, dies zu lesen. Und zwar vor allem deshalb, weil wir immer wieder auf die verschiedenen Fettsäuren zu sprechen kommen. Sie sind beispielsweise verantwortlich dafür, daß sich Kakaobutter und Kokosfett nicht miteinander vertragen. Darüber hinaus spielen die einzelnen Fettsäuren bei der Ernährung eine wichtige Rolle – und zwar sowohl in gesundheitsfördernder wie – abträglicher Weise.

## Kakaobutter

Bei der Kakaobutter handelt es sich um ein sehr hochwertiges Fett; im Grunde sogar um den wertvollsten Bestandteil des Kakaos. Der Kakaobuttergehalt bestimmt auch die Qualität der Schokolade.

Gute Schokoladen haben einen schönen Glanz, sind hart, d. h. sie knacken beim Brechen. Der Fachmann bezeichnet das als harten Bruch. Der zarte Schmelz – Zergehen auf der Zunge – deutet auf eine gute Vermischung der Zutaten hin. Solche Schokolade ist außerdem lange lagerfähig.

Der problematische Bestandteil bei der Lagerung ist die Kakaobutter. Ihr Schmelzpunkt liegt bei ca. 32–34 °C. Wenn sie wieder fest wird, bildet sie Kristalle. Dabei sind verschiedene Kristallarten und -größen möglich; Fachleute unterscheiden etwa sieben.

Besonders leicht bilden sich die unerwünschten großen Makrokristalle. Sie machen die Schokolade sehr unansehnlich. Im Extremfall wird der sogenannte Fettreif deutlich als helle Flecken, Streifen oder gar wie ein leichter Schimmelüberzug auf der Oberfläche der Schokolade sichtbar. Um das zu verhindern, muß darauf geachtet werden, daß die Kakaobutter möglichst kleine Kristalle bildet. Sie gewährleisten eine gleichmäßige Verteilung der Inhaltsstoffe und somit eine stabile Form und gute Aromaübertragung. Schmelz und Bruch der Schokolade sind dann einwandfrei.

Zeigt sich beim Erstarren einer Schokoladenmasse kein Glanz, so haben sich bereits größere Kakaobutterkristalle gebildet.

Die richtige Kristallgröße erreicht man durch entsprechendes Temperieren: Zunächst wird die Schokoladenmasse bei ca. 40–45 °C vorsichtig geschmolzen. Dabei lösen sich alle vorhandenen Kakaobutterbestandteile auf. Dann kühlt man die flüssige Schokolade wieder auf unter 30 °C ab. Dabei bilden sich neue – hauptsächlich große – Kristalle. Die Schokoladenmasse, die nun anfängt, dick und fest zu werden, wird dann sehr vorsichtig nochmals um einige Grad, bis ca. 32 °C, erwärmt. Bei diesem leichten Temperaturanstieg beginnt der äußere Teil der großen Makrokristalle wegzuschmelzen. Dadurch verkleinern sie sich zu den erwünschten Mikrokristallen. Diese kleinen Kristalle impfen gleichzeitig die gesamte Schokoladenmasse und regen die restliche, noch flüssige Kakaobutter an, weitere solcher kleiner Kristalle zu bilden. Durch ständiges Rühren entsteht so eine gleichmäßige, gut temperierte Schokoladenmasse. Wenn diese in Formen gegossen wird und erstarrt, erhält sie einen optimalen Glanz und alle weiteren guten Eigenschaften.

Kakaobutter ist ziemlich stabil, d. h. sie wird nicht sehr schnell ranzig.

Die Eigenschaften des Fettes hängen davon ab, welche Fettsäuren in welcher Menge vorhanden sind.

Kakaobutter enthält keine Laurinsäure, weshalb sie in der Fachsprache auch als Non-Lauric bezeichnet wird. Bei der Pralinenherstellung ergibt sich daraus das Problem, daß Kakaobutter sich nicht mit Laurics (Kokosfett) verträgt. Deshalb sollte bei Rezepten mit Kokosfett stets stark entöltes Kakaopulver verwendet werden, bei dem der Anteil der Kakaobutter sehr gering ist.

Weitere Anwendungsgebiete für Kakaobutter sind die Pharmazie und die Kosmetik. Wer seine Kosmetik selbst herstellt, kennt die Kakaobutter als idealen Konsistenzgeber in Cremes (viele Rezepte finden Sie in den Hobbythekbücher *„Cremes und sanfte Seifen"* sowie *„Schminken, pflegen, schönes Haar"*).

## Kokosfett

Kokosfett wird aus den Früchten der Kokospalme gewonnen. Es enthält viel Laurin- und Myristin-Fettsäuren. Kokosfett ist relativ lange lagerfähig, ohne ranzig zu werden, weil es einen geringen Gehalt an Linolsäure hat.

Das normale Kokosfett, das es in Platten zu kaufen gibt, hat einen sehr niedrigen Schmelzpunkt. Schon bei Zimmertemperatur beginnt es weich zu werden und zwischen 20–28 °C zu schmelzen.

Dieser niedrige Schmelzpunkt bewirkt die angenehme Kühlwirkung im Mund, weshalb sich Kokosfett geradezu ideal für Eiskonfekt eignet (vgl. *Seite 115*). Allerdings ist Kokosfett nicht annähernd so wertvoll wie Kakaobutter. Es ist dafür aber auch wesentlich preiswerter.

Verwiesen sei hier auch noch einmal darauf, daß Kakaobutter und Kokosfett sich nicht miteinander vertragen.

*Abb. 3:* Erhitzte Kakaobutter fließt aus der Kakaopresse.

## Lecithine

Beim Lecithin handelt es sich genau genommen um verschiedene Phospholipide, die aber unter dem Begriff Lecithine häufig zusammengefaßt werden. Lecithine kommen von Natur aus im Tier- und Pflanzenreich vor. Verbunden sind sie mit allen Lebens- und Fortpflanzungsfunktionen. Besonders stark sind sie in Hirn- und Nervenzellen, aber auch in Muskeln mit Dauerbelastungen wie dem Herz und Zwerchfell vertreten. Hohe Lecithinanteile gibt es auch im Eigelb.

Im Pflanzenreich findet man es in größeren Mengen vor allem in den Sojabohnen. So wird denn auch Lecithin industriell heute fast ausschließlich aus Sojaöl gewonnen.

Lecithin ist ein guter Emulgator, das heißt, es ermöglicht eine Verbindung von Öl und Wasser. Außerdem wirkt es oberflächenaktiv, weichmachend, reinigend usw.

Wegen dieser guten Eigenschaften werden Lecithine in der Nahrungsmittelindustrie vielfältig verwendet. So verleihen sie z. B. der Margarine als Emulgator butterähnliche Eigenschaften, und als Zusatz in der Schokolade sorgt Lecithin dafür, daß sich auch bei längerer Lagerung die Kakaobutter nicht absetzt und die Schokolade unschön aussehen läßt. Die vielfältigen anderen Verwendungsmöglichkeiten beschreiben wir bei den jeweiligen Rezepten.

In der Backindustrie verwendet man Lecithine zur besseren Vermischung der Backzutaten, zum Lockern und auch dafür, daß die Backwaren eine schönere Kruste bekommen.

Schließlich werden Lecithine für kosmetische Produkte gebraucht: z. B. zur Herstellung von Haut- und Haarpflegemitteln. Eine sehr ausführliche Beschreibung der Lecithine sowie einige Rezepte für Kosmetik und selbstgebackenes Brot mit Lecithin finden Sie im Hobbythek-Buch „Gesundheit mit Kräutern und Essenzen".

*Für die Verarbeitung in Lebensmitteln empfehlen wir Reinlecithin P, ein pulverförmiges Lecithin.*

## Milch, Sahne und Butter

Milchprodukte sind in vielen Schokoladen und anderen Süßwaren enthalten. So wird z. B. Vollmilchschokolade oder weiße Schokolade unter Verwendung von Milchpulver hergestellt, und für Krokant- oder Trüffelmassen verwendet man Sahne oder Butter. Im Sahneeis finden Sie – wie der Name schon sagt – Sahne, und in unserer Fruchtspeise *Frumi* (vgl. *Seite 142*) spielen außer Milch sogar Joghurt und andere Milchprodukte eine Rolle.

Milch ist für Neugeborene das einzige Nahrungsmittel, und deshalb muß sie alle wichtigen Nährstoffe in einer sehr ausgewogenen Zusammensetzung enthalten.

*Abb. 4:* Milch, Sahne und Butter sind wichtige Bestandteile der meisten Konfektarten.

Hier die *Bestandteile von Kuhmilch* (Vollmilch), die je nach Bearbeitung oder Herkommen schwanken können:

```
bis zu 87% Wasser
3,5% Eiweiß
3,5% Fett
4–5% Kohlehydrate
    (hauptsächlich Milchzucker)
Mineralstoffe
Vitamine
viele Enzyme
Zitronensäure
Milchsäurebakterien
```

Die wichtigsten, in der Milch enthaltenen *Mineralstoffe* sind:

```
Kalium
Calcium (12 g je Liter)
Natrium
Magnesium
Phosphat
Chlorid
Sulfat
```

Außerdem befinden sich in der Milch wasserlösliche und fettlösliche *Vitamine:*

```
Vitamin A, C, D, E, $B_1$, $B_2$, $B_6$, $B_{12}$
Nicotinamid
Pantothensäure
Biotin
Folsäure
```

Wird Milch weiterverarbeitet, so bleiben die fettlöslichen Vitamine in der Sahne, die wasserlöslichen hingegen in der Magermilch.
Schließlich enthält Milch über 140 verschiedene Fettsäuren, und zwar sowohl gesättigte wie ungesättigte. Die Zusammensetzung der Fette kann natürlich schwanken; sie ist u. a. vom Futter abhängig.

Milch ist das klassische Beispiel für eine natürliche Emulsion, bei der Lecithin als Emulgator die öligen und wäßrigen Bestandteile zusammenbringt. Die mikrofeinen Fettkügelchen sind von einem feinen Häutchen (Membran) umschlossen, das aus Lecithin und Eiweiß besteht. Wird die Milch entrahmt, so bilden die restlichen Fetttröpfchen in der Magermilch immer noch eine stabile Emulsion.

In den Läden gibt es verschiedene Milcharten:
Die wertvollste ist die sogenannte *Vorzugsmilch,* die als einzige Milchart völlig unbehandelt bleibt. Sie darf nur unter besonders strengen hygienischen Auflagen produziert werden.
Alle übrigen Milcharten werden pasteurisiert (d. h. maximal 2 Sekunden bei 85 °C erhitzt) und als *frische Milch* verkauft. Aus ihr kann man noch saure Milch herstellen.
Das geht schon nicht mehr bei der *sterilisierten Milch* (sie wird 20 Minuten bei 120 °C erhitzt) oder gar bei der ultrahocherhitzten Milch (bis 150 °C erhitzt), die als *H-Milch* in den Handel kommt.

## Schokolade – heute zwar kein Luxus mehr, aber immer noch eine Delikatesse

## Zunächst zur Herstellung der Schokolade

Die Kakaobohnen werden vor dem Verarbeiten – ähnlich wie beim Kaffee – geröstet; allerdings bei niedrigeren Temperaturen – etwa 140 bis 150 °C – und dann grob zerhackt. Gleichzeitig wird die Schale der Bohne entfernt. Dieser grobe Bruch kommt anschließend in eine Fein-Mühle. Darin allerdings geschieht etwas Verblüffendes: Es kommt kein Pulver heraus, sondern eine zähflüssige braune Masse. Der Grund dafür ist der hohe Fettanteil von mehr als 50%. Durch die Reibung beim Mahlen entsteht Wärme, die die Kakaobutter zum Schmelzen bringt, und das macht die ganze Kakaomasse zähflüssig.

Zur Herstellung einer bestimmten Schokoladensorte gibt man alle dazu nötigen Zutaten in die Misch- und Knetanlage. All dies geschieht in der Industrie vollautomatisch. Die flüssige Kakaomasse wird aus vorgewärmten Behältern über Rohrleitungen in die Anlage gepumpt.

Auch zusätzlich beigemischte Kakaobutter, die oft bereits flüssig in beheizten Tankwagen angeliefert wird, kommt automatisch in die Anlage. Außerdem kommt natürlich Zucker dazu, und zwar handelsüblicher Kristallzucker. Als Emulgator – der Fett und Wasser verbindet – wird in kleinen Mengen Soja-Lecithin zugefügt. Aromatisiert wird mit Vanille und manchmal auch mit etwas Zimt. Bei Milchschokolade ist das Trockenmilchpulver ebenfalls ein wesentlicher Bestandteil.

Diese Zutaten werden nun sehr gründlich und ausgiebig gemischt. Die Prozedur dauert eine halbe Stunde, in der die Mischung gleichzeitig erwärmt wird. Anschließend hat sich ein fester, feinkörniger Teig gebildet.

Nun folgt der wichtigste Arbeitsgang: das *Feinwalzen.*

*Abb. 5:* In der Industrie werden in vollautomatischen Knetanlagen die Kakaobohnen zunächst geröstet, dann gebrochen und gemahlen, anschließend mit den anderen Zutaten gemischt, feingewalzt und zum Schluß conchiert. Das Ergebnis ist eine Schmelzschokolade, die auf der Zunge zergeht.

Teilchen sind von Kakaobutter eingeschlossen. Kurz vor dem Ende des Mischprozesses wird manchmal noch zusätzlich Kakaobutter zugefügt. Die eigentliche Schokoladenmasse ist nun fertig. Sie muß nun nur noch temperiert werden, wie bei der Kakaobutter auf *Seite 94* beschrieben.

## Verschiedene Schokoladensorten

Grundsätzlich besteht Schokolade aus Kakaomasse (zerkleinerte Kakaobohnen mit ihren natürlichen Inhaltsstoffen) und Zucker. Bei manchen Schokoladensorten wird zusätzlich Kakaobutter hinzugefügt. Außerdem können geschmacksgebende Zutaten in kleinen Mengen, wie Gewürze (Zimt, Vanille usw.) hinzukommen. Diese Gewürze werden in so geringen Anteilen verarbeitet, daß sie nie den eigentlichen Schokoladegeschmack überdecken.
Weitere Zutaten wie Milchpulver, Kaffee, Mandeln, Nüsse, Spirituosen usw. bestimmen, welche Schokoladensorte entsteht.
Im alltäglichen Sprachgebrauch benutzt man „Schokolade" als allgemeinen Begriff für alle Sorten. In der „Kakaoverordnung" ist das anders. Als „Schokolade" – die aus Kakaomasse und Zucker besteht – versteht man dort ausschließlich die bitteren, dunklen Sorten. Fügt man aber Milchpulver oder Sahne hinzu, so handelt es sich um Milch-, Vollmilch- oder auch Sahneschokolade. Die gleiche Einteilung gilt auch für die Überzugsmasse – die sogenannte Kuvertüre – auf die wir noch zu sprechen kommen.

Bevor die feingewalzte Schmelzschokolade erfunden wurde, spürte man beim Essen noch kleine Kakaoteilchen, die zwar feiner als Sand sind, die die Schokolade aber sandig schmecken lassen. Dies beseitigt man heute mit Hilfe von Walzwerken, die aus fünf übereinanderstehenden schweren Stahlwalzen bestehen. Durch hydraulischen Druck werden diese Walzen so dicht zusammengepreßt, daß sich die Zwischenräume von Walze zu Walze nach oben hin verringern. Auf diese Weise gelingt es, hauchfeine Schokoladenpartikel zu walzen. Die Teilchen werden zerkleinert auf ca. 25 $\mu$ (25 Tausendstel Millimeter).
Danach geht es weiter zum *Conchieren.* In der Conche findet ein besonders intensives Mischen und Kneten statt.
Nach dem Conchieren, das bis zu 48 Stunden dauern kann, sind sämtliche Zutaten optimal gemischt. Alle festen

Abb. 6

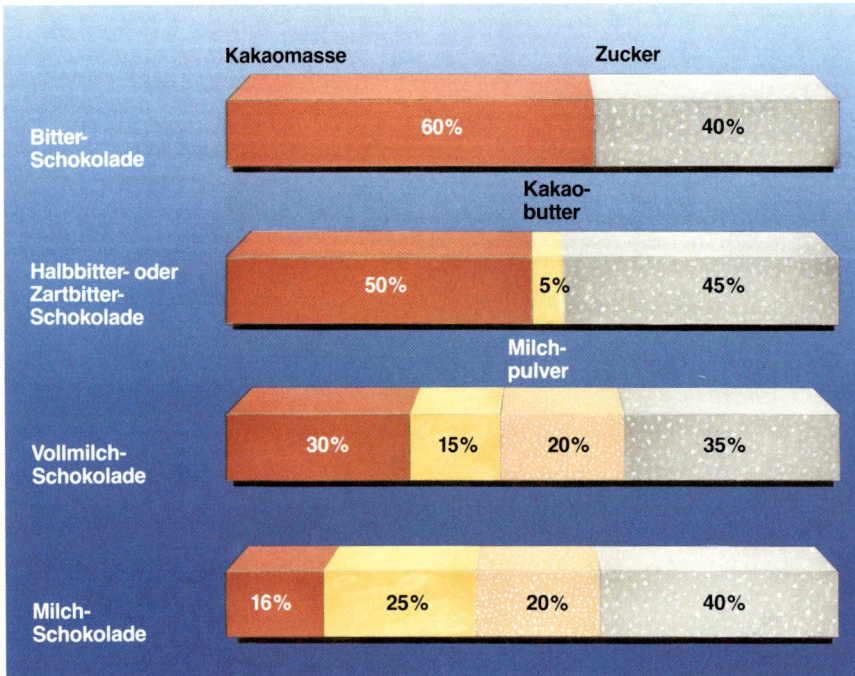

*Abb. 7:* Eine Übersicht über die Rohstoffanteile in den verschiedenen Schokoladensorten.

*Weiße Schokolade* besteht nur aus Kakaobutter, Zucker und Milchprodukten. Dunkle Kakaomasse fehlt völlig.
Übrigens darf nach der „Kakaoverordnung" jede einfache Schokolade noch 5% andere Lebensmittel enthalten, die aber genauer bestimmt sind. So darf z. B. kein Mehl in die Schokolade. Harte Maßstäbe werden auch beim Fett angelegt. In Deutschland schließt die „Kakaoverordnung" jede Verwendung von anderen – auch hochwertigen – Speisefetten aus. Nur Kakaobutter ist für die Schokoladenherstellung erlaubt. Pflanzenfette werden lediglich für Fettglasuren gestattet, die auch als solche gekennzeichnet sein müssen, wie z. B. Kokosfettglasuren als Überzug für Speiseeis oder Mohrenköpfe und viele andere Süßigkeiten.
Nicht in allen EG-Ländern sind die Regeln so streng. So dürfen z. B. in England durchaus Pflanzenfette in der Schokolade enthalten sein.

## Kuvertüre

Kuvertüre wird hauptsächlich bei der Pralinenherstellung, aber auch als Überzug für Kuchen, Torten usw. verwendet. Will man Pralinen tauchen, muß die erwärmte Kuvertüre relativ dünnflüssig sein. Dies wird hauptsächlich durch einen entsprechend hohen Fettgehalt erreicht.
Die Kakaoverordnung schreibt vor, daß Kuvertüre mindestens 31% Kakaobutter und 2,5% fettfreie Kakaomasse enthalten muß.
Dunkle Kuvertüre hat hingegen einen Mindestgehalt von 31% Kakaobutter und 16% fettfreier Kakaotrockenmasse.

Die industrielle Zubereitung von Milchschokolade ist übrigens erst seit der Erfindung des Milchpulvers möglich. Da normale Milch rund 83% Wasser enthält, wäre sie als Zusatz in der Schokolade völlig ungeeignet.
Je mehr Kakaomasse die Schokolade enthält, um so bitterer oder herber ist ihr Geschmack. Er verliert sich, je mehr Zucker und Milch dazukommen.
Die in *Abbildung 7* angegebenen Mengen sind lediglich Mittelwerte.
Der gesetzlich erforderliche Mindestgehalt ist in der „Kakaoverordnung" von 1975 festgelegt. Nach ihr muß *Schokolade* mindestens 35% Gesamtkakaotrockenmasse enthalten. Davon müssen mindestens 14% entölte Kakaotrockenmasse und mindestens 18% Kakaobutter sein.
*Milchschokolade* enthält dagegen nur mindestens 25% Gesamtkakaotrockenmasse und mindestens 14% Gesamtmilchtrockenmasse. Milchschokolade muß insgesamt wenigstens 25% Gesamtfett enthalten; dazu gehören sowohl die Kakaobutter, die in den Kakaobestandteilen enthalten ist, als auch das Milchfett, das zu der Gesamtmilchtrockenmasse gehört. Außerdem darf Milchschokolade nie mehr als 55% Zucker enthalten.

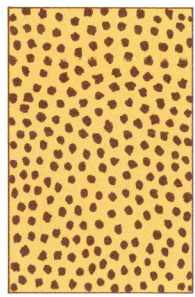

*Abb. 9:* Der Unterschied zwischen Schokolade und Kuvertüre besteht im unterschiedlichen Gehalt an Kakaobutter. Die gröber gewalzten Kakaobestandteile der Kuvertüre können nicht soviel Kakaobutter halten wie die feinen Bestandteile der Schokolade.

*Abb. 8:* Verwechseln Sie die Kuvertüre (hier rechteckig) nicht mit Kokosfettglasur (hier rund).

Leider ist auf den kleinen Kuvertürepackungen, die man im Handel bekommt, stets nur der Gesamtkakaogehalt angegeben und nicht der spezielle Kakaobuttergehalt. Da hat es der Konditor schon einfacher. Er kauft große Kuvertüreplatten im Bäcker- und Konditoreibedarf, und auf diesen Packungen ist alles genau deklariert. Dort gibt es auch eine reichhaltige Auswahl an verschiedenen Sorten.
Eine Standard-Kuvertüre für den Profi hat z. B. 55% Gesamtkakaomasse und 45% Zucker, in der Kakaomasse sind 38–40% Kakaobutter enthalten. Oder 60% Kakaomasse, 40% Zucker, 38–40% Kakaobutter. Es gibt auch Bitterkuvertüre mit hohem Fettgehalt, z. B. 70% Kakaomasse mit 45% Kakaobutter und 30% Zucker. Auf der Packung stehen nur die Zahlen 70/30/45.
Für den Laien, der zum erstenmal mit Kuvertüre arbeitet, ist es empfehlenswert, eine Sorte mit nicht zu geringem Kakaobutteranteil zu wählen. Wie Sie mit dieser Kuvertüre umgehen, erklären wir Ihnen ganz genau auf *Seite 95.*
Übrigens kann eine gute Schokolade mehr Kakaobutter enthalten als eine einfache Kuvertüre. Darum sind etliche Schokoladenfabrikate als Überzugsmasse ohne weiteres geeignet.
Aber der Unterschied zwischen Schokolade und Kuvertüre besteht nicht nur im höheren Kakaobuttergehalt. Bei der Schokoladenherstellung ist das Feinwalzen ein besonders wichtiger Vorgang. Dadurch werden die Kakaoteilchen so winzig zerkleinert, daß die Schmelzschokolade daraus entstehen kann. Anders bei der Kuvertüre. Der darin verwendete Kakao wird etwas gröber gewalzt, die Partikel bleiben größer und haben dadurch insgesamt eine *kleinere Oberfläche* als die feiner gewalzten der Schokolade.
Beim Schmelzen der Kuvertüre werden die Kakaoteilchen stets von Kakaobutter umhüllt. Die größeren Teilchen beanspruchen dabei weniger Fett, wodurch die Kuvertüre fließfähiger wird als eine Schokolade mit den gleichen Kakao- und Fettanteilen, deren Partikel feiner gewalzt wurden.

Eine ganz andere Art von Schokolade ist die Haushaltsschokolade, im Handel auch als *Blockschokolade* bezeichnet. Sie wird oft mit der Kuvertüre verwechselt. Als Überzugsmasse eignet sie sich jedoch *auf keinen Fall.* Durch ihren geringen Fettgehalt bleibt sie beim Erwärmen nämlich ziemlich breiig. Sie läßt sich für speziell angerührte einfache Schokoladenglasuren, z. B. auf Kuchen, verwenden.

## Diät-Schokolade

Da wir schon beim Thema sind, sei hier einiges zur Diät-Schokolade gesagt. Leider führt ihre Bezeichnung etwas in die Irre. Wer sie kauft, glaubt nämlich, daß diese Schokolade weniger Kalorien enthält als andere Sorten. Das stimmt leider gar nicht. Diät-Schokolade wird zwar ohne Zucker hergestellt, dafür aber mit Zuckeraustauschstoffen, die ebenso kalorienreich sind wie Zucker. Sie haben lediglich den Vorteil, daß Diabetiker, die wegen ihrer Zuckerkrankheit keinen Zucker zu sich nehmen dürfen, sie ohne Bedenken essen können. Allerdings müssen sie auch hier die entsprechenden Broteinheiten (BE) berücksichtigen.
In Diät-Schokolade enthaltene Zuckeraustauschstoffe sind z. B. Sorbit, Xylit, Isomalt und Mannit – sogenannte Zuckeralkohole, die insulinunabhängig verdaut werden können.
Schokolade mit solchen Zuckeraustauschstoffen darf nicht über 35–40 °C erwärmt werden. Das hat Konsequenzen für die Pralinenherstellung, wenn man sie mit sorbit-, xylit- oder mannithaltiger Schokolade überziehen will. Diese Stoffe dürfen in Gegenwart von Fett nicht bis auf 45 °C erhitzt werden, weil sich sonst ein festes Kristallgitter bildet, was die Schokolade ungenießbar macht.

## Nüsse und Mandeln

Im Lebensmittelrecht versteht man unter Nüssen nur *Haselnüsse* und *Walnüsse.* Botaniker sehen das ganz anders. Sie bezeichnen Walnüsse, Mandeln, Pistazien und Kokosnüsse als *Steinfrüchte*. Erdnüsse zählen sie sogar zu den *Hülsenfrüchten*. An diese Spitzfindigkeiten wollen wir uns hier nicht halten; bleiben wir also bei den herkömmlichen Bezeichnungen.
Nicht zuletzt wegen ihres hohen Fettgehaltes von 50–60% sind Nüsse äußerst aromatisch. Fett ist nämlich ein ausgezeichneter Aromaträger. Außerdem enthalten Nüsse Eiweiß, Mineralstoffe, Vitamine usw.

*Abb. 10:* Nüsse spielen bei der Konfektherstellung eine wichtige Rolle: Pistazien (links), Walnüsse (unten), Kokosnuß (oben), Haselnüsse (Mitte), Mandeln (rechts).

Die *Lagerung* ist bei Nüssen leider ein Problem, denn das in ihnen enthaltene pflanzliche Öl wird schnell ranzig, weil es viele ungesättigte Fettsäuren enthält. Geschälte und bereits zerkleinerte Nüsse verderben viel rascher als ungeschälte, die überdies ihr Aroma besser halten. Nüsse sollten deshalb möglichst unzerkleinert und stets kühl und trocken gelagert werden.

Noch etwas anderes sollte beachtet werden:
Verdorbene oder verschimmelte Nüsse können hochgiftige *Aflatoxine* enthalten. Das sind Stoffwechselprodukte verschiedener Schimmelpilzarten (z. B. Aspergillus flavus). Diese Gifte können besonders in ölhaltigen Nüssen und Kernen wie Erdnüssen, Paranüssen und Mandeln entstehen. Man findet sie mitunter aber auch in Getreiden – vor allem im Reis. Über das Futter können sie sogar in Fleisch und Milch geraten. Allerdings kommt dies selten vor. Es gibt verschiedene Arten von Aflatoxinen. B1 ist das stärkste unter ihnen, und es kann Leberzirrhose und Leberkrebs auslösen, wobei eine Tagesmenge von 10millionstel Gramm pro Kilo Körpergewicht schon ausreicht.

Mittlerweile gibt es eine Aflatoxin-Verordnung, in der Höchstwerte für Lebensmittel festgelegt sind. Danach darf z. B. auf 10 000 Erdnüsse höchstens eine befallene Nuß kommen.

Aflatoxine bilden sich besonders bei Temperaturen um 25 °C. Deshalb sind pflanzliche Produkte aus tropischen und subtropischen Gebieten häufiger betroffen als die aus unseren gemäßigten Klimazonen.

Bitte lassen Sie sich aber durch diese Hinweise nicht davon abhalten, Nüsse zu essen. Wir haben Ihnen dies auch nur so ausführlich dargestellt, damit Sie nur frische Nüsse verwenden.

### Haselnüsse
Sie wachsen bei uns an vielen Waldrändern wild. Die im Handel erhältlichen Nüsse stammen aber hauptsächlich aus der Türkei, Italien und Spanien.
Ihr Fettgehalt liegt bei etwa 60%, der Eiweißgehalt bei rund 14%.

### Mandeln
Man unterscheidet zwischen Krachmandeln mit dünner Schale und Steinmandeln mit dicker Schale.
Früher kamen die meisten Mandeln aus den Mittelmeerländern; heute jedoch ist Kalifornien der Hauptlieferant.
Im Handel bekommen Sie sogenannte *süße Mandeln* mit einem Fettgehalt von ca. 54% und einem Eiweißgehalt von ca. 18%. Die sogenannten *Bittermandeln,* die früher immer einen gewissen Anteil unter den süßen Mandeln ausmachten, gibt es heute praktisch nicht mehr zu kaufen. Diese Bittermandeln enthalten giftige Blausäure; sie enthalten aber das typische Mandelaroma besonders intensiv. Man darf sie nur in sehr kleinen Mengen zur Abrundung des Geschmacks verwenden. Sicherer ist aber, statt dessen etwas Bittermandelaroma zu nehmen.

### Pistazien
Sie kamen früher nur aus dem Mittelmeerraum und dem Orient, heute aber auch aus den USA. Obwohl sie auch wild wachsen, sind sie recht teuer.
Pistazien sind zum einen wegen ihrer grünen Farbe beliebt, zum anderen aber auch wegen ihres eigentümlichen Geschmacks. Sie enthalten etwa 50% Fett und 20% Eiweiß.

### Walnüsse
Sie wachsen auch bei uns in vielen Gegenden. Die im Handel erhältlichen Nüsse werden aber vor allem aus Frankreich, den USA und China importiert.
Ihr aromatischer Geschmack und die bizarre Form machen die Walnuß zu einer edlen Zutat für Pralinen und ihre Verzierung. Sie haben einen recht hohen Fettgehalt (60%) und werden leicht ranzig. Ihr Eiweißgehalt liegt bei 14%.

### Kokosnuß
Sie ist die Frucht der Kokospalme, die hauptsächlich im Süden Asiens wächst. Die Kokosnuß ist außen von einer lederartigen braunen Haut umschlossen, unter der sich eine dicke Faserschicht verbirgt. Das Nußfleisch ist von einer steinharten Schale umgeben. Der innere Hohlraum des weißen, aromatischen Fruchtfleisches ist mit Kokosmilch gefüllt, die man – sofern die Nuß frisch ist – trinken kann. Das weiße Kokosfleisch enthält im frischen Zustand etwa 44% Wasser und deshalb nur 36% Fett und 4% Eiweiß.

## Samen und Kerne

Ölsamen wie Sesam-, Sonnenblumen-, Kürbiskerne usw. sind nicht nur für Müsliriegel und Krokant geeignet, sondern für eine sehr große Zahl anderer Süßigkeiten, für die wir Ihnen ein paar originelle Rezepte geben werden. Man kann diese Ölsamen aber auch im

Speiseeis und natürlich auch beim Backen verwenden.

**Sesam**
Sesam (Sesamum indicum) ist eine uralte Kulturpflanze, die ihren Ursprung in den Ländern um den Indischen Ozean hat. Bis heute gilt sie als eine typische Morgenlandpflanze.
Die einjährige, meist unverzweigte krautige Pflanze bildet in der Fruchtzeit Kapseln, die sich bei manchen Sorten von selbst öffnen. Von diesem Öffnen, bei dem der wertvolle Samen freigegeben wird, stammt wohl das Wort „Sesam, öffne dich!"
Sesam enthält etwa 50% Fett und 20% Eiweiß.
Sesamöl ist überaus hochwertig und gesund. In China ist es das verbreitetste Öl. Seine Qualität resultiert aus dem hohen Gehalt an Linolsäure, einer doppelt-ungesättigten Fettsäure. Im *Hobbythek-Buch „Cremes und sanfte Seifen"* haben wir die Inhaltsstoffe der meisten Fette genau aufgelistet.

Außer dem hochwertigen Öl enthält Sesam noch einen hohen Anteil an Eiweiß; mehr noch: es hat eine fast ideale Zusammensetzung an Aminosäuren. Sesam ist also eine ausgezeichnete Grundlage für gesunde und bekömmliche Gerichte.
Sie sollten allerdings möglichst nur geschälten Sesam verwenden; denn die Schale ist der einzig schädliche Bestandteil am Sesamkorn. Sie enthält nämlich *Oxalsäure,* die die Bildung von Nierensteinen fördert. Ohne Schale gehört Sesam jedoch zu den gesündesten Nahrungsmitteln überhaupt.

**Sonnenblumenkerne**
In Rußland kaut sie jeder auf der Straße. Herkunftsländer sind also Rußland, aber auch Indien, der Balkan, die Mittelmeerländer und Amerika.
Die Kerne enthalten 40–45% Fett und etwa 25% Eiweiß.

**Kürbiskerne**
Sie kommen hauptsächlich aus Rußland; zum Teil aber auch aus Österreich und Rumänien. Sie enthalten bis zu 40% Öl und schmecken sehr aromatisch. Geschält sind sie wegen ihrer schönen grünen Farbe besonders zum Dekorieren geeignet.

**Getreide (gefriergetrocknet)**
In vielen unserer Rezepte für Süßigkeiten werden knusprige Kerne gebraucht, die nicht nur gut schmecken, sondern zusätzlich auch gesund sind. Vollkorngetreidekörner sind für diesen Zweck besonders geeignet. Da sie im unbearbeiteten Zustand sehr hart sind, empfehlen wir gefriergetrocknete Körner. Sie werden auf eine Weise gewon-

*Abb. 11:* Körner dienen vor allem der Verzierung: Sesam (oben), Sonnenblumenkerne (links), Kürbiskerne (rechts).

nen, die ihre positiven Eigenschaften kaum beeinträchtigen. Vollkorngetreide wird gekocht und anschließend gefriergetrocknet. Das so entstehende Produkt schmeckt derart frisch und knakkig, daß man die Körner auch „einfach nur so" essen kann.

Beliebt sind sie für Müsliriegel, Krokant, türkischen Honig, Pralinen usw. Inzwischen gibt es folgende gefriergetrocknete Sorten: Weizen, Roggen, Hirse und Graupen aus Gerste.

## Trockenfrüchte

Trocknen ist eine uralte Methode zur Haltbarmachung von Lebensmitteln. Wirklich durchgetrocknete Früchte brauchen keine weitere Konservierung, weil ihnen das Wasser fehlt und der Zuckergehalt entsprechend hoch ist. Allerdings werden handelsübliche Trockenfrüchte zusätzlich geschwefelt; denn sie werden nicht völlig durchgetrocknet. Sie bleiben dadurch weicher und bringen zugleich mehr Gewicht auf die Waage. Es gibt aber eine ganze Menge Menschen, die geschwefelte Lebensmittel nicht vertragen. Deshalb sollten sie beim Kauf darauf achten, ungeschwefelte Trockenfrüchte zu erhalten.

Die Hobbythek hat sich vor ein paar Jahren sehr intensiv mit dem Trocknen von Obst und Gemüse beschäftigt und sogar Anleitungen für einen selbstgebauten Trockenschrank gegeben. Von der Kartoffel bis zur Erdbeere, von der Tomatenscheibe bis zum Paprika haben wir so ziemlich alles getrocknet; und mit gutem Erfolg. Wir empfehlen Ihnen, sich mit dem Trocknen nach unseren Vorschlägen im *Hobbythek-Buch 6* noch einmal zu beschäftigen.

## Kandierte Früchte

Das Kandieren ist ebenfalls eine sehr alte Methode zur Haltbarmachung. Auch dafür eignen sich fast alle Obstsorten. Kandiert werden aber hauptsächlich Kirschen, Citrusschalen (Sukkade und Orangeade), aber auch Melonen, Ananas, grüne Mandeln, Äpfel, Birnen, Ingwer usw.

Sie werden haltbar gemacht, indem der größte Teil ihres natürlichen Saftes durch eine Zuckerlösung ausgetauscht wird; meist in Verbindung mit Glucosesirup (vgl. *Seite 25*).

Durch den hohen Zuckergehalt werden die Früchte relativ fest, und sie lassen sich gut schneiden, würfeln usw. Die Fruchtfarben erhalten sich weitgehend, und so wirken sie äußerst dekorativ im

*Abb. 12:* Bei der Konfektherstellung nehmen wir kandierte oder getrocknete Früchte nur von der besten Sorte.

türkischen Honig, in Krokant, Speiseeis usw.
Bei Krokant darf die in unseren Rezepten angegebene Menge an kandierten Früchten nicht überschritten werden, sonst ist in der Gesamtmasse zuviel Glucosesirup enthalten und der Krokant wird zu weich.

## Pralinen – das Feinste aus Schokolade

Konfekt gab es schon vor dem 17. Jahrhundert. Allerdings war es zu dieser frühen Zeit eine noch recht spartanische Angelegenheit. Zartschmelzende Schokoladenüberzüge gab es noch nicht. Die erfand man erst in der Zeit des Barock, einer Periode, in der trotz des Dreißigjährigen Krieges die Genußsucht sehr ausgeprägt war.
Im Jahre 1663 war es soweit. Aus Anlaß des Reichstages weilte der französische *Graf du Plessis-Praslin* als französischer Gesandter in Regensburg. Da er als Repräsentant seines Landes dort auch große Gastmahle ausrichten mußte, lieh ihm der reiche Kaufmann Fugger für diese Zeit seinen Koch aus. Aus dieser Begegnung entstand offenbar eine ausgesprochen kreative Situation, die den Koch auf die wundervolle Idee brachte, das in Regensburg übliche „Reichstagsconfect" aus Mandeln, Datteln und Marzipan mit Schokolade zu überziehen. Dieses Konfekt muß derart unvergeßlich geschmeckt haben, daß in Anlehnung an den Namen des französischen Grafen sofort der Begriff „Praline" geprägt wurde. Solche Köstlichkeiten standen natürlich nur auf der Speisekarte der Reichen.

Wie nicht anders zu erwarten, hat sich bei uns längst der Gesetzgeber der Praline bemächtigt. Alles, was diesen Namen trägt, muß mindestens 25% Schokolade enthalten.
Pralinen sind zwar immer noch ein Luxus, aber ein durchaus erschwinglicher. Sie sind doch heutzutage – im wahrsten Sinne des Wortes – in aller Munde.
Allerdings sind auch bei Pralinen die Geschmäcker sehr verschieden. Kinder lieben besonders die süße Milchschokolade, und sie nehmen dabei in Kauf, daß sie etwas klebrig schmeckt. Viele Erwachsene sind da schon anspruchsvoller. Kenner oder gar ausgefuchste Gourmets bevorzugen hingegen oft die dunkle Bitterschokolade mit ihrem besonderen Schmelz. Es ist vor allem diese Sorte, die als Tafelschokolade oder als Bestandteil von Pralinen immer höhere Anteile in der Gunst der Schokoladenliebhaber erobern.

## Handgemachte Qualität

Natürlich kann man Pralinen überall kaufen: im Supermarkt, Kaufhaus, kleinen Süßwarengeschäften usw. Industriell hergestellte Pralinen werden in vielen Preislagen und Qualitäten angeboten, und sie werden bereits bei der Produktion auf eine längere Lagerzeit hin präpariert, daß heißt mit Konservierungsstoffen versehen. Das ist nicht so bei den Pralinen des Konditors, der sie auf eine Weise herstellt, die man auch heute noch als handwerklich bezeichnen kann. Er fertigt seine Pralinen in kleinen Mengen und verkauft sie innerhalb kurzer Zeit.

Es ist gar nicht zu bestreiten, daß Pralinen normalerweise eine leicht verderbliche Sache sind. Besonders Trüffelpralinen mit frischer Sahne und Butter halten sich höchstens eine Woche lang frisch. Mit H-Sahne oder Kondensmilch halten sie zwar etwas länger, schmecken aber nicht so gut.
Deshalb empfehlen wir Ihnen, Ihre Pralinen selbst zu machen. Allerdings gilt dabei, daß man buchstäblich von der Hand in den Mund leben sollte. Sie werden es merken: Frisch hergestellte Pralinen schmecken am besten.
Auch was die Zutaten angeht, sollten Sie stets die besten wählen. Beim Selbermachen kommen Sie auch dann nicht einmal in die Preisklasse von billigen industriell hergestellten Pralinen. Sie geraten niemals auf mehr als 2,– DM pro 100 g. Dafür haben sie dann allerdings bereits das Allerfeinste.
Bei der Vielfalt unserer Rezepte werden Sie ohne Schwierigkeiten das für Sie geeignete finden. Manche Pralinen, wie z. B. Likörpralinen, machen mehr Mühe als etwa Trüffeln. Suchen Sie sich das für Sie Passende aus.

## Verschiedene Pralinensorten

Nach ihrer Herstellungsweise unterscheidet der Fachmann drei Arten von Pralinen. Sie werden entweder nach dem *Hohlkörperverfahren,* nach dem *Überziehverfahren* oder nach dem *Schicht- und Schneideverfahren* erstellt.
Beim *Hohlkörperverfahren* werden zunächst Hohlformen aus Schokolade gegossen, die der Konditor auch vorgefertigt kaufen kann. Diese hohlen

Pralinenformen werden gefüllt und mit einem Schokoladendeckel geschlossen. Vorgefertigte Schokohülsen allerdings sehen immer etwas fabrikmäßig aus. Interessanter wirken auf jeden Fall selbstgemachte Formen. Wir kommen noch darauf zu sprechen.

Bei der industriellen Produktion nach dem *Überziehverfahren* läuft der sogenannte Pralinenkern — also etwa entsprechend geformtes Marzipan, Nougat, Krokant usw. — auf einem Fließband mit gitterartiger Fläche. Die flüssige, gut temperierte Schokolade fließt in der Überziehmaschine von oben über die geformten Füllmassen und übergießt sie mit einem Schokoladenüberzug. Die restliche Schokolade tropft durch das Gitter ab und wird unten aufgefangen.

Schließlich gibt es noch das sogenannte *Schicht- und Schneideverfahren,* bei dem verschiedene Füllmassen schichtweise übereinandergebracht und dann in Pralinengröße zurechtgeschnitten werden.

*Abb. 13:* Die Zahl der Geräte für die Pralinen-Herstellung ist gering. Die Spezialgabeln zum Tauchen der Pralinen können Sie sich leicht selbst zurechtbiegen.

## Allgemeine Hinweise zur Pralinenherstellung

## Das Handwerkszeug des Praliné-Créateurs

### Thermometer

Wichtig ist das richtige Temperieren. Und da kommt man nicht ohne ein gutes *Thermometer* aus. Zum Zuckerkochen besorgen Sie sich am besten ein Thermometer für den Meßbereich von 0 bis 160 oder 200 °C.

Es gibt auch spezielle Zuckerthermometer, deren Meßbereich zwischen 0 und 200 °C liegt. Sie sind in einen Drahtkorb eingebettet, der sich praktischerweise in den Kochtopf hängen läßt. Diese Anschaffung lohnt sich aber nur für den Konditor, nicht für den Hausgebrauch.

Völlig ungeeignet sind Einmachthermometer, Backofen- oder Bratenthermometer. Sie arbeiten zum Teil mit einem Bimetall oder anderen Stoffen; deshalb messen sie häufig sehr grob und ungenau.

### Pralinengabel

Die brauchen Sie zum Tauchen. Die einfachste Methode ist, die Zinken einer billigen alten Gabel so weit auseinanderzubiegen, daß die flüssige Kuvertüre gut ablaufen kann. Wenn Sie eine ganz normale Gabel verwenden, sind die Zinken zu dick und die Abstände dazwischen zu gering. Beim Tauchen und anschließenden Herausheben des Pralinenkörpers kann deshalb die überschüssige Kuvertüre nicht richtig ablaufen und die Gabel verklebt. Beim nächsten Tauchen bleibt dann noch mehr hängen.

Darum verwendet der Profi Tauchgabeln aus dünnem Draht. So etwas kann man auch schnell aus Silberdraht selbermachen, den es in jedem Bastelgeschäft gibt. 4 Drahtstücke werden hinten verdrillt und vorne gabelartig zurechtgebogen. Noch einfacher ist es, statt des Silberdrahtes rostfreie Rouladennadeln zu nehmen, die es im Supermarkt gibt. Allerdings entsteht dabei kein richtiger Griff, weil die Nadeln zu kurz sind.

## Geräte zum Schmelzen von Kuvertüre

Zum Schmelzen der Kuvertüre eignet sich am besten ein Mikrowellenherd. Wenn Sie keinen haben, geht es aber auch anders.

Eine Kaffeemaschine gibt es wohl in den meisten Haushalten. Davon kann man den Warmhalteboden nehmen. Auch eine elektrische Warmhalteplatte ist geeignet zum Schmelzen der Schokolade. Wer beides nicht hat, kann auch ein Stövchen mit Kerze verwenden oder notfalls ein Wasserbad auf dem Herd.

Wichtig ist außerdem noch der richtige Topf zum Schmelzen der Kuvertüre. Am besten geeignet ist eine Schüssel mit gutem Bodenkontakt, *also ohne Fuß*. Wir haben gute Erfahrungen gemacht mit einer kleinen feuerfesten Glasschüssel, die es meist mit Deckel zu kaufen gibt, der aber nicht gebraucht wird. Im Mikrowellenherd spielt die Form des Gefäßes keine Rolle. Da verwenden Sie einfach mikrowellengeeignetes Geschirr.

Als Ablage für die frisch überzogenen Pralinen empfehlen wir Alufolie, Back- oder Butterbrotpapier mit Fettseite, Wachstuch oder eine Marmorplatte, schließlich brauchen Sie noch ein Sieb, durch dessen Gitter die überschüssige Kuvertüre abtropfen kann.

## Das Temperieren

Das Kuvertürekleid ist der edelste Überzug einer leckeren Pralinenfüllmasse. Wir wollen gar nicht verheimlichen, daß es nicht ganz leicht ist, mit Kuvertüre oder Schokolade zu überziehen. Aber wenn Sie sich etwas Zeit nehmen und die Mühe nicht scheuen, sind Sie schließlich um eine Erfahrung reicher und haben eine Menge dazugelernt. Auf jeden Fall können Sie dann auch eine Torte oder selbstgebackene Plätzchen und Kuchen mit Schokolade überziehen. Denn das wird Ihnen erst gelingen, wenn Sie die Kunst des „Temperierens" beherrschen.

Damit wir uns richtig verstehen: Die Kuchenglasur, die es überall zu kaufen gibt, ist normalerweise eine Kokosfettglasur. Sie läßt sich sehr einfach und kinderleicht handhaben. Mit der im Wasserbad aufgelösten flüssigen Glasur bestreicht man Kuchen und Plätzchen — Glanz kommt sozusagen von allein. Diese Glasur hat zwar die Farbe der Schokolade, ist aber keine.

Richtige Schokolade hat einen unvergleichlich besseren Geschmack. Für Plätzchen und Kuchen mag die Glasur ausreichen — für Pralinen wäre sie hingegen unverzeihlich. Also verwenden wir nur Schokolade oder Kuvertüre.

Normalerweise nimmt man als Überzugsmasse *Kuvertüre*. Die Gründe haben wir schon erklärt. Sie ist in der Regel dünnflüssiger als Schokolade. Allerdings gibt es auch schlechtere Kuvertüre-Qualitäten, die relativ zähflüssig bleiben. Aber wir haben auch mit normaler guter Markentafelschokolade — die es ja häufiger auch im Sonderangebot gibt — ganz gute Erfahrungen gemacht. Probieren Sie es aus.

In der Regel klappt es, wenn bei Bitterschokolade mindestens 50% Kakao-Bestandteile ausgewiesen sind und die Schokolade noch zusätzlich Kakaobutter enthält. Bei ausgesprochenen Billigsorten ist das nicht der Fall; auch dann nicht, wenn sie 50% Kakao-Bestandteile enthalten. Sie haben eine andere Zusammensetzung und bleiben beim Auflösen zäh und breiig. Außerdem sind sie auch geschmacklich nicht so zu empfehlen.

Bei Milchschokolade können Kakaobestandteile von 30—36% schon ausreichen, weil sie außerdem noch Milchfett enthält.

Sollte sich eine Schokolade zum Überziehen nicht eignen, können Sie immer noch eine hervorragende Trüffelmasse daraus herstellen. Für den Anfang, und wenn Sie noch ein wenig ungeübt sind, sollten Sie auf jeden Fall eine dünnflüssige Kuvertüre mit ca. 60% Kakao-Bestandteilen wählen.

*Hier noch ein guter Tip:*
Es gibt einen sehr einfachen Trick, eine x-beliebige Schokolade in eine hervorragende Überzugsmasse zu verwandeln. Rühren Sie ganz einfach

10–20% Kakaobutter unter die geschmolzene Schokolade. Dies geht recht problemlos, und Sie erhalten eine dünnflüssige Glasur, mit der das Überziehen von Pralinen, Kuchen oder Plätzchen fast ein Kinderspiel ist.

## Das Schmelzen der Kuvertüre

Zuerst wird die Kuvertüre mit einer groben Raspel, einem großen Messer oder scharfem Küchenmesser zerkleinert. Diese zerkleinerte Kuvertüre gibt man nun in eine geeignete kleine Schüssel. Diese Schüssel erwärmt man nun auf der Heizplatte der Kaffeemaschine oder auf einer elektrischen Warmhalteplatte. Zwischendurch immer wieder rühren, weil die Schokolade auf keinen Fall – auch nicht am Boden – wärmer als 50 °C werden darf, sonst gerinnen Eiweißbestandteile. Diese Gefahr ist bei Milchschokolade am größten.

Auf der normalen Heizplatte des Küchenherdes empfiehlt sich das Erwärmen nicht. Sie wird selbst auf der kleinsten Stufe zu heiß.

Auch im heißen Wasserbad gibt es oft Pannen, weil die Kuvertüre auf keinen Fall mit Wasser oder Feuchtigkeit in Berührung kommen darf. Wenn sich Wasserdampf auf der Kuvertüre niederschlägt, bekommen die überzogenen Pralinen später keinen Glanz mehr, sondern bleiben stumpf. Schlimmer noch ist es, wenn ein Tropfen Wasser in die Schokolade gelangt. Die flüssige Masse wird davon sofort zäh und breiig. Sie läßt sich dann zum Überziehen nicht mehr verwenden.

*Abb. 14:* Mit dünnflüssiger Kuvertüre lassen sich Pralinen leichter überziehen.

**Kuvertüreschmelzen in der Mikrowelle**

Wenn Sie einen Mikrowellenherd haben, geht alles sehr einfach. Aber auch darin darf die Kuvertüre keinesfalls überhitzt werden, weil sie sonst nicht mehr zu gebrauchen ist.

Grundsätzlich gilt:

150 g Kuvertüre wird in sechs kleine Stücke gebrochen. Davon legen Sie ein Stück beiseite, das noch gebraucht wird. Die anderen fünf Stücke geben Sie in die Glasschüssel oder ein Becherglas, wo sie, wie oben beschrieben, geschmolzen werden.

Stellen Sie den Mikrowellenherd auf die kleinste oder die zweitkleinste Stufe, je nachdem wieviele Stufen er hat. Lassen Sie die Schokolade 1 Minute lang im Gerät, holen Sie sie dann heraus und rühren um. Messen Sie die erreichte Temperatur. Geben Sie die Kuvertüre wieder 1 Minute lang ins Gerät. Nehmen Sie sie heraus und rühren um. Bei unseren Versuchen hatte die Schokolade nach insgesamt 3mal einer Minute die Temperatur von ca. 38 °C erreicht, war aber noch zähflüssig. Dann schmelzen Sie in der Mikrowelle separat bis zu 30 g Kakaobutter und rühren die Kakaobutter unter die Kuvertüre. Auf diese Weise entsteht eine sehr glatte Masse.

Würden Sie damit allerdings Pralinen überziehen, würde der Überzug nach dem Erkalten grau, streifig und matt, weil die Kakaobutter zu große Kristalle bilden würde. Deshalb läßt man die Schokoladenmasse solange abkühlen, bis sie sich fast kalt anfühlt. Zwischendurch immer wieder einmal umrühren. Währenddessen wird die anfangs beiseite gelegte Kuvertüre oder Schokolade, die noch nicht geschmolzen ist, mit dem Messer sehr fein geschnitten. Sie enthält die richtigen kleinen Kakaobutterkristalle, die wir zum Impfen brauchen. Rühren Sie einige dieser kleinen Stückchen gründlich unter. Wenn sie zu schnell wegschmelzen, ist die Schokoladenmasse noch zu warm. Wenn sie langsam schmelzen, wird damit erreicht, daß sich die neu hinzukommenden Kristalle nicht völlig lösen und die bereits geschmolzene Kakaobutter dazu bringen, in den gleichen Kristallen zu erstarren.

Diese Masse ist nun fertig temperiert, und es können Pralinen hineingetaucht werden. Nach dem Abkühlen entsteht ein glatter, glänzender Überzug.

Wenn Sie auf der Warmhalteplatte der Kaffeemaschine schmelzen, wird die zerkleinerte Kuvertüre vorsichtig unter öfterem Rühren auf 40 bis 45 °C erwärmt. Sie schmilzt relativ gleichmäßig.

Messen Sie die Temperatur nicht nur dicht am Boden, sondern auch in der Nähe der Oberfläche. Sobald die gewünschte Temperatur erreicht ist, nimmt man die Kuvertüreschüssel von der Heizplatte, rührt die Kakaobutter wie oben beschrieben unter und läßt die Mischung wieder auf etwa 30 °C abkühlen. Weiter, wie bei der Mikrowelle beschrieben.

**Hier noch weitere Möglichkeiten des Temperierens**

Die folgende Methode ist zwar etwas umständlicher als die eben beschriebene; trotzdem wollen wir sie Ihnen erklären.

Die Kuvertüre oder Schokolade wird, wie oben beschrieben, geschmolzen. Wenn die Schokolade zu dickflüssig ist, kann auch Kakaobutter untergerührt

| **Milch-** **schokolade** | **Bitter-** **schokolade** |
|---|---|
| Erwärmen auf 40–45 °C | Erwärmen auf 40–45 °C |
| Abkühlen auf 26–27 °C | Abkühlen auf 28 °C |
| Erwärmen auf 29–31 °C | Erwärmen auf 30–33 °C |

werden. Dann wieder auf ca. 26–28 °C abkühlen – entweder im kalten Wasserbad, auf einer kalten Marmorplatte oder einfach mit etwas Geduld. Zwischendurch immer wieder rühren. Milchschokolade kühlt man auf 26–27 °C, Bitterschokolade auf ca. 28 °C.

In dieser Phase bilden sich wieder die ersten Kristalle, die aber zum Teil schon zu groß sind. Deshalb werden sie durch erneutes Erwärmen wieder angeschmolzen. Aber Vorsicht. Erwärmen Sie auf 29–32 °C, Milchschokolade auf ca. 29–31 °C, Bitterschokolade auf ca. 30–33 °C. Bei dieser Anwärmphase darf man auf gar keinen Fall mit der Temperatur zu hoch gehen, sonst schmelzen die Kakaobutterkristalle wieder völlig und man muß von vorn beginnen.

Bleibt man bei der richtigen Temperatur, so werden lediglich die großen Kristalle zu erwünschten kleineren zusammengeschmolzen und durch Rühren gleichmäßig in der ganzen Schokoladenmasse verteilt. Sie wirken gleichzeitig als Impfkeime und regen die Bildung vieler neuer Kristalle gleicher Größe an.

In diesem Zustand ist die Schokolade richtig temperiert. Es gehört schon ein wenig Übung dazu. Trösten Sie sich, wenn es nicht gleich klappt. Auch wir haben Lehrgeld zahlen müssen.

Die ideale Verarbeitungstemperatur hängt auch von der Art der Kuvertüre ab. Wir haben z. B. die Erfahrung gemacht, daß Bitterkuvertüre mit sehr hohem Kakaobuttergehalt eine extrem niedrige Verarbeitungstemperatur von ca. 29 °C verlangt. Da müssen Sie einfach selbst etwas experimentieren.

*Bei der Endtemperatur gehen Sie aber niemals unter 27 °C und nie über 34 °C.*

Beim Temperieren wird Ihnen das Thermometer – besonders am Anfang – unentbehrliche Dienste leisten. Gleichzeitig sollten Sie aber auch die sogenannte *Lippenprobe* versuchen. Denn das kann Sie später vom Thermometer unabhängig machen.

Tupfen Sie etwas erwärmte Schokolade auf Ihre Lippen, um zu lernen, wie sich verschiedene Temperaturen anfühlen. Die Lippen sind eine besonders empfindliche Stelle, mit der Sie sehr genau wahrnehmen können. Da die normale Körpertemperatur von 36 °C beim Temperieren unterschritten wird, muß sich die Schokolade immer etwas kühl anfühlen.

Eine andere Möglichkeit besteht darin, eine Messerspitze in die Schokolade zu tauchen, das Messer kurze Zeit in den Kühlschrank zu legen, um zu prüfen, ob die festgewordene Schokolade keine Streifen bildet, sondern Glanz. Wenn Sie es einige Male probiert haben, wissen Sie später sehr schnell, ob die Masse die richtige Temperatur hat.

Wenn Sie – wie oben beschrieben – zusätzliche Kakaobutter untergerührt haben, brauchen Sie die Schokolade beim Schmelzen nur noch wenig zu erhitzen. Selbst wenn nicht alle Kakaobutterkristalle gelöst sein sollten, müssen Sie die Masse nicht erst herunterkühlen und dann wieder erwärmen, sondern können die Pralinen damit gleich überziehen.

Eine andere Möglichkeit besteht darin – auch das haben wir oben schon beschrieben –, einen Teil der Kakaobutter nicht mitzuschmelzen, sondern sie fein zu zerhacken und unter die geschmolzene Schokolade zu rühren. Diese noch kalte Kakaobutter enthält dann Impfkristalle von der richtigen Größe. Rühren Sie sie gründlich in die Masse, die Sie dann gleich für das Überziehen von Pralinen verwenden können.

Wenn Sie sogenannte Diabetiker-Schokolade verwenden, wird im Prinzip genauso vorgegangen; allerdings darf sie nur bis höchstens 45 °C erwärmt werden. Vielleicht ist auch etwas mehr Kakaobutter nötig, um diese Schokolade zu verflüssigen. Nach unseren Erfahrungen brauchen Sie auf 100 g Sorbit-Schokolade bis zu 30 g Kakaobutter.

## Das Überziehen von Pralinen

Ist die Kuvertüre richtig temperiert, muß sie sofort verarbeitet werden. Am besten stellt man die Schüssel in ein warmes Wasserbad, das exakt die gleiche Temperatur hat; dann hält sich die Verarbeitungstemperatur der Kuvertüre eine Weile, und Sie haben Zeit genug, um Ihre Pralinen zu tauchen.
Die Füllkörper sollen vor dem Überziehen normale Raumtemperatur haben. Wenn sie aus dem Kühlschrank kommen, kühlen sie die flüssige Kuvertüre zu stark ab.
Die geformte Füllmasse legt man auf die vorbereitete Pralinengabel und taucht sie in die temperierte Kuvertüre. Die Gabel mit der Praline wird sofort wieder herausgehoben, etwas auf und ab geschwenkt, damit die überflüssige Kuvertüre ablaufen kann, und am Rand des Gefäßes kurz abgestreift. Die Praline wird dann auf ein mit Backpapier bespanntes Brett abgelegt.
Die Kuvertüre, die jetzt trotzdem noch herunterläuft und sich am Boden rings um die Praline sammelt, bezeichnet man als „Füßchen". Wer möchte, versucht, sie durch noch sorgfältigeres Abstreifen zu vermeiden. Oder Sie legen die Praline kurz auf ein Gitter zum Abtropfen und dann erst auf Backpapier.
Man läßt die Praline jetzt bei möglichst kühler Raumtemperatur fest werden und bewahrt sie auch später immer nur bei Raumtemperatur auf. Keinesfalls im Kühlschrank; denn zuviel Kälte und auch die Feuchtigkeit schaden dem Kuvertüreüberzug und nehmen ihm seinen schönen Glanz. Pralinen also kühl und trocken außerhalb des Kühlschranks lagern.
Übrigens ist ein Überzug aus *Bitterschokolade* immer der härteste, weil er den höchsten Kakaoanteil hat. *Milchschokoladenüberzüge* sind hingegen etwas weicher. Deshalb taucht man Likörpralinen, die eine zarte Zuckerkruste haben, aus Stabilitätsgründen stets nur in Bitterschokolade.

## Das Dekorieren von Pralinen

Sehr professionell wirkt es, wenn Sie mit Kuvertüre garnieren.
Drehen Sie sich für diese kunstvolle Arbeit einen kleinen Spritzbeutel aus Pergament- oder Fettpapier; ein normaler Spritzbeutel wäre zu groß. Ge-

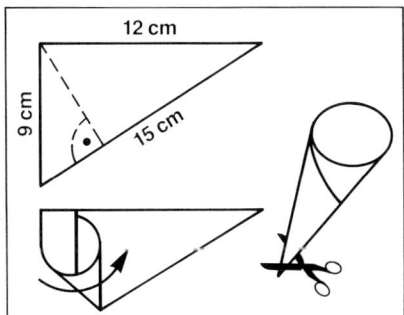

*Abb. 15:* Kleine Tüten zum Dekorieren von Pralinen können Sie sich leicht selbst falten. Normale Spritzbeutel sind für diese feine Arbeit zu groß.

ben Sie die temperierte Kuvertüre hinein und lassen Sie Ihrer Phantasie freien Lauf.
Übrigens können Sie speziell zum Dekorieren ein paar Tropfen Alkohol in die temperierte Kuvertüre rühren, dann bleibt sie länger flüssig.
Außerdem sind natürlich Mandeln, Haselnüsse, Walnüsse, Pistazien, kandierte Früchte usw. zum Garnieren geeignet. Grundsätzlich gilt, daß die Dekoration der Praline stets ein Hinweis darauf sein sollte, was in ihr steckt.

## Das Herstellen von Pralinenhohlkörpern

Es ist gar nicht schwer, Hohlformen zu produzieren, die anschließend mit herrlichen Marzipan-, Nougat- oder Trüffelmassen gefüllt werden. Sehr hilfreich sind kleine Kunststoff-Formen. Mit Formen, die etwas größer sind als normale Pralinen, kann man sogar Pastetchen mit verschiedenen Füllungen zaubern.
Als Formen sind Portionsdöschen für Kaffeesahne oder Portionierlöffel für Milchpulver oder ähnliches geeignet. Sie werden sauber gewaschen und getrocknet und einfach mit temperierter Kuvertüre so gefüllt, daß auch die Seitenwände benetzt werden. Den Rest der Kuvertüre gießt man wieder aus. Sobald die Kuvertüre etwas angezogen hat, wiederholt man den Vorgang. Dadurch verdickt sich die Kuvertüre Schicht für Schicht, und die Schokoladenform wird so stabil, daß sie nicht mehr so leicht zerbricht. Um die Sache etwas zu beschleunigen, kann man die Formen mit der Schokolade zwischen

*Abb. 16:* Die verschiedenen selbstgemachten Hohlformen auf diesem Bild werden im Text ausführlich beschrieben.

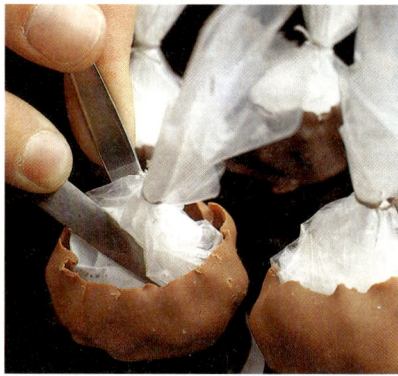

*Abb. 17:* Besonders originell ist die Hohlform, die mit Hilfe eines Plastiksäckchens entsteht.

den Ausgießvorgängen auch kurz in den Kühlschrank stellen.
Ist die Kuvertüre hart, kann man die Schokolade vorsichtig aus der Form herausklopfen oder — besser noch — herausdrücken.
Es gibt aber noch eine andere Art der Herstellung von Schokoladen-Hohlformen. Sie entstehen gewissermaßen als Außenhülle einer inneren, zusammendrückbaren Form. Das geht so:

Stecken Sie etwa 2 cm lange und knapp fingerdicke Schaumgummistückchen locker in eine dünne Plastikfolie, die Sie mit einem Gummiband zubinden. Diese kleinen Säckchen müssen allerdings wirklich sehr locker gefüllt sein und sollten hauptsächlich Luft enthalten, damit sie später leicht zusammengedrückt werden können.
Diese kleinen Säckchen werden mit dem unteren Teil in die Kuvertüre getaucht und zum Festwerden abgestellt. Wiederholen Sie den Vorgang zweimal, damit die Schicht dick genug wird. Dann einige Zeit in den Kühlschrank stellen, bis die Kuvertüre hart ist. Anschließend können Sie die Plastikfolie mit zwei Fingern vorsichtig zusammendrücken und aus der Schokoform herausziehen. Durch die Falten in der Plastikfolie ergibt sich eine interessante unregelmäßige Form der Schokolade.

## Kuvertüre-Plättchen — vielseitig verwendbar

Kuvertüre-Plättchen sind als Unterlage für gespritzte Nougat- oder Marzipanpralinen hervorragend geeignet. Man kann sie leicht selbst herstellen, indem man temperierte Kuvertüre auf Pergament- oder Fettpapier gießt und so verstreicht, daß eine etwa 2 mm dicke Schicht entsteht. Ist diese Schicht erstarrt, sticht man mit einer runden Form kleine Kuvertüre-Plättchen aus. Der übrigbleibende Rest der Kuvertüre kann erneut temperiert und weiterverarbeitet werden.

## So schält man Mandeln und Nüsse

Grundsätzlich gilt für Nüsse und Mandeln, daß sie als unzerteilte Kerne Geschmack und Aroma länger bewahren, als wenn sie geschält und zerkleinert sind. Die im Handel erhältlichen geschälten, gestifteten, gesplitterten, geblätterten oder geriebenen Kerne sind industriell schon mehrmals getrocknet worden, damit sie länger halten. Zur Nougatherstellung sind sie dann zwar immer noch geeignet, weil hierfür trockene Mandeln und Nüsse die Voraussetzung sind. Marzipan kann man hingegen nicht mehr daraus machen; denn dafür sind nur frische Mandeln mit genügend natürlicher Feuchtigkeit geeignet.

Mandeln befreit man am einfachsten von ihren braunen Häutchen, indem man sie in kochendes Wasser gibt und ca. 2–3 Minuten ziehen läßt. Dann schüttet man das Ganze in ein Sieb oder holt die Mandeln mit einem Schaumlöffel heraus. Nehmen Sie die einzelne Mandel zwischen Daumen und Zeigefinger. Sie läßt sich jetzt leicht aus dem braunen Häutchen herausdrücken.

Diese Mandeln besitzen relativ viel Feuchtigkeit; deshalb sind sie übrigens auch anfällig für Schimmel. Schälen Sie also immer nur soviel, wie Sie sofort verbrauchen können.

*Abb. 18:* Marzipan können Sie nur mit Mandeln herstellen, die Sie selbst schälen. Nur dann sind die Mandeln noch frisch und feucht.

Wenn Sie Mandeln zur Pralinendekoration oder „einfach so" zum Knabbern haben möchten, sollten Sie sie stets rösten. Sie schmecken dann erheblich besser und halten sich wesentlich länger. Zur Nougatherstellung ist das Rösten sogar Voraussetzung.

Geben Sie die geschälten Mandeln bei 180 °C – auf einem Backblech ausgebreitet – in den Backofen. Das Rösten dauert nicht länger als ca. 10 Minuten. Bleiben Sie in der Nähe; denn beim Rösten kann es schnell zu viel werden. Zu dunkle Mandeln und Nüsse schmecken bitter und verbrannt. Es nützt auch nichts, die Temperatur niedriger zu halten, dabei trocknen die Mandeln höchstens, aber sie werden nicht geröstet. Ein wenig goldbraune Farbe sollten sie schon bekommen.

Haselnüsse röstet man mit ihrer braunen Haut wie beschrieben im Backofen. Sie sind dann fertig, wenn sich das Häutchen mit den Fingern einfach abdrücken läßt. Zerkleinerte Mandeln und Nüsse können auch schon nach 5–10 Minuten ausreichend geröstet sein.

## Schoko-Glasur ohne Zucker

Nachdem wir Ihnen auf *Seite 95* den fachmännischen Umgang mit Kuvertüre oder Schokolade ausführlich beschrieben haben, möchten wir hier eine zuckerfreie Alternative vorstellen.
Wir haben für Sie eine sehr edle Bitterschokolade-Glasur ausprobiert, die völlig frei von Zucker ist. Sie läßt sich sehr leicht herstellen, das Überziehen von Pralinen geht damit kinderleicht, sie wird knackig fest und sieht mit ihrem makellosen Glanz gut aus. Schließlich schmeckt sie auch noch gut und ist für alle gedacht, die keinen Zucker essen wollen oder dürfen. Natürlich ist dies auch genau der richtige Tip für all jene, die gern einmal etwas anderes ausprobieren wollen.
Das Rezept ist denkbar einfach und besteht nur aus guten Zutaten:

---
100 g Kakaobutter
50 g Kakaopulver
30 Stück Süßstofftabletten
   (Zuckervergleichswert ca. 132 g)

---

Kakaobutter bei ca. 35 °C im Wasserbad schmelzen und Kakaopulver hinzugeben. Die Süßstofftabletten im Mörser oder in einer Tasse zu Pulver zerdrücken und unterrühren. Flüssigsüßstoff ist hier *nicht* geeignet, weil er Wasser enthält.

Ist alles gut vermischt, läßt man die Glasur etwas abkühlen. Machen Sie eine Probe mit der Fingerkuppe oder mit der Lippe. Die Glasur darf sich nicht mehr warm anfühlen, muß aber noch flüssig sein. Dann hat sie für das Überziehen von Pralinen genau die richtige Konsistenz.
Diese Schoko-Glasur ist ebenso edel wie diejenige aus Kuvertüre, und sie kann auch auf gleiche Weise verwendet werden. Man kann jede Art von selbstgemachten Pralinen hineintauchen. Das Überziehen durch Tauchen geht hier sogar noch einfacher als bei Kuvertüre, weil die Glasur durch ihren hohen Gehalt an Kakaobutter besonders dünnflüssig wird.
Allerdings läßt sich bei dieser Glasur nur der herb-bittere Kakaogeschmack erzielen; eine Vollmilchvariante ist leider nicht möglich, weil wir weder Milchpulver noch Zucker untermischen können. Das geht nur bei industrieller Herstellung mit entsprechenden Maschinen. Der feinherbe Bittergeschmack paßt jedoch vorzüglich zu allen süßen Füllungen und bei Pralinen, bei denen ein hauchdünner knackiger Überzug zur Füllung einen guten Kontrast bildet. Bitte beachten Sie, daß diese Schoko-Glasur durch ihren hohen Kakaobuttergehalt zwischen warmen Fingern schneller schmilzt als Kuvertüre.

## Trüffelmassen

Selbstgemachte Trüffelmassen sind köstliche Schlemmereien aus besten Zutaten. Man verwendet Schokolade, Sahne, Butter, Honig, Rum, Cognac usw. Zum Aromatisieren gibt es eine Fülle von Möglichkeiten, die wir bei den Rezepten noch beschreiben werden.
Ein weiterer Vorteil von Trüffelmassen: Sie sind mit relativ wenig Arbeitsaufwand und schnell herzustellen. Wichtig ist allerdings, daß man ein paar Regeln beachtet, nach denen diese Emulsionen zusammengefügt werden.
Auch Trüffelmassen sind nämlich Emulsionen. Was eine Emulsion ist, haben wir im *Hobbythek-Buch „Cremes und sanfte Seifen"* bereits ausführlich beschrieben. Kurz gesagt sind Emulsionen relativ stabile Verbindungen aus Fett und Wasser. Damit sie zustande kommen, braucht man stets einen Emulgator. Milch und Eidotter enthalten natürlich vorkommende Emulgatoren; in diesem Falle das Lecithin (vgl. *Seite 82*).
Oberstes Gebot bei Trüffeln ist, daß sie stets frisch aus den besten Zutaten hergestellt werden sollten; denn nur dann sind sie wirklich ein Genuß. Die unterschiedlichen Arten der Trüffelmasse können von besonders cremigleicht bis zur festeren Beschaffenheit reichen.
Für die Trüffelherstellung brauchen Sie keine spezielle Kuvertüre. Es genügt normale Tafelschokolade, bei der nicht einmal der Kakaobuttergehalt eine große Rolle spielt. Dagegen ist der Geschmack der Schokolade von ausschlaggebender Bedeutung. Eine Sorte, die nicht schmeckt, wird zwar durch die anderen hochwertigen Zutaten ein wenig verfeinert – eine erstklassige Praline werden Sie daraus aber nicht herstellen können. Sie müssen also schon beim Kauf der Schokolade darauf achten, daß Ihre Geschmacksrichtung getroffen ist. Sie können dabei wählen zwischen Mocca-,

*Abb. 19:* Trüffel sind eine wahre Schlemmerei. Allerdings sind hier die besten Zutaten besonders wichtig. Beim Selbermachen ist das kein Problem.

Sahne- oder anderen Schokoladensorten.
Am neutralsten ist eine völlig normale *Vollmilch-Schokolade,* die für die Trüffelmassen-Herstellung ohne Einschränkung zu gebrauchen ist. Wer aber ein ausgesprochener Bitterschokoladen-Liebhaber ist, kann ruhig dabei bleiben und diese Schokolade verwenden.
Schließlich wird der Geschmack noch bestimmt durch frische *Butter* oder *Sahne* oder eine Mischung aus beiden. Schließlich läßt sich auch aromatisches *Fruchtpüree* für eigene Kreationen von Trüffeln verwenden.
Bei der Sahne empfehlen wir selbstverständlich nur frische, süße Sahne. Mit H-Sahne hergestellte Trüffeln sind zwar länger haltbar, schmecken aber nicht so gut. Aus Gründen besserer Haltbarkeit verwendet die Industrie grundsätzlich Kondensmilch. Das haben wir aber bei selbstgemachten Pralinen nicht nötig.
Trüffeln werden häufig mit *Alkohol* aromatisiert. Industriell hergestellte preiswerte Sorten enthalten nur rund 5% Alkohol, die teureren aber bis zu 15%. Beim Selbermachen können Sie selbstverständlich großzügiger mit Alkohol umgehen, da Sie die Zutaten kaum nach Heller und Pfennig bewerten werden. Geeignet sind aromatische Alkoholsorten wie Rum, Weinbrand, Whiskey, Calvados und natürlich Liköre wie Cointreau, Grand Marnier, Chartreuse, Creme de Cassis, Kirschlikör, Tiamaria usw. Beim Rum bitte den dunklen nehmen, weil der weiße nicht aromatisch genug ist.
Allerdings kann die Emulsion einer Trüffelmasse immer nur eine begrenzte Flüssigkeit aufnehmen. Verwenden Sie deshalb lieber höherprozentigen Alkohol, dessen Wasseranteil entsprechend geringer ist.
Die Verwendung von pflanzlichen Fetten wie Kokosfett ist bei der industriellen Fabrikation nicht gestattet und sollte bei uns auch nicht vorkommen.

## Zubereitung der Trüffelmasse

Die Schokolade wird entweder mit einer groben Raspel oder mit einem Küchenmesser zerkleinert.
Die Sahne gibt man in einen kleinen Kochtopf und erwärmt sie bei mittlerer Hitze bis 70 °C, um sie zu pasteurisieren, d. h. Keime abzutöten. Dadurch halten sich die fertigen Pralinen nachher wenigstens 1 Woche lang frisch. Einen Geschmacksverlust erfährt frische Sahne erst, wenn sie über 80 °C erhitzt wird.
In die heiße Sahne gibt man die zerkleinerte Schokolade und rührt so lange, bis sie sich vollständig gelöst hat. Vorsicht: die Schokolade darf nie heißer als 45 °C werden. Dann zieht man den Topf vom Feuer und läßt die Masse abkühlen.
Wenn sie auf etwa 35 °C abgekühlt ist, rührt man die Butter unter. Sie sollte Zimmertemperatur haben, damit sie sich leichter verrühren läßt. Um das Mischen zu erleichtern, kann die Butter vorher aber auch schaumig gerührt oder mit 1–2 Löffeln geschmolzener Schokolade verrührt werden.
Zum Schluß gibt man den Alkohol dazu. Würde man ihn früher in die noch heiße Schokolade träufeln, würde er verdunsten.

Wer möchte, kann auch noch Honig zufügen oder Gewürze wie Zimt, Ingwer, schwarzen Pfeffer, ausgeschabte Bourbon-Vanillestangen usw.
Statt Sahne kann man aber auch frisches Fruchtpüree verwenden.
Dazu werden geschmacksintensive frische Früchte wie Kiwi, Kirschen, Erdbeeren usw. im Mixer oder mit dem Pürierstab zerkleinert. Dieses Fruchtpüree kann man zur längeren Lagerfähigkeit der Pralinen ebenfalls auf 70 °C erhitzen. Läßt man hingegen alles frisch, dann muß man die Pralinen spätestens nach 3–5 Tagen essen.
Bei Zugabe von Fruchtpüree verwendet man immer etwas weniger als bei Sahne, damit die Trüffelmasse nicht zu flüssig wird. Schließlich hat die Sahne Emulgatorbestandteile, sie kann Fett und Wasser also verbinden. Das Fruchtpüree kann das aber nicht.
Wenn Sie einen Mikrowellenherd haben, können Sie sich die Mühe des Schokoladezerkleinerns sparen. Brechen Sie die Tafel in Stücke und erwärmen Sie sie auf kleiner Leistungsstufe. Die Schokolade darf, wie schon gesagt, nicht heißer werden als 45 °C. Erhitzen Sie die Sahne wie beschrieben. (Falls Sie die Trüffeln sofort verzehren, brauchen Sie die Sahne nur auf 40 °C zu erwärmen). Lassen Sie auf ca. 40 °C abkühlen und geben erst dann die geschmolzene Schokolade zu.

# Rezeptvorschläge für die Trüffelmasse

### Butter-Sahnetrüffel

30 g Sahne
100 g Vollmilchschokolade
20 g Alkohol, (Weinbrand u. a.)

### Buttertrüffel mit Schwips

100 g Vollmilchschokolade
20 g Rum oder anderes
30 g Butter

### Honigtrüffel ohne Alkohol

30 g Sahne
100 g Vollmilchschokolade
15 g Honig
20 g Butter

### Schwipstrüffel mit Sahne

20 g Sahne
100 g Vollmilchschokolade
20 g Alkohol, (Weinbrand u. a.)
10 g Butter

### Mokka-Trüffel

30 g Sahne
1 TL Nescafé
100 g Vollmilchschokolade
20 g Butter
evtl. 10–20 g Weinbrand

### Sahnetrüffel

20–25 g Sahne
100 g Schokolade
15–20 g Alkohol, (Weinbrand u. a.)

### Honig-Rum-Trüffel

100 g Vollmilchschokolade
15 g Honig
20 g Rum
30 g Butter

### Schnittfeste Trüffelmasse

15 g Sahne
100 g Vollmilchschokolade
1 EL Alkohol
10 g Butter

### Frucht-Trüffel

30 g Himbeerpüree
10 g Sahne
100 g Vollmilchschokolade oder
    weiße Schokolade
10 g Himbeergeist
20 g Butter

1 Eßlöffel Sahne = ca. 13 g
1 gestr. Teel. Honig = ca. 20 g
1 Eßlöffel Rum = ca. 10 g

Statt Honig können Sie auch Fruchtsirup mit Zucker oder Zuckeraustauschstoffen oder etwas Orangenmarmelade verwenden.
Zum Würzen eignen sich natürlich auch Lebensmittelaromen, von denen man allerdings höchstens 1 Tropfen nehmen soll, da sie sehr konzentriert sind. Wie Sie sehen, bewirken schon kleine Rezeptveränderungen große Unterschiede bei den fertigen Trüffeln.
Wenig Flüssigkeit in der Schokolade hat zur Folge, daß diese etwas fester werden, viel Flüssigkeit erreicht natürlich das Gegenteil. Wissen sollten Sie, daß frisch gerührte Trüffelmasse zunächst immer noch relativ flüssig ist. Stellt man sie in den Kühlschrank, so wird sie fest. Bringt man sie wieder auf Raumtemperatur, so wird sie wieder weicher, aber nicht mehr so flüssig wie kurz nach der Fertigstellung.
Die frisch gerührte Trüffelmasse kann man noch sehr gut mit der Spritztülle verarbeiten, um sie z. B. in vorbereitete Schokoladentöpfchen (vgl. *Seite 97 f.*) zu spritzen. Unten hinein gibt man noch andere Füllungen oder z. B. geröstete Mandeln. Darüber wird die Trüffelmasse dann entsprechend verziert. Auch in Schichtpralinen kann man diese Trüffelmasse herrlich verarbeiten.
Die klassische Trüffelform aber ist die Kugel. Lassen Sie die Trüffelmasse einige Zeit im Kühlschrank fester, aber nicht zu fest werden. Sie muß sich noch gut rollen lassen. Das geht meist bei Raumtemperatur, ist aber auch abhängig vom Rezept. Dosieren Sie mit einem Teelöffel mundgerechte Portionen und rollen Sie diese zwischen den flachen Händen zu Kugeln. Sie werden durch den Kontakt mit der Handwärme ziemlich weich und müssen sofort wieder in den Kühlschrank gelegt werden. Dann werden sie mit Kuvertüre überzogen oder einfach in Schokoladenstreuseln, Kakaopulver, geriebenen und gerösteten Mandeln, Nüssen, Pistazien

*Abb. 20:* Mit Kuvertüre überzogene Trüffeln können Sie auf ein Sieb abtropfen lassen, wobei sie vorsichtig gerollt werden.

gewälzt. Es gibt auch die Möglichkeit, sie in Puder- oder Kristallzucker oder *Isomalt* fein zu wenden. Allerdings finden wir Nüsse oder Kakaopulver edler. Trüffel, die nicht mit Kuvertüre überzogen sind, können auch im Kühlschrank aufbewahrt werden. Aber bitte in einer gut verschlossenen Dose, damit sie keine Fremdgerüche annehmen.

Etwa einen Tag nach ihrer Herstellung haben sie ihren optimalen Zustand erreicht und können und sollten verzehrt werden. Nach etwa einer Woche müssen Sie schon mit Geschmacksverlusten rechnen, und länger als 14 Tage sollten Sie Ihre Trüffeln ohnehin nicht aufbewahren.

Übrigens können Sie solche Massen auch als Tortenfüllung verwenden. Aber nicht zu viel nehmen, sonst wird es zu mächtig.

Trüffelmassen können Sie natürlich auch aus Schokolade mit Zuckeraustauschstoffen herstellen. Diese Schokolade darf aber höchstens bis 40 °C erhitzt werden.

## Marzipan

Marzipan hat in der Weihnachtsbäckerei oder Konfektherstellung eine alte Tradition. Marzipan ist außerdem einer der Begriffe, der Süßmäulern das Wasser im Munde zusammenlaufen läßt. Besonders in Deutschland ist das hochwertige Marzipan zu Hause; man denke nur an Lübecker Marzipan.

Die Marzipanrohmasse besteht nach gesetzlicher Vorschrift aus ⅔ Mandeln und ⅓ Zucker. Kauft man bereits fertig verarbeitetes Marzipan, so kann preiswertes nur zur Hälfte aus Rohmasse und zur anderen Hälfte aus Zucker bestehen. Qualitativ hochwertiges Marzipan besteht aus ungefähr 90% Rohmasse und nur 10% Zucker.

Ein preiswerter Marzipan-Ersatz ist das *Persipan.* Es hat mit dem echten Marzipan kaum etwas gemeinsam. Die Rohmasse besteht nämlich zu 65% aus entbitterten Pfirsich- oder Aprikosenkernen und zu 35% aus Zucker. Als Zusatz sind 50% Zucker erlaubt. Persipan wird z. B. als Füllung von billigem Stollen verwendet, muß aber immer entsprechend deklariert sein.

Aber auch bei gekaufter Marzipan-Rohmasse gibt es Unterschiede im Geschmack. Deshalb sollten Sie es einfach einmal mit Selbermachen probieren.

Wenn Sie die Mandeln kaufen, stehen Sie vor dem Problem, daß es fast nur kalifornische Mandeln gibt. Sie enthalten keine Bittermandeln und sind auch sonst nicht sehr geschmacksintensiv. Da sind Mandeln aus den Mittelmeerländern schon aromatischer. Versuchen Sie, möglichst solche zu bekommen. Wenn nicht, geht es auch mit normalen.

Es gibt verschiedene Methoden, Marzipanrohmasse herzustellen. Wir beschreiben hier die deutsche Art, bei der die Masse zu ⅔ aus Mandeln, zu ⅓ aus Zucker besteht.

# Marzipan-Grundrezept

| |
|---|
| 400 g ungeschälte Mandeln |
| 200 g Puderzucker |

Für dieses Rezept brauchen Sie unbedingt ganze, ungeschälte Mandeln, die noch das braune Häutchen haben.
Diese Mandeln werden geschält (vgl. *Seite 99*) und frisch weiterverarbeitet; denn sie müssen unbedingt ihre Feuchtigkeit behalten und dürfen nicht geröstet werden. Sonst würde das Marzipan zu trocken. Außerdem würde es dann nicht mehr wie Marzipan, sondern wie heller Nougat schmecken.

*Abb. 21:* Marzipankonfekt mit Pistazien.

Die Mandeln können Sie zunächst in der Mandelmühle oder im elektrischen Universalzerkleinerer mahlen. Dann geben Sie sie in eine Schüssel bzw. ein Einmachglas und mischen den Puderzucker dazu. Mit dem elektrischen Pürierstab beginnen Sie dann, alles sorgfältig noch weiter zu zerkleinern. Die Masse wird dabei ölig gerieben, d. h. so fein, daß das Mandelöl austritt. Für diesen Prozeß brauchen Sie etwas Geduld, denn es dauert eine ganze Weile, bis alle Mandelteilchen wirklich fein zerrieben sind.

Dann wird die Masse *abgeröstet.* Dazu geben Sie die Mandel-Zucker-Masse am besten in eine Metallschüssel aus Edelstahl oder eine andere feuerfeste Form und lassen sie im Backofen auf kleinster Stufe so lange stehen, bis sie auch im Inneren eine Temperatur von 80 °C erreicht hat. Das kann man ganz gut kontrollieren, indem man die Schüssel mit Alufolie abdeckt – damit keine Feuchtigkeit verdampft – und durch die Folie ein Bratenthermometer steckt, das die Temperaturen deutlich anzeigt.

Danach hat die Marzipanmasse einen besseren Zusammenhalt; sie ist nicht mehr so krümelig wie vorher und hat auch eine dunklere Farbe bekommen. Durch dieses Abrösten verliert sich auch der ölige Geschmack der frisch zerriebenen Mandeln, und der Mandelgeschmack überträgt sich auf den Zukker. Außerdem werden beim Erhitzen Bakterien abgetötet. Denn Marzipan ist leider sehr anfällig für Schimmelpilze. Deshalb muß bei der Herstellung sehr hygienisch vorgegangen werden.

Die fertige Rohmasse wird entweder sofort weiterverarbeitet oder sorgfältig verpackt im Kühlschrank aufbewahrt (in einem sauberen Schraubglas oder in Folie gewickelt). Jedenfalls muß es gut abgedeckt sein, sonst trocknet es aus.
Um die Rohmasse schnittfest zu machen, wird sie mit zusätzlichem Puderzucker angereichert. Dieses Kneten macht man am besten mit der Hand. Aber die Hände vorher gründlich waschen oder besser noch mit Alkohol einreiben.

Um Edelmarzipan zu bekommen, sollten Sie auf sieben Teile Rohmasse nicht mehr als drei Teile Puderzucker geben. Dieses schnittfest gemachte Marzipan läßt sich leicht ausrollen und zu Schichtpralinen oder kleinen Pasteten verarbeiten.

Auf die Zugabe von zusätzlichem Puderzucker können Sie auch ganz oder teilweise verzichten, wenn Sie geriebene Nüsse hineinkneten. Überhaupt können Sie die Rohmasse mit vielerlei verfeinern.

## Marzipan läßt sich auf einfache Weise verfeinern

Für *Pistazien-Marzipan* einfach gehackte Pistazien zur fertigen Rohmasse geben; bei *Walnuß-Marzipan*

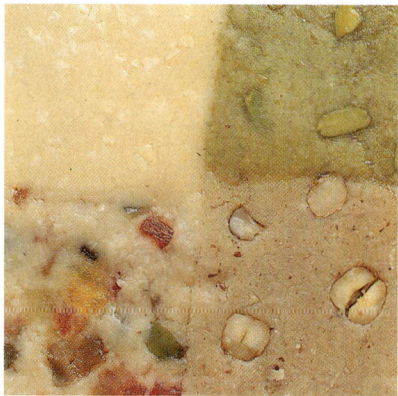

*Abb. 22:* Die Marzipan-Rohmasse können Sie mit Nüssen, Kernen, kandierten Früchten und vielen anderen Zutaten sehr phantasievoll abwandeln.

*Abb. 23:* Aus gefärbtem Marzipan haben wir Früchte geformt, die sich sehr dekorativ als Tortenverzierung verwenden lassen.

zerkleinerte Walnußstückchen zufügen oder geriebene Haselnüsse für *Haselnuß-Marzipan. Früchte-Marzipan* enthält kleingeschnittene kandierte oder alkoholisierte Früchte.

Aromatisieren können Sie Ihr Marzipan aber auch mit verschiedenen Likören, Weinbränden und Obstschnäpsen. Geben Sie aber bitte nicht zuviel dazu, sonst wird das Marzipan zu weich. Wollen Sie allerdings das Marzipan zur *Füllung von Hohlpralinen,* dann ist es nicht so tragisch; im Gegenteil: dann kann eine etwas weichere, dafür aber hoch alkoholisierte Masse durchaus von Vorteil sein.

Weicheres Marzipan läßt sich aber auch in einer Spritztülle, z. B. als *Tortengarnierung,* verarbeiten.

Aromatisieren können Sie Ihr Marzipan aber auch mit *Bittermandel-Aroma.* Davon bitte höchstens einen Tropfen verwenden, weil sonst das hochkonzentrierte Aroma den zarten natürlichen Geschmack des Marzipans völlig überdeckt.

Nicht anders ist es bei der Verwendung von *Rosenwasser,* das man in der Apotheke in kleinen Mengen kaufen kann. Echtes Rosenwasser ist recht teuer. Es gibt aber auch einen synthetischen Ersatz, der fast genauso riecht. Obwohl Rosenwasser ein traditioneller Zusatz zu Marzipan ist, kann man nach unserer Meinung darauf durchaus verzichten. Die eben beschriebenen anderen Zugaben halten wir für interessanter.

Wenn Ihnen die Herstellung der Marzipan-Grundmasse zuviel Mühe macht, können Sie sie natürlich auch fertig kaufen und dann entsprechend verfeinern.

*Zum Schluß noch ein Tip:*
Marzipan läßt sich mit natürlichen *Lebensmittelfarbstoffen* oder besser noch Fruchtpulver ganz einfach einfärben (vgl. *Seite 43*). Mit farbigen und weißen Marzipansorten können Sie ebenso wie die Konditoren Tortendekorationen zaubern, mit Glückwünschen zum Geburtstag usw.

### Marzipan mit Isomalt

Dies ist eine Rezeptur mit Zuckeraustauschstoff, durch den Marzipan auch für Diabetiker geeignet wird.

---
200 g ungeschälte Mandeln
100 g Isomalt, puderfein
 35 g Sorbitsirup, 70%ig
1 Tr. Bittermandelaroma
---

Herstellung wie beim normalen Marzipan mit Zucker. Mandeln und Isomalt verbinden sich allerdings nicht so gut zu einem Teig wie beim Marzipan aus Zucker.

Die bröselige Masse wird fest in Alufolie gepackt und im Backofen, wie beschrieben, auf 80 °C erhitzt. Danach hat das Marzipan einen guten Zusammenhalt. Lassen Sie es auf Raumtemperatur abkühlen.

Zur Herstellung des Sorbitsirups erwärmen Sie 25 g Sorbit und 10 g Wasser leicht; der Sorbit löst sich sofort. Wenn der Sirup abgekühlt ist, wird er mit einem Löffel in einer Schüssel unter das Marzipan gemischt. Der Sorbit darf keinesfalls mit dem Marzipan erwärmt werden. Der Sorbitsirup soll verhindern, daß das Marzipan hart wird und austrocknet, was nur mit Isomalt sonst geschehen würde, weil es sehr fest wird und kein Wasser anzieht.

## Nougat

Nougat und Marzipan sind zwei Pralinenbestandteile, bei denen selbst Kenner nicht so ohne weiteres auf die Idee kämen, daß sie vieles gemeinsam haben.

Beide werden nämlich hauptsächlich aus Mandeln, Nüssen und Zucker hergestellt. Bei Marzipan ist das bekannt; aber beim Nougat schon weniger. Wie kommt es jedoch, daß beide Massen so völlig unterschiedlich schmecken?

Der große Unterschied geht lediglich auf das Rösten zurück. Bei der Nougatherstellung werden die nussigen Bestandteile vorher geröstet; bei der Marzipanherstellung nicht.

Nougat ist ein Begriff aus dem Arabischen. Allerdings benannte man damit etwas, was wir heute als „Türkischen Honig" bezeichnen (vgl. *Seite 60*). Im Ausland verwendet man dafür immer noch die Bezeichnung Nougat. In Frankreich gibt es den „Nougat Montelimar", eine helle Masse aus Honig, Zucker, Eiweiß, Mandeln und Nüssen. Unsere Vorstellungen von Nougat sind da ganz anders. Wir bezeichnen damit eine zart schmelzende Masse, die auf der Zunge zergeht und zu den köstlichsten Pralinenfüllungen gehört.

In den „Leitsätzen für Ölsamen und daraus hergestellte Massen und Süßwaren" wird beschrieben, was Nougat und Nougatmasse bedeutet. Bei Nougatmasse handelt es sich um die reine Rohmasse — so wie es auch Marzipanrohmasse gibt. Diese Nougatmasse wird angewirkt — d. h. vermischt — z. B. mit Zucker. Erst dann heißt sie „Nougat" oder auch „Noisette".

Nougat besteht also höchstens zur Hälfte des Gewichts aus Zucker, der

*Abb. 24:* Die Zutaten zur Nougat-Herstellung müssen sehr gut gemischt werden.

zum Teil auch durch Sahne- oder Milchpulver ersetzt werden kann. Sahnenougat enthält mindestens 5,5% Milchfett.

Bei der industriellen Nougatmassen-Herstellung werden zerkleinerte Haselnüsse und/oder Mandeln zusammen mit Zucker geröstet.

Anschließend wird die Masse abgekühlt und feingewalzt. Um schnittfesten Nougat zu erhalten, gibt man auch Schokolade dazu oder bei hellem Nougat nur Kakaobutter.

Natürlich können Sie sich Nougatmasse auch kaufen. Man bekommt sie in jedem Supermarkt bei den Backzutaten. Aber das ist wirklich kein Vergleich zur selbstgemachten. Probieren Sie es mal; Sie werden bestimmt ebenso begeistert sein, wie wir von unserem ersten Ergebnis.

Es gibt verschiedene Methoden, Nougat herzustellen. Wir wollen uns hier auf zwei Möglichkeiten beschränken.

Das *erste Rezept* kann sehr stark variiert und so abgewandelt werden, daß entweder hellbrauner oder dunkelbrauner Nougat entsteht. Das hängt sehr stark davon ab, ob der Zucker beim Schmelzen hell oder dunkel wird, ob die Nüsse hell oder dunkel geröstet werden und welche Schokolade man nachher zugibt. Dunkle Schokolade macht den Nougat etwas zu bitter. Nehmen Sie deshalb entweder eine Mischung: halb Bitter-, halb Vollmilchschokolade bzw. nur Vollmilchschokolade oder weiße Schokolade. Dann wird der Nougat besonders süß und hell.

Als Nüsse sind Haselnüsse, Walnüsse oder auch Mandeln geeignet. Köstlich schmecken Haselnüsse und Mandeln halb und halb. Erdnüsse sind für handelsüblichen Nougat nicht erlaubt, weil sie der verlangten Qualität nicht entsprechen. Schließlich verwenden wir nur die besten Zutaten, deshalb rühren wir die Nougatmasse auch nicht mit Zucker an, sondern geben Schokolade dazu.

## Dunkler Nußnougat Grundrezept

300 g Puderzucker
300 g Haselnüsse
300 g Vollmilchschokolade

Die Haselnüsse werden geröstet und zerkleinert. Entweder wickelt man die gerösteten ganzen Nüsse in ein sauberes Küchentuch und zerdrückt sie darin mit einem Nudelholz, oder man reibt sie in einer Mühle.
Der Puderzucker wird geschmolzen und die gerösteten und zerkleinerten Haselnüsse untergerührt. Dann holt man die etwas bröselige Masse aus dem Topf und breitet sie zum Abkühlen entweder auf einer mit Butter gefetteten Marmorplatte oder auf gefettetem Pergamentpapier aus.
Die abgekühlte Masse gibt man in eine Schüssel oder ein Einmachglas und zerkleinert sie am besten mit einem elektrischen Pürierstab. Dieser eignet sich nach unserer Erfahrung auch zur Marzipanherstellung am allerbesten. Die Mandel- oder Nußmassen werden damit wirklich optimal fein zerrieben. Ein elektrischer Mixaufsatz, den es für Küchenmaschinen gibt, tut leider nicht so gute Dienste, weil die Masse meist über dem rotierenden Messer hängenbleibt und nicht nachrutscht. So ein Pürierstab ist übrigens eine relativ preiswerte Anschaffung, die es für manche elektrischen Handrührgeräte auch als Zusatzgerät gibt.
So einfach ist das mit dem Nougat. Sie müssen allerdings mindestens 10 bis 20 Minuten geduldig die Masse zerkleinern, bis sie fein genug ist. Der Fachmann sagt, sie wird völlig ölig gerieben. Dabei tritt das Haselnuß- bzw. das Mandelöl langsam aus, und die Nougatmasse bekommt eine streichfähige Konsistenz. Je feiner Sie sie zerkleinern, um so besser ist die Nougatqualität.
Zum Schluß schmelzen Sie die Schokolade und rühren sie unter die Nougatmasse. Am besten machen Sie auch dies wieder mit dem elektrischen Handrührgerät oder mit der Küchenmaschine.
Der Nougat ist nun fertig. Er läßt sich am besten verarbeiten, bevor er völlig fest geworden ist.
Natürlich können Sie auch ganze geröstete Haselnüsse oder Walnüsse dazutun.

## Heller Mandelnougat Grundrezept

500 g Mandeln
350 g Puderzucker
500 g weiße Schokolade

Dieser helle Nougat wird in der Schweiz als *Gianduja* bezeichnet.
Bei diesem Rezept wird der Puderzucker nicht geschmolzen, sondern wie bei der Marzipanherstellung nur mit den zerkleinerten Mandeln vermischt und ölig gerieben.
Der Unterschied besteht allerdings darin, daß bei der Marzipanzubereitung frische, feuchte, ungeröstete Mandeln verwendet werden. Für Nougat – auch für hellen – braucht man hingegen trockene, geröstete Mandeln.
Heller Mandelnougat hat einen besonders zarten Geschmack, ist also nicht so kräftig und intensiv wie der dunkle Haselnußnougat. Dies geht u. a. darauf zurück, daß beim hellen Nougat der Zucker nicht geschmolzen wird.
Die Mandeln werden also geschält, geröstet und gerieben, entweder in der Mandelmühle oder im elektrischen Universalzerkleinerer. Evtl. kann man sie im Backofen nachtrocknen. Dann vermischt man die geriebenen Mandeln in einer Schüssel oder einem Einmachglas mit dem Puderzucker und zerkleinert sie mit dem elektrischen Pürierstab. Es gibt wiederum eine ölig geriebene, streichfähige helle Nougatmasse. Die weiße Schokolade wird vorsichtig geschmolzen und untergerührt, weitere Verarbeitung wie beim Nußnougat.
Eine Art Türkischen Honig (vgl. *Seite 60*) erhält man, wenn man unter die helle Masse bunte kandierte Fruchtstückchen mischt.
Der noch weiche Nougat läßt sich gut mit der Spritztülle verarbeiten, z. B. zum Dekorieren oder zum Füllen von Hohlkörperpralinen.

## Schichtnougat

Er wird genauso hergestellt wie Schichtpralinen.
Beim Ausrollen können Sie die Schichtstärke des Nougats millimetergenau einhalten, wenn Sie an die Seiten der Masse Vierkanthölzer in der ge-

*Abb. 25:* Schicht-Nougat wird mit Hilfe eines Tricks absolut gleichmäßig: Verstreichen Sie die verschiedenfarbigen Schichten zwischen Leisten, die jeweils so dick wie die Schicht sind.

## Krokant

Der Name Krokant geht auf den französischen Begriff „Croquer" zurück, was soviel bedeutet wie knuspern, knabbern oder krachen.

Auch beim Krokant spielen Mandeln und Nüsse eine entscheidende Rolle; vor allem aber karamellisierter Zucker. Der einfachste Krokant besteht aus geschmolzenem, karamellisiertem Zucker und zerkleinerten Nüssen oder Mandeln. Normalerweise fügt man noch Butter hinzu, dann erhält man den typischen Hartkrokant. Wem er zu hart ist, für den gibt es auch Weichkrokant. Der gesetzlich festgelegte Mindestgehalt an Nüssen oder Mandeln beträgt 20%. Bei der Verarbeitung anderer Samenkerne wie Erdnuß oder Kokos ist eine Kennzeichnung erforderlich.

Der süßen Versuchung von Krokant kann man sich nur schwer entziehen. Wenn Sie ihn zubereiten, sollten Sie sich in der Küche einschließen, sonst ist er schneller weg, als Sie denken.

*Abb. 26:* Krokant kann keiner widerstehen.

wünschten Stärke auslegen, die das Nudelholz führen. Bei der zweiten und dritten Schicht legen Sie einfach auf die unteren Hölzchen weitere in gewünschter Stärke.

Rollen Sie den Nougat aus, solange er noch weich ist, und zwar übereinander abwechselnd eine helle und eine dunkle Schicht. Zum Schluß schneiden Sie ihn in pralinengroße Stücke und überziehen ihn mit Kuvertüre. Verzieren können Sie mit Nüssen, Mandeln usw.

Nougat kann zusätzlich verfeinert werden durch Zugabe von Butter oder Geschmackszutaten wie Pulverkaffee (das ergibt Mocca-Nougat) oder Gewürzen wie Zimt, Muskat usw.

# Hartkrokant-Grundrezept

Die Herstellung der Masse ist relativ einfach, etwas problematischer ist ihre anschließende Verarbeitung.

| |
|---|
| 250 g Puderzucker |
| 50–100 g Butter |
| 150–300 g Mandeln |

Die Mandeln sollen gehobelt bzw. blättrig geschnitten sein. Ihre Form ist keinesfalls gleichgültig, weil die Gesamtgröße ihrer Oberfläche vom Zerkleinerungsgrad abhängig ist. Der geschmolzene Zucker soll ja die Mandelstückchen völlig umhüllen, sie sozusagen in die Krokantmasse einbetten.

Die Zuckermenge, die genügt, um z. B. 100 g unzerkleinerte Mandeln zu umhüllen, reicht nicht mehr aus für die gleichen Mandeln, wenn sie zerkleinert sind. Es ergäbe sich eine bröselige Masse wie bei der Nougatherstellung. Also beachten Sie bitte stets die Rezept-Angaben.

Man verwendet für Hartkrokant immer gehobelte Mandeln; denn mit gestifteten Mandeln würde der Krokant allzu hart.

Natürlich können Sie statt Mandeln auch Nüsse oder andere Kerne verwenden. Sie müssen aber vorher immer geröstet sein und möglichst noch warm in den geschmolzenen Zucker gegeben werden, damit die Krokantmasse nicht zu plötzlich abkühlt. Sonst muß sie evtl. nochmals leicht erwärmt werden.

Die Butter schließlich gibt dem Krokant sowohl Härte als auch Geschmeidigkeit. Wenn Sie entsprechend unserem Grundrezept 50 g Butter zufügen, dann nehmen Sie auch nur 150 g Mandeln. Wenn Sie dagegen 100 g Butter zugeben, verwenden Sie bis zu 300 g Mandeln.

Vor der Herstellung lesen Sie bitte zunächst den Abschnitt „Zucker schmelzen" auf *Seite 48*. Dann wissen Sie fast schon das Wichtigste.

Wenn der Zucker geschmolzen ist, geben Sie die Butter dazu. Sie sollte etwa Raumtemperatur haben. Rühren Sie die Butter nach und nach unter, damit die Zuckermasse nicht zu plötzlich abkühlt. Anschließend fügen Sie die noch warmen, gerösteten, blättrig geschnittenen Mandeln dazu. Wenn alles genügend durchgemischt ist, breiten Sie den Krokant auf einem gebutterten Brett aus und rollen ihn. Wegen des guten Geschmacks verwenden Sie zum Fetten möglichst nur Butter.

Hartkrokant sollte relativ dünn (ca. 2 bis 3 mm) ausgerollt werden; sonst wird er zu einer Tortur für die Zähne. Solange die Krokantmasse noch heiß ist, läßt sie sich beliebig formen und ausrollen. Das Problem ist nur, daß man sich leicht die Finger verbrennt.

Krokant bleibt lange unangenehm heiß. Der Konditor ist daran gewöhnt und kühlt seine Hände zwischendurch im kalten Wasser. Für den Hausgebrauch ist es eigentlich gar nicht nötig, den Krokant zu irgendwelchen raffinierten Formen zu verarbeiten. Es genügt zunächst einfaches Ausrollen mit dem Nudelholz.

Die Unterlage und das Rollholz werden gut mit Butter eingefettet, damit der Krokant nicht festklebt. Als Unterlage ist ein gefettetes großes Holzbrett oder gebuttertes Backpapier geeignet. Von Alufolie läßt sich der Krokant ziemlich schwer wieder lösen; außerdem reißt sie zu leicht. Und Wachstuch ist auch nicht geeignet, weil der Krokant sehr heiß ist.

Rollen Sie also die Masse so dünn wie möglich aus. Wenn Sie flink genug sind – oder vielleicht auch zu zweit –, schneiden Sie ihn sofort in pralinengroße Häppchen oder stechen Formen aus. Das geht nur, solange der Krokant noch nicht richtig abgekühlt ist. Sobald er kalt wird, ist er steinhart.

Übriggebliebene Reste lassen sich gut im elektrischen Universalzerkleinerer zerkleinern. Den so entstandenen Krokantgries kann man in Nougat- oder Trüffelmasse verarbeiten oder beim nächsten Krokant-Schmelzen ganz zum Schluß wieder dazugeben. Er muß aber gut verschlossen – z. B. in einem Schraubdeckelglas – aufbewahrt werden, weil Krokant stark hygroskopisch wirkt, d. h. Wasser anzieht und dann zäh und klebrig wird.

Wenn Ihr Krokant einmal zu schnell hart geworden ist, geben Sie ihn einfach bei mittlerer Temperatur 2–3 Minuten kurz in den Backofen, dann wird er sofort wieder weich.

Die fertigen Hartkrokant-Plätzchen kann man sehr gut mit Marzipan, Nougat oder Trüffelmasse bestreichen und mit Kuvertüre überziehen. Man kann aber auch die Füllmasse mit der Spritztülle auf das Krokant-Plätzchen dekorieren oder sie einfach ganz oder teilweise mit Schokolade überziehen. Sehr raffiniert sind auch kleine Hohlkörper in Pralinen- oder Pastetengröße aus Hartkrokant.

Eine einfache Möglichkeit, sie zu falten, ist ein Rechteck aus Hartkrokant, dessen längere Seiten übereinandergeschlagen und zusammengedrückt werden. Oder man legt den warmen, ausgerollten Krokant zwischen zwei gleiche gebutterte Metallförmchen, preßt sie zusammen und erhält dadurch eine entsprechende Krokantform. Diese kann wieder mit verschiedenen Massen herrlich gefüllt und mit Kuvertüre überzogen werden.

## Weichkrokant

Anders ist es beim Weichkrokant. Er enthält so viel Sahne, daß die Zuckermasse auch im kalten Zustand weich bleibt.

Hierfür gibt es sehr viele Rezept-Varianten, bei denen Sie nur bestimmte Grundrezepte beachten müssen. Weichkrokant enthält z. B. – auf die Zuckermenge berechnet – höchstens 20% Butter. Also auf 100 g Zucker 20 g Butter; mehr Fett wäre zuviel. Außerdem rechnet man auf 2 Teile Zucker etwa 1 Teil Sahne. Daraus ergibt sich folgendes Grundrezept:

**Einfacher Weichkrokant**

500 g Puderzucker
100 g Butter
150–250 g Sahne
350 g Mandeln oder Nüsse, gehobelt

*Abb. 27:* Krokant kann man zu Platten erstarren lassen, die in jede beliebige Form geschnitten werden können. Man kann aber auch kleine Pralinen daraus formen, die wir hier zum Teil mit Kuvertüre überzogen haben.

**Weichkrokant mit Marzipan**

500 g Puderzucker
100 g Butter
150 g Sahne
200 g Marzipanrohmasse
250 g Mandeln oder Nüsse, gehobelt

**Weichkrokant mit Honig**

400 g Puderzucker
200 g festen Honig
100 g Butter
150 g Sahne
350 g Mandeln oder Nüsse, gehobelt

**Weichkrokant mit Früchten**

500 g Puderzucker
100 g Butter
150-200 g Sahne
200 g Mandeln oder Nüsse, gehobelt
  80 g kandierte Kirschen, getrocknet
  80 g Orangeat

Schmelzen Sie zunächst den Zucker (vgl. *Seite 48*), geben Sie dann die Butter nach und nach hinzu, ebenfalls die Sahne. Die gehobelten Mandeln oder Nüsse mischen Sie nach und nach dazu. Zwischendurch erst mal verrühren. Wenn Sie meinen, daß schon genügend Kerne in der Zuckermasse sind, lassen Sie den Rest einfach weg, damit die Krokantmasse nicht zu bröselig wird.

Bei der Masse mit kandierten Früchten machen Sie es umgekehrt. Geben Sie vorher alle Mandeln und Nüsse in den Krokant und erst dann die kandierten Früchte. Falls Sie davon etwas übriglassen müssen, stimmt auf jeden Fall das Mischungsverhältnis von Nüssen und kandierten Früchten. Warum, erklären wir gleich.

Meist gibt man in den Krokant Mandeln. Aber auch Haselnüsse, Walnüsse und Pistazien sind vorzüglich geeignet. Interessante Variationen für Müslifans ergeben sich bei Verwendung von Sesam, Sonnenblumenkernen usw. Alle Nüsse und Kerne müssen völlig trocken sein, bevor man sie in den geschmolzenen Zucker gibt. Sie werden also vorher geröstet. Sonst würden sie später in der fertigen Krokantmasse Feuchtigkeit abgeben und diese zähflüssig werden lassen.

Dieses Problem ergibt sich auch bei Verwendung von kandierten Früchten. Sie enthalten ziemlich viel Feuchtigkeit und müssen deshalb vorher etwa eine halbe Stunde lang im Backofen getrocknet werden; und zwar nur bei kleinster Hitze, weil sie sonst hart werden.

Die kandierten Früchte werden bereits vor dem Trocknen in nicht zu kleine Stücke geschnitten. Kandierte Kirschen schneidet man z. B. in vier Teile.

Orangeade enthält ohnehin nicht mehr viel Flüssigkeit; es braucht also nicht getrocknet zu werden.

Soll Krokant längere Zeit aufbewahrt werden, so können Sie Orangeade und kandierte Kirschen im Backofen bei 80 °C keimfrei machen. Nach unseren Erfahrungen gibt es mit der Haltbarkeit aber kaum Probleme, wenn sauber gearbeitet wird und die kandierten Früchte immer frisch aus kleinen Packungen genommen werden.

Außerdem muß bei unseren Rezepten darauf geachtet werden, daß von den kandierten Früchten nie mehr genommen wird als von Mandeln oder Nüssen.

Schließlich kann man dem Krokant noch Marzipan und/oder Honig zugeben, was besonders lecker schmeckt.

## Krokant mit Isomalt

Krokant läßt sich auch sehr einfach mit dem Zuckeraustauschstoff Isomalt herstellen (vgl. *Seite 29*). Dieser Krokant hat unter anderem den Vorteil, daß er nicht hygroskopisch ist, d. h. kein Wasser anzieht. Er kann längere Zeit gelagert werden und bleibt trotzdem knakkig.

## Hartkrokant mit Isomalt

> 300 g Isomalt
> 200 g gehackte Mandeln oder Nüsse, blättrig geschnitten

Am besten verwenden Sie dafür eine Edelstahlpfanne wie beim Zuckerkrokant beschrieben. Zunächst werden Mandeln oder Nüsse in der Pfanne unter Rühren geröstet und in eine Schüssel gegeben. Dann Isomalt in der Pfanne schmelzen. Die Temperatur brauchen Sie dabei nicht zu messen. Aber die Mischung wird heißer als bei Verwendung von Zucker. Beachten Sie die auf *Seite 48* beschriebenen Sicherheitsvorschriften.

Wenn Isomalt schmilzt, bleibt er zunächst hell. Sobald er beim Weitererhitzen zart hellbraun wird, den Topf vom Feuer ziehen und Mandeln und Nüsse unterrühren. Dadurch wird der Krokant dunkel.

## Splitterpralinen – von Mandeln bis Müsli

Sie lassen sich schnell und einfach zubereiten und sind trotzdem eine frische Delikatesse. Wenn Sie Kuvertüre temperiert haben und alle Pralinen bereits fertig überzogen sind, ist dies die ideale Resteverwertung für die übriggebliebene Kuvertüre.

Nehmen Sie einfach gestiftete Mandeln oder Haselnüsse, die Sie rösten und abkühlen lassen. Dann brauchen Sie sie nur noch in die flüssige Kuvertüre oder Schokolade zu geben und mit einem Teelöffel je eine kleine Portion auf Alufolie setzen.

Noch einfacher ist folgendes Rezept, das Sie sehr gut anstelle von Gebäck auftischen können und das in Schnelle zubereitet ist:

> 100–125 g helle oder dunkle Kuvertüre oder
> 150 g Bitter-, Zartbitter-, Milch- oder weiße Schokolade

*Abb. 28:* Splitterpralinen und Müsliriegel.

*Abb. 29:* Für die Zubereitung von Müsliriegeln gibt es gefriergetrocknete Körner: Weizen (links oben), Roggen (rechts), Graupen (unten).

## Müsliriegel mit Kuvertüre

Geeignete Müslibestandteile sind:

> Fruchtmischung oder
>   Getreideflocken (z. B. Hafer,
>   Weizen, Roggen)
> Gefriergetrocknete Getreidekörner
> Sonnenblumen-, Sesam-, Pinien-,
>   Pistazien-, Kürbiskerne
> Mandeln und Nüsse aller Art
> Trockenfrüchte
> Gefriergetrocknete Fruchtstückchen

Zuerst Getreideflocken, Kerne und Nüsse rösten, eventuell vorher zerkleinern oder ganz lassen, je nach Geschmack.

Dann Kuvertüre schmelzen und mit 20% Kakaobutter verdünnen und wie beschrieben temperieren (vgl. *Seite 94*).

> 200 g Früchtemüsli
>   30 g süße oder saure Sahne
>     oder Nougat
>   30 g Honig (bis 50 g bei Verzicht
>     auf Sahne oder Nougat)
> 2–3 geh. EL 2–3 Tage in Schnaps
>     eingelegte Sultaninen (nach
>     Belieben in Whiskey, Rum)

Die Kuvertüre oder Schokolade wird vorsichtig aufgeschmolzen. Die Temperatur ist nicht entscheidend, sollte aber ca. 60–70 °C betragen. Dahinein kommen dann der Honig und anschließend die Sahne oder der Nougat. Noch einmal kurz anwärmen und dann in die heiße, aufgeschmolzene Masse das Früchtemüsli einrühren. Gut mischen bis das Müsli überzogen ist. Zum besseren Portionieren evtl. nochmals vorsichtig erwärmen. Zum Schluß werden direkt vor dem Portionieren die Sultaninen untergemischt, damit der Alkohol nicht verfliegt. Dann die Masse mit zwei Löffeln oder einem Eiskugelformer auf Back- oder Pergamentpapier oder Backoblaten portionieren. Nach dem Erkalten lassen sich die Splitter gut vom Papier lösen.

Legen Sie auf ein feinmaschiges Gitter einen Holzrahmen.

Dann das Müsli gründlich unter die temperierte Kuvertüre rühren und in den Holzrahmen gießen und glattstreichen. Die überschüssige Kuvertüre tropft durch das Gitter auf einen Teller ab. Der fertige Riegel enthält später nur soviel Kuvertüre, wie nötig.

## Müsliriegel mit selbstgemachter Schokoglasur

Die Schokoglasur von *Seite 100* ist dünnflüssiger als Kuvertüre, wodurch die Riegel noch lockerer und leichter werden. Der Nachteil ist, daß diese Glasur an den warmen Fingern sehr schnell schmilzt. Allerdings schmeckt sie köstlich.

Wenn Sie einen Teelöffel Honig unter die warme Glasur rühren und erst dann das Müsli dazugeben, wird die Mischung etwas fester, aber auch kompakter.

## Schokoladenfrüchtchen

Diese Spezialität aus frischen Früchten mit Schokoladenüberzug oder mit einer zuckerfreien Schoko-Glasur werden Sie nirgendwo kaufen können, weil sie nur ein bis zwei Tage haltbar ist. Aber das ist ja beim Selbermachen kein Problem.

Diese Schokoladenfrüchtchen sind eine ganz besondere Köstlichkeit. Außerdem sind sie äußerst gesund und viel kalorienärmer als fast alle anderen Pralinen.

*Abb. 30:* Diese wunderbaren Schokofrüchtchen kann man nirgendwo kaufen. Für die Lagerung im Handel halten sie einfach nicht lange genug. Zu Hause werden Sie mit der Lagerung kein Problem haben; eher damit, sie vor den Leckermäulern unter Verschluß zu halten.

Und da sie auch noch sehr einfach herzustellen sind, ist die kurze Lagerfähigkeit überhaupt kein Problem. Wenn Sie jemandem etwas ganz Ausgefallenes schenken wollen, dann machen Sie doch einfach einmal Schokoladenfrüchtchen.

Sie können selbst bestimmen, ob Sie die Früchte mit klassischer Schokolade bzw. Kuvertüre überziehen wollen oder lieber mit zuckerfreier Schokoglasur. Der Glasurüberzug wird besonders dünn, weshalb die Schokoladenfrüchtchen mit Schokoglasur sehr kalorienarm sind. Das hat natürlich auch mit dem fehlenden Zucker zu tun. Leider schmilzt diese Glasur sehr leicht.

Es versteht sich von selbst, daß man für diesen kulinarischen Genuß nur ganz frische und ausgewählte Früchte nimmt. Am besten geeignet sind Früchte mit nicht allzu saftigem Fruchtfleisch und einer möglichst weichen Außenhaut. Also frische Erdbeeren, kernlose Trauben, Bananenstückchen, frische Feigen, Kirschen, Himbeeren, Brombeeren oder vorsichtig geschälte Mandarinenstückchen. Sie werden einfach in temperierte Kuvertüre (vgl. *Seite 94*) getaucht.

Kiwis, die noch relativ fest sind, Äpfel, Birnen und Aprikosen werden in Stücke geschnitten und vor dem Überziehen gründlich mit Papierküchentüchern abgetupft.

Von Johannisbeeren werden ganze Träubchen mit den Stengeln in die Kuvertüre oder Glasur getaucht. Diese Schokoladenfrüchtchen sehen sehr ungewöhnlich aus und schmecken überaus köstlich. Man kann damit Desserts dekorieren, aber auch entsprechende Torten usw.

## Dattelkonfekt

Frische oder getrocknete Datteln werden der Länge nach einseitig aufgeschlitzt und der Kern herausgenommen. An seine Stelle kommen Nougat, Marzipan oder Trüffelmasse. Anschließend wird die wieder zugedrückte Dattel mit Kuvertüre oder Glasur überzogen.

Wenn Sie Früchte nehmen wollen, die etwas mehr Saft haben, oder gar eingemachtes Obst, dann gehen Sie folgendermaßen vor:

Lassen Sie die Früchte gut abtropfen und trocknen Sie sie bei niedriger Temperatur im Backofen ein wenig an. Nachdem sie wieder abgekühlt sind, werden sie – wie oben beschrieben – mit Kuvertüre oder Glasur überzogen. Auch diese Pralinen müssen schnell verbraucht werden.

Wenn Sie die Schokoladenfrüchtchen gern besonders knusprig und knackig haben möchten, können Sie den noch warmen Schokoladenüberzug mit gerösteten Mandelblättchen, Getreideflocken, Sesamkörnern oder gehackten Sonnenblumenkernen bestreuen. Das schmeckt nicht nur gut, sondern sieht auch interessant aus.

## Trockenobst mit Schokomantel

Diese Pralinen aus Trockenobst wie Rosinen, Datteln, Feigen, Aprikosen, Äpfeln, Birnen, Bananen usw. halten sich etwas länger als die Schokoladenfrüchtchen. Sie lassen sich auch ganz problemlos überziehen und aufbewahren.

Beim Kauf des Trockenobstes sollten Sie allerdings darauf achten, daß die Früchte ungeschwefelt sind. In Reformhäusern und Bioläden gibt es inzwischen eine gute Auswahl. Außerdem können Sie Obst in einem selbstgebauten Trockenschrank leicht selbst trocknen (es gibt dafür eine ausführliche Anleitung im *Hobbythek-Buch 6*). Schließlich sind auch kandierte Früchte für diese Art der Pralinenherstellung geeignet.

## Eiskonfekt – ein cooles Vergnügen

Soll Eiskonfekt seinen Namen verdienen, muß es ein kühles Gefühl auf der Zunge auslösen.

Der wichtigste Bestandteil im herkömmlichen Eiskonfekt ist das Kokosfett. Es ist bei Zimmer- und Kühlschranktemperatur fest, schmilzt aber, sobald man es in den Mund nimmt. Es verbraucht dabei Lösungswärme, und so entsteht der beliebte Kühleffekt. Bei Xylit verhält es sich ja ähnlich (vgl. *Seite 27 f.*). Deshalb bietet es sich natürlich an, mit Kokosfett und Xylit ein besonders kühlendes Konfekt herzustellen.

## Rezept für Eiskonfekt

250 g Kokosfett
70 g Kakaopulver
80 g Magermilchpulver
300 g Puderxylit
1 Eßl. Rum oder
    ½ Meßl. Rum-Aroma
Vanille-Aroma

Abb. 31: Eiskonfekt schmeckt nicht nur herrlich, es sieht auch sehr dekorativ aus.

Alle Zutaten werden kalt mit dem elektrischen Rührgerät zusammengerührt. Durch das schnelle Rühren wird die Masse weich und läßt sich gut in Alu-Pralinenkapseln füllen. Man kann die Masse auch einfach ausgießen, im Kühlschrank fest werden lassen und dann schneiden. Eventuell in Kokosraspeln wenden.

Keinesfalls sollten Sie diese Konfektmasse über 40 °C erwärmen. Xylit und Fett können dabei eine zähe Masse bilden, die sich nicht mehr verarbeiten läßt. Deshalb die Zutaten immer nur kalt bzw. bei Zimmertemperatur verrühren. Für alle die's gerne cool mögen: am besten schmeckt das Eiskonfekt natürlich gut gekühlt.

## Konfekt aus 1001 Nacht

Zum Abschluß dieses Kapitels stellen wir Ihnen noch ein paar orientalische Schlemmereien vor. Wir beginnen mit einem Marzipan aus dem Morgenland (vergleichen Sie dazu unsere Herstellungshinweise ab *Seite 105*).

## Honigmarzipan

| 250 g geschälte Mandel |
| 1 Tr. Bittermandelaroma |
| 150 g Blütenhonig |
| 2 Eßl. Rosenwasser (siehe Bezugsquellen) |

Zerkleinern Sie die Mandeln mehlfein in einem elektrischen Universalzerkleinerer (Moulinette) und kneten Sie den Honig, das Rosenwasser und das Bittermandelaroma darunter. In einem

dichtschließenden Gefäß ist dieses Honigmarzipan im Kühlschrank ca. 3 Monate haltbar.
Wenn Sie die Hälfte der Mandeln durch Pistazien ersetzen, also 125 g Pistazien feinmahlen, dann erhalten Sie bei sonst gleichen Zutaten grünes Marzipan mit ganz feinem Geschmack.
Die Paste können Sie entweder mit der Hand formen oder mit Stechformen Figuren ausstechen.

## Badam Pistaz Barfi
**(Mandel-Pistazien-Konfekt)**

Auch bei diesem Rezept entsteht eine Art Marzipan. Sie benötigen dazu:

---
350 ml Vollmilch
125 g Honig
100 g geschälte, feingeriebene Mandeln
100 g feingeriebene Pistazien
1 Tr. Bittermandelaroma
---

Die Milch wird in einer beschichteten Pfanne aufgekocht, der Honig unter Rühren darin aufgelöst, dann geriebene Mandeln und Pistazien zugeben. Das Ganze wird so lange eingekocht, bis eine dicke Masse entstanden ist. Danach die Pfanne vom Herd nehmen und das Bittermandelaroma einrühren. Die Masse wird auf einem mit gefettetem Backpapier ausgelegten Backblech aufgestrichen und ca. 2 Stunden im Backofen bei kleiner Hitze und leicht geöffneter Backofentür getrocknet, damit die Feuchtigkeit entweichen kann. Zum Schluß wird das Konfekt in Würfel oder Rhomben geschnitten.

Ohne Trocknen eignet sich die delikate Masse als exotischer Brotaufstrich oder als Pralinenfüllung.

## Sesam-Weichkrokant mit Honig

Bei orientalischen Rezepten darf natürlich Sesam nicht fehlen. Es sind sehr gesunde und äußerst wohlschmeckende Körner, die im Orient angebaut werden (vgl. *Seite 90*).
Zur Krokantherstellung beachten Sie bitte auch *Seite 109*.

---
200 g Puderzucker
100 g festen Honig
50 g Butter
75 g Sahne
175 g gerösteten Sesamsamen
100 g Mandeln oder Nüsse, gehobelt und geröstet
---

Geben Sie den Puderzucker in einen Edelstahltopf oder eine -pfanne und schmelzen Sie ihn bei mittlerer Hitze, bis er goldgelb geworden ist. Er darf aber nicht dunkel werden, da er sonst bitter schmeckt. Nach und nach den Honig, die Butter und die Sahne dazugeben. So viel Sesamsamen und Mandeln oder Nüsse hinzugeben, bis eine ziemlich feste Mischung entsteht. Diese wird dann zu Kugeln geformt und auf Oblaten oder in Pralinenhütchen gegeben.
Einfacher aber ist es, die heiße Masse auf Backpapier auszugießen und zu schneiden.

## Sesam-Hartkrokant mit Honig und Walnüssen

---
200 g festen Honig
100 g gehackte Walnüsse
100 g Sesamsamen
---

Rösten Sie den Sesamsamen in einer trockenen heißen Pfanne und geben Sie dann den Honig und die Walnußkerne dazu.
Danach wird die Masse etwa 2 mm dünn ausgestrichen und in Würfel oder Rhomben geschnitten. Abkühlen lassen und am besten sofort essen. Sie können diesen Krokant allerdings auch luftdicht verpackt ziemlich lange aufheben.
Kakao und Schokolade waren im Orient früher nicht bekannt. Deshalb wird dieses Krokant auch nicht damit überzogen. Dadurch entsteht beim Krokant allerdings das Problem, daß er sehr schnell Wasser anzieht und klebrig wird. Deshalb ist es besonders wichtig, daß er luftdicht verschlossen aufbewahrt wird.
Und nun wünschen wir Ihnen und allen, die Sie mit diesen Köstlichkeiten beschenken, Freude am Genuß des Außergewöhnlichen. Denn vieles von dem, was wir Ihnen hier vorgestellt haben, kann man nicht kaufen.

# Konfitüren, Gelees und Marmeladen

## Ein paar Vorbemerkungen

Frische Früchte gab es früher nur zur Erntezeit. Wollte man das ganze Jahr etwas von ihnen haben, dann gab es nur die Möglichkeit, sie entweder zu Marmelade zu kochen oder das Obst einzumachen.
An die Jahreszeiten gebunden ist heute eigentlich nur noch derjenige, der Obst im eigenen Garten erntet. Im Handel gibt es das ganze Jahr über alle Arten von Früchten.
Trotzdem ist die eigene Zubereitung von Konfitüren, Marmeladen und Gelees immer noch sehr beliebt. Dies nicht zuletzt deshalb, weil man nur bei selbstgemachten Konfitüren die Möglichkeit hat, von den üblichen Rezepten abzuweichen, den Zuckergehalt zu bestimmen, sogar Zucker gegen andere Stoffe auszutauschen.
Wir stellen Ihnen in diesem Kapitel einige klassische Grundrezepte vor, die sie natürlich auch mit Zuckeraustauschstoffen kochen können. Dies ist vor allem für Diabetiker wichtig, aber auch für Kinder, deren Zähne vor Karies geschützt werden sollen. Und natürlich auch für all diejenigen, die Zucker wegen der schlanken Linie oder aus sonstigen Gründen nicht mögen.
Sie können aber auch mit Honig süßen. Möglich wird dies alles, weil bei unseren Rezepten reines Pektin als Geliermittel genommen wird (vgl. *Seite 144*). Wichtiges Prinzip unserer Rezepte ist: die Herstellung soll möglichst einfach und mit geringem Arbeitsaufwand verbunden sein. Schließlich sollen Sie die Lust am Konfitürekochen nicht verlieren.

## Zunächst ein paar Begriffe

### Konfitüre, Marmelade und Gelee

Für „Fruchtzubereitungen", die im Handel verkauft werden, gibt es eine *Konfitürenverordnung*. Was darin gesetzlich vorgeschrieben ist, gilt natürlich nicht für selbstgemachte Rezepte zum Hausgebrauch. Trotzdem kann es nicht schaden, zu wissen, was in diesem Gesetz steht.

Es wird unterschieden zwischen:

| |
|---|
| Konfitüre extra |
| Konfitüre einfach |
| Gelee extra |
| Gelee einfach |
| Marmelade |

Auf weitere Begriffe wollen wir hier nicht näher eingehen.
Die Bezeichnung „Marmelade" steht im Gesetz nur noch für Zubereitungen aus Citrusfrüchten im Sinne des englischen „marmelade". Alle anderen Zubereitungen, die wir in der Umgangssprache ebenfalls als Marmelade bezeichnen, sind nach dem Gesetz *Konfitüren*.

So weit wie der Gesetzgeber wollen wir es aber nicht treiben; nennen Sie Ihre Konfitüren ruhig wie gewohnt Marmelade.

### Fruchtpülpe (Pülpe)

Dies ist die Bezeichnung für den eßbaren Teil der ganzen, geschälten oder entkernten Frucht in ungeteiltem, in Stücke geschnittenem oder grob zerkleinertem Zustand. Zur Konservierung der Pülpe sind folgende Konservierungsmittel bis zu einem Anteil von 0,25% zugelassen:

| |
|---|
| Schwefeldioxid |
| schweflige Säure oder deren Salze |

### Einige Bestimmungen aus der Konfitürenordnung

Konfitüren, Gelees und Marmeladen müssen im fertigen Zustand mindestens 60% Gewichtsanteile an löslicher Trockenmasse enthalten. Dies dient vor allem dem Zweck, daß die Konfitüre auch nach Anbruch des Glases eine gewisse Zeitlang haltbar bleibt.
Für die verschiedenen Konfitürearten ergeben sich daraus folgende Mischungsverhältnisse:

---

*Abb. 1:* Nur bei selbstgemachten Konfitüren können Sie bestimmen, daß die besten Früchte verarbeitet werden, ob und wieviel Zucker darin enthalten sein soll usw. Wir selbst essen inzwischen nur noch selbstgemachte Konfitüren, Marmeladen und Gelees.

**Konfitüre extra**
Streichfähige Zubereitung, aus Zuckerarten und Pülpe
a) einer Fruchtart oder
b) mehrerer Fruchtarten mit Ausnahme von Äpfeln, Birnen, nicht steinlösenden Pflaumen, Melonen, Wassermelonen, Weintrauben, Kürbissen, Gurken, Tomaten,
unter Verwendung folgender Mindestmengen an Pülpe pro 1000 g Erzeugnis hergestellt:
350 g bei schwarzen Johannisbeeren, Hagebutten und Quitten
250 g bei Ingwer
80 g bei Passionsfrüchten
450 g bei anderen Früchten

Im Klartext heißt das nichts anderes, als daß 1 kg *Konfitüre extra* bei Verwendung von Passionsfrüchten nur 80 g (= 8%) Fruchtanteil enthalten muß! Noch weniger ist es bei *einfacher* Konfitüre. Da reichen 6% Passionsfruchtanteil.

*Abb. 2:* Pektine kommen natürlicherweise in verschiedensten Früchten vor; unter anderem auch in Äpfeln.

# Pektine

Entscheidend bei den verschiedenen Fruchtzubereitungen ist, daß sie gelieren. Nichts ist lästiger als eine Marmelade, die einem ständig vom Brot kleckert oder an den Fingern hinabläuft.
Zum Gelieren verwenden wir ausschließlich Pektin.
Pektine sind gelbildende Stoffe. Sie gehören zu den Grundsubstanzen, mit denen sich die Pflanzen Struktur geben. Sie sind am Aufbau der Lamellen und der Zellwände beteiligt. Sie schaffen gallertartige bzw. gelförmige Zwischenmassen und binden Pflanzeninhaltsstoffe wie z. B. Fruchtsäfte, die sonst zu flüssig wären. Deshalb besitzen alle Früchte hohe Pektinanteile. Dies gilt vor allem für Äpfel, Quitten, Johannisbeeren, Himbeeren usw.
Einen hohen Pektingehalt haben aber auch Zitrusfrüchte wie Orangen, Zitronen und Pampelmusen. Das macht man sich bei der Gewinnung von Pektin zunutze. Man zieht es aus Zitrusfrüchten, aber auch aus Äpfeln heraus, wobei es ein Vorteil ist, daß das meiste Pektin in den Schalen und Kerngehäusen enthalten ist, also in den Fruchtteilen, die bei der Obstsaftgewinnung sowieso als Abfall anfallen.

Trotzdem ist Pektin ein nicht gerade preiswerter Gelbildner; dafür aber ein sehr hochwertiger. Ein Pektingelee hat z. B. besondere Eigenschaften, die sich durch keinen anderen Gelbildner nachahmen lassen. In der entsprechenden Lebensmittelverordnung ist für Gelieren von Marmeladen, Konfitüren und Gelees auch nur Pektin zugelassen. Wäre ein anderer Gelbildner enthalten, so dürfte das fertige Produkt nicht mehr Konfitüre heißen.
Weitere Anwendungsgebiete für Pektin sind Süßigkeiten wie z. B. Geleefrüchte oder Geleebananen. Pektin wirkt außerdem aber auch als *Kristalli-*

sationshemmer. Deshalb gibt man es in geringen Mengen dem Speiseeis zu.
Ihre gelbildende Wirkung erhalten die Pektine durch die Fähigkeit einzelner Moleküle, sich zu Ketten zusammenzufügen. Pektin besteht eigentlich aus einer langen Kette von Einzelbausteinen. Es ist ein natürliches Polymer, wie fast alles, was Leben schafft und erhält (vgl. *Abbildung 3*). Das Ausgangsmolekül ist die sogenannte *Galakturonsäure*, ein Kohlehydrat und wichtiger Baustein in der Natur. Diese Einzelbausteine sind beim Pektin in einer langen Kette aneinandergereiht.
Nun unterscheiden wir aber zwischen zwei Pektinarten: dem hochveresterten und niederveresterten Pektin.
*Hochverestert* heißt, daß in der Kette auch Salze der Galakturonsäure stekken. Ein Ester ist nämlich gleichzeitig – chemisch gesehen – auch eine Art organisches Salz. Hochverestert heißt weiter, daß viele Esterbausteine in der Kette vorhanden sind.
*Niederverestert* bedeutet, daß in der Kette weniger Ester- und Galakturonbausteine enthalten sind. Sie sehen das auf der *Abbildung 3* ganz deutlich.
Damit das Pektin eine Konfitüre zum Gelieren bringt, muß es allerdings noch Brücken bauen. Die Stellen, an denen die Ketten aneinanderkleben, sehen Sie auf der *Abbildung 3*. Es entsteht so ein gerüstähnliches Netzwerk, in dem Flüssigkeiten, wie z. B. unsere Fruchtsäfte, eingefangen werden können. Auf deutsch: Es entsteht ein Gel.
Bei *hochverestertem* Pektin entstehen diese Verbindungen durch Wasserstoffbrücken zwischen den Bausteinen. Dazu ist aber die Anwesenheit von *Zucker* erforderlich. Bei *niederverestertem* Pektin werden die Ketten durch Calciumatome verklebt, wofür man nicht unbedingt Zucker, aber Calcium braucht. Deshalb haben wir in unseren Rezepten immer dann, wenn wir niederverestertes Pektin verwenden, stets auch ein Calciumsalz als Zusatz angegeben. In unserem Fall ist es Calciumcitrat.
Calcium ist übrigens auch ein wichtiger Mineralstoff für den menschlichen Körper. Sie schlagen also zwei Fliegen mit einer Klappe. Denn Sie bessern Ihren Calciumhaushalt auf und gleichzeitig kommen Sie mit viel weniger oder gar ohne Zucker aus.

## Die verschiedenen Pektinarten

**Pektin HVG** (Pektin **H**och**V**erestert für **G**eleefrüchte):
Dies ist das normale Pektin, das nur in Gegenwart von genügend Zucker geliert. Außerdem braucht es einen ph-Wert von 3 bis 3,5, um zu gelieren. Enthalten die Früchte zuwenig eigene Säure, muß Zitronensäure zugefügt werden.
Dieses Pektin empfehlen wir für Konfi-

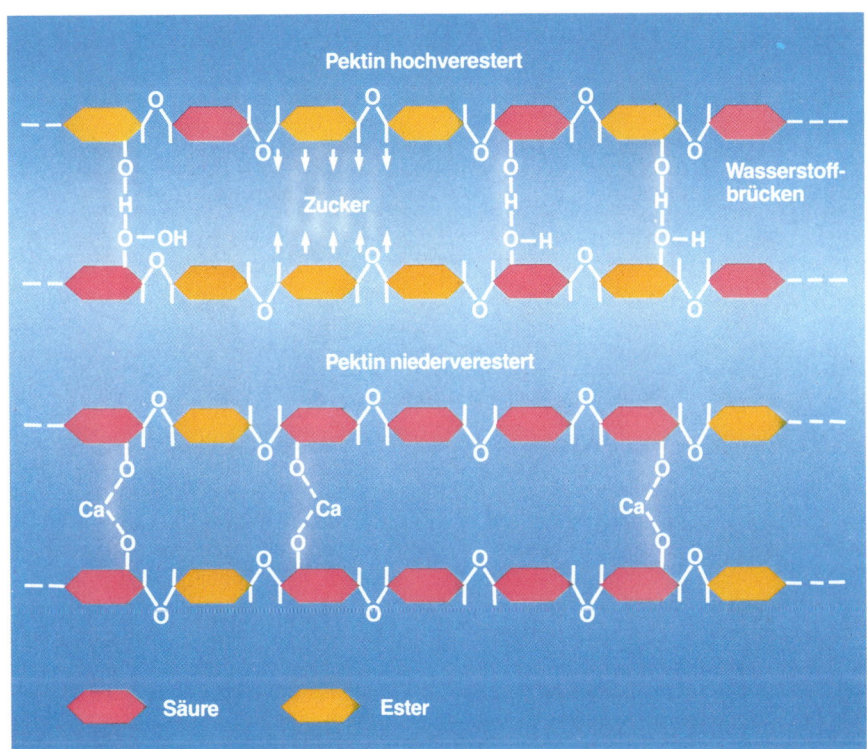

*Abb. 3:* Der chemische Aufbau von hochverestertem und niederverestertem Pektin.

türen, Marmeladen und Gelees mit entsprechend hohem Gehalt an Zucker oder Zuckeraustauschstoffen und zur Herstellung von Geleefrüchten und weiteren Süßigkeiten. Auch als Kristallisationshemmer beim Speiseeis wird es eingesetzt.

**Pektin NVM (NiederVerestert für Marmelade):**
Das von uns hauptsächlich für Marmelade mit wenig bzw. ohne Zucker empfohlene Pektin, das auch ohne Zucker gelieren kann, statt dessen aber unbedingt Calcium benötigt. Auf 5 Teile Pektin NVM kommt 1 Teil Calciumcitrat. Der Säuregehalt spielt hier keine so große Rolle wie beim hochveresterten Pektin.

**Pektin NVF (NiederVerestert für Fruchtdesserts):**
Dieses Pektin ist dem Pektin NVM sehr ähnlich; allerdings eine besonders sorgfältig ausgewählte Sorte für einen speziellen Zweck. Ein Superfruchtdessert können Sie damit herstellen. Frumi haben wir es genannt (das Rezept finden Sie ab *Seite 142*).

## Pektine und Gesundheit

Pektine sind im ernährungsphysiologischen Sinne *Ballaststoffe*; denn sie können nicht oder nur in ganz beschränktem Maße verdaut werden. Deshalb haben sie auch kaum Kalorien, im Gegensatz zur Gelatine etwa.
Pektine gelangen durch den Magen und Dünndarm nahezu unverändert in den Dickdarm. Dies bedeutet aber nicht, daß sie keine Funktionen erfüllen. Im Gegenteil: Sie besitzen dadurch Eigenschaften, die sie für medizinische Zwecke geeignet machen. Sie wirken z. B. positiv bei Stuhlverstopfung.
Ballaststoffe wie Pektin können auch — so jedenfalls die Vermutung — *Dickdarmkrebs* vorbeugen, indem sie krebserregende Stoffe wie bestimmte Amine und Abbauprodukte der Gallensäuren binden. Durch die Erhöhung des Stuhlgewichts verringert sich die Konzentration dieser Substanzen im Stuhl, und die Durchlaufzeit und Kontaktzeit der krebserregenden Stoffe mit der Darmwand wird verkürzt.
Interessante Eigenschaften besitzt das Pektin auch für Menschen, die einen *hohen Cholesterinspiegel* im Blut haben. Es bindet Gallensäuren, die der Organismus vermehrt bilden muß, damit eine normale Zusammensetzung der Gallenflüssigkeit aufrechterhalten bleibt. Für diese Gallensäurebildung wird vor allem Cholesterin benötigt. Allerdings setzt dies höhere Gaben von Pektin voraus; und zwar vermutlich mehr als 15 g Pektin pro Tag, was aber kein Problem darstellt, denn Pektin läßt sich sehr leicht in Getränken vermischt einnehmen.
Es gibt Wissenschaftler, die dem Pektin wie anderen Gelbildnern (Guarmehl, Alginat) eine auf den Dick- und Dünndarm bezogene krebsverhütende Wirkung zuschreiben (mehr dazu finden Sie in unserem Hobbythek-Buch „*Gesundheit mit Kräutern und Essenzen*"). Sogar bei akutem *Dünndarmkatarrh* sind Pektine angezeigt. Außerdem bei Durchfall, weil dieser Gelbildner die krankheitserregenden Mikroorganismen und deren giftige Zersetzungsprodukte absorbieren und die damit verbundene höhere Produktion von Flüssigkeit binden kann. Ein Vorteil dabei ist, daß die Pektine nicht nur von den Verdauungssäften des Magens und Dünndarms unbeeinflußt sind, sondern auch von den Fäulniserregern nicht angegriffen werden können. Insofern *entgiftet* Pektin und beugt einem zu großen Wasserverlust des Körpers vor. Gleichzeitig werden die Darmschleimhäute durch einen gallertartigen Überzug geschützt.
Auf dieser Wirkung von Pektin beruht vermutlich auch der alte Brauch, Verdauungsstörungen von kleinen Kindern oder Säuglingen mit rohen Äpfeln zu behandeln. Allerdings stört hier die Fruchtsäure der Äpfel, die den Darm reizen kann, was der positiven Wirkung entgegensteht. Dies ist bei reinen Pektingaben nicht zu erwarten.
Trotz dieser Eigenschaften verstopft Pektin nicht — im Gegenteil, es wirkt auch bei Verstopfung regulierend. Bei der Einnahme von Pektin muß allerdings darauf geachtet werden, daß genügend Flüssigkeit mit zugeführt wird. Deshalb empfiehlt es sich, Pektin in etwas Tee oder lauwarmes Wasser einzurühren und als Brei zu essen. Unser niederverestertes Pektin — von der Hobbythek *Pektin NVM* genannt — ist dafür besonders gut geeignet. Außerdem braucht es zu seiner Wirkung, wie schon erwähnt, Calcium. Ein Mineralstoff, der bei Durchfall sogar zusätzlich positiv wirkt.
Dafür gleich ein Rezept:

---

Nehmen Sie bei Durchfallerkrankungen:
5–10 g *Pektin NVM* (= 2½–5 Meßl.) und vermischen es mit genau einem Fünftel der Menge Calciumcitrat.
Bei 5 g Pektin wären das 1 g (= 1 Meßl.) Calciumcitrat.

---

Rühren Sie dies in eine Flüssigkeit wie Fenchel- oder Anistee oder auch einfach in lauwarmes Wasser. Wichtig ist genügend Flüssigkeit; 50–100 ml sollten es schon sein. Mit etwas Fruchtaroma und 1 Tropfen Süßstoff können Sie es z. B. für Kinder schmackhafter machen. Nehmen Sie diese Mischung etwa 2- bis 3mal täglich. Sie werden sehen, der einfache Durchfall ist im Nu überwunden. Hält er länger an, dann suchen Sie umgehend den Arzt auf. Denn es kann auch eine organische oder bakterielle Ursache für den Durchfall geben; etwa eine Salmonellenerkrankung, die durch solche einfachen Mittel natürlich nicht zu beheben ist.

Pektin wird übrigens auch in Salben und Cremes von der Pharmaindustrie eingesetzt.

Über das Thema *Schlankbleiben und Pektine* erfahren Sie mehr ab *Seite 144*.

## Welche Stoffe für die Konfitüre noch wichtig sind

### Calciumcitrat

Calciumcitrat ist ein Salz der Zitronensäure. Calcium ist ein wichtiger Mineralstoff. Wenn Sie es in Ihren Marmeladen mit Pektin NVM verwenden, haben Sie einen willkommenen Nebeneffekt; denn vor allem Menschen, die wenig Milch trinken oder Käse essen, haben häufig Calciummangel. Im Alter ist dies besonders häufig der Fall.

### Natriumcitrat

Ein Natrium-Salz der Zitronensäure, das bei der Herstellung von *Frumi* (vgl. *Seite 142*) dem Pektin NVF zugesetzt wird. Das Natriumcitrat ist eine für den Körper völlig unschädliche Substanz.

### Zitronensäure

Sie kommt als Fruchtsäure hauptsächlich in Citrusfrüchten vor und hat daher ihren Namen. Im menschlichen Organismus spielt sie eine wichtige Rolle (vgl. Zitronensäuregaben; *Seite 18*).

*Abb. 4:* Zitronensäure können Sie in Pulverform kaufen. Sie kommt als Fruchtsäure hauptsächlich in Zitrusfrüchten vor.

Sie wird industriell hergestellt, indem man Zucker mit Hilfe bestimmter Schimmelpilze gären läßt.

Zitronensäure wird oft anstelle von Zitronensaft oder Essig zum Säuern von Lebensmitteln verwendet. Bei der Herstellung von Süßigkeiten, wo sie stets den Fruchtgeschmack unterstützt, braucht man sie in konzentrierter Form. Man nimmt dann kristalline Zitronensäure. Sie ist leicht wasserlöslich, und man kann sie im Verhältnis 1 : 1 mit Wasser aufgelöst zugeben, damit sie sich besser verteilt.

Wenn Sie Geleefrüchte mit *hochverestertem Pektin* kochen wollen, dann erreichen Sie erst durch Zugabe von

Zitronensäure, daß das Ganze geliert. Ähnlich ist es bei der Marmelade- bzw. Konfitüreherstellung. Bei Rezepten mit *Pektin HVG* ist es sehr wichtig, genügend Zitronensäure hinzuzugeben.

Reine Zitronensäure ist immer kristallin. Man unterscheidet allerdings zwei Sorten: die *wasserhaltige* und die *wasserfreie* Zitronensäure.

Die *wasserhaltige* Zitronensäure hat einen geringen Restgehalt an Wasser, was ihr die leider etwas störende Eigenschaft verleiht, weiteres Wasser anzuziehen. Sie klumpt deshalb leicht. Die *wasserfreie* Zitronensäure ist chemisch etwas anders konstruiert und zieht deshalb kein Wasser an. Das spielt zwar eine Rolle bei langer Lagerung; für unsere Rezepte können aber beide Arten in gleicher Weise verwendet werden.

## Äpfelsäure

Äpfelsäure kommt in verschiedenen Fruchtarten vor; hauptsächlich aber in sauren Äpfeln. Sie ist schwächer als die Zitronensäure, und deshalb muß man von ihr fast die doppelte Menge nehmen. Ihr Vorteil ist, daß sie besonders gut schmeckt. Deshalb empfehlen wir sie in vielen Rezepten.

In der Lebensmittelindustrie spielt sie eine geringe Rolle, weil sie vergleichsweise teuer ist.

## Zuckeraustauschstoffe und Süßstoffe

(Eine ausführliche Beschreibung dieser Stoffe finden Sie ab Seite 27).

## Kaliumsorbat

Kaliumsorbat ist ein unbedenklicher, für Lebensmittel zugelassener *Konservierungsstoff* – nach dem Urteil von Fachleuten das mildeste Konservierungsmittel, das es gibt. Es ist das Salz der Sorbinsäure und wird mit der Nummer E 202 in Lebensmitteln, in denen es enthalten ist, gekennzeichnet. Sorbinsäure hat die Bezeichnung E 200. Reines Kaliumsorbat ist ein weißes Pulver, das licht- und sauerstoffempfindlich ist und deshalb gut verschlossen in dunklen Gefäßen aufbewahrt werden muß.

Weil es nur in geringer Dosierung verwendet wird, bekommen Sie es als bereits vorverdünnte wäßrige Lösung zu kaufen, die 17% Kaliumsorbat enthält. Diese flüssige Lösung läßt sich wesentlich leichter abmessen.

*Sorbinsäure* wird auch von kritischer Seite als der ungefährlichste Lebensmittelkonservierungsstoff angesehen. Wichtig ist der *pH-Wert* der Produkte, die mit Kaliumsorbat konserviert werden sollen. Kaliumsorbat wirkt am besten bei pH5; bei höherem pH-Wert wird es unwirksam.

Am besten ist es natürlich, auf Konservierungsstoffe ganz zu verzichten. Wenn Sie es trotzdem wünschen, hier die Dosierung:

| Auf 1000 g Marmelade geben Sie 2,5–5 ml (= 1–2 Meßl.) Kaliumsorbatlösung 1 : 5 (17%ig) |
|---|

Geben Sie die Kaliumsorbatlösung in die kochende Marmelade, verrühren Sie sie gleichmäßig und füllen sie dann in die Gläser.

In Konfitüren und Marmeladen des Handels ist es ebenso enthalten wie in Gelierzucker für Konfitüren mit reduziertem Zuckergehalt.

Kaliumsorbat setzen wir übrigens auch als Konservierungsmittel für selbstgemachte Zahnpasta ein; allerdings in höherer Dosierung (vgl. *Hobbythekbuch „Gesundheit mit Kräutern und Essenzen", Seite 167*).

## Die Früchte

Verwenden Sie heimische Früchte vor allem während der Erntezeiten. Dann sind sie besonders wohlschmeckend und preiswert. Importierte Obstsorten gibt es das ganze Jahr über. Allerdings ist das Obst, das man außerhalb der Erntezeit kauft, wesentlich teurer und häufig auch im Geschmack nicht so gut. Deshalb wird in den Sommermonaten auch viel frisches Obst eingefroren. Daraus können Sie später natürlich genausogut Marmeladen kochen wie aus frischen Früchten.

Wichtig ist, daß Sie stets einwandfreies, gewaschenes Obst ohne Schimmel- oder Fäulnisstellen verwenden. Zum Marmeladekochen darf keinesfalls angegammeltes Obst genommen werden, das nicht mehr frisch genug zum Rohessen ist. Am besten geeignet sind frisch gepflückte Früchte oder solche, die nach dem Pflücken schnellstens tiefgefroren wurden. Wenn Sie Fallobst einkochen, müssen beschädigte Stellen großflächig herausgeschnitten werden. Lassen Sie gewaschene und geschnittene Früchte nicht stundenlang herumstehen, sondern verarbeiten Sie alles so schnell wie möglich. Unsere Rezepte sind so einfach, daß das kein Problem ist.

*Abb. 5:* Nehmen Sie für Ihre Konfitüren, Marmeladen und Gelees nur die besten Früchte — möglichst zur Erntezeit. Die fertigen Konfitüren halten sich im geschlossenen Glas mindestens bis zur nächsten Ernte.

| | Kilojoule (kJ) pro 100 g Obst | Natürlicher Zuckergehalt pro 100 g Obst | Apfelsäure pro 100 g | Zitronensäure pro 100 g | Oxalsäure pro 100 g | Erntezeit bzw. beste Jahreszeit |
|---|---|---|---|---|---|---|
| Ananas | 236 | 12,3 g | 90 mg | 630 mg | – | ganzjährig |
| Äpfel | 211 | 10,2 g + 0,6 g Sorbit | 550 mg | 16 mg | – | Aug.–Okt. |
| Aprikosen | 182 | 7,7 g + 0,8 g Sorbit | 1000 mg | 400 mg | 7 mg | Juni–Aug. |
| Bananen | 383 | 18,6 g | 360 mg | 270 mg | – | ganzjährig |
| Birnen | 189 | 8,3 g + 1,4 g Sorbit | 170 mg | 140 mg | 6 mg | Aug.–Okt. |
| Brombeeren | 186 | 8,8 g | 900 mg | 18 mg | – | Juli–Sept. |
| Cherimoya | 265 | 13,4 g | | | | |
| Erdbeeren | 132 | 5,2 g + 30 mg Sorbit/30 mg Xylit | 140 mg | 870 mg | 16 mg | Mai–Juli |
| Grapefruit | 164 | 7,4 g | 180 mg | 1370 mg | | Okt.–März |
| Hagebutten | 383 | 16,2 g | 3100 mg | | | Aug.–Okt. |
| Heidelbeeren (Blaubeeren) | 360 | 18,2 g + 4 mg Sorbit/2 mg Xylit | 850 mg | 520 mg | – | Juli–Aug. |
| Himbeeren | 165 | 4,0 g + 9 mg Sorbit/3 mg Xylit | 40 mg | 1720 mg | 16 mg | Juli–Aug. |
| Holunderbeeren | 166 | 6,5 g | | total 900 mg | | Aug.–Okt. |
| Johannisb., rot | 154 | 5,7 g | 290 mg | 2070 mg | 10 mg | Juli–Sept. |
| Johannisb., schwarz | 191 | 7,0 g | 410 mg | 2880 mg | – | Juli–Sept. |
| Kirschen, süß | 243 | 11,8 g | 940 mg | – | 7 mg | Juni–Juli |
| Kirschen, sauer | 206 | 8,7 g | 1800 mg | – | 5 mg | Juli–Aug. |
| Kiwi | 195 | 7,9 g | 500 mg | 990 mg | Quinic Acid 960 mg | |
| Kumguat | 270 | | | | | |
| Kürbis | | | | | | Aug.–Okt. |
| Mandarinen | 195 | 10,1 g | | | | Okt.–März |
| Mango | 239 | 12,5 g | 75 mg | 300 mg | 40 mg | |
| Mirabellen | 269 | 14,0 g | 890 mg | – | 11 mg | Juli–Aug. |
| Nektarinen | | | | | | |
| Orangen | 182 | 8,3 g | 160 mg | 1060 mg | – | Okt.–März |
| Papaya | 52 | 2,3 g | 29 mg | 30 mg | | |
| Pfirsiche | 164 | 7,9 g + 0,3 g Sorbit | 330 mg | 240 mg | – | Juli–Sept. |
| Pflaumen | 216 | 7,6 g + 3,19 g Sorbit | 1220 mg | 35 mg | 12 mg | Juli–Sept. |
| Preiselbeeren | 111 | 3,9 g | 260 mg | 1100 mg | – | Aug.–Okt. |
| Quitten | 165 | 7,2 g | 930 mg | | | Aug.–Okt. |
| Reineclauden | 239 | 12,3 g | 1250 mg | – | – | Juli–Sept. |
| Rhabarber | | | | | | |
| Sanddornbeeren | 387 | 3,3 g | | total 1950 mg | | Sept.–Nov. |
| Stachelbeeren | 193 | 9,0 g | 720 mg | 720 mg | 19 mg | Juli–Aug. |
| Weintrauben | 286 | 15,0 g | 540 mg | 530 mg Weinsäure | 8 mg | Sept.–Okt. |
| Zitronen | | 3,2 g | – | 4900 mg | – | |
| Zuckermelonen | 231 | 12,4 g | 50 mg | 75 mg | – | |
| Zwetschgen | | | | | | Aug.–Okt. |

*Tabelle:* Verschiedene Fruchtarten und ihr Gehalt an Zucker und Säure sowie die Erntezeit.

# Der Säure- und Pektingehalt der Früchte

Die natürliche Säure, die allen Früchten den erfrischenden Geschmack verleiht, spielt eine wichtige Rolle, wenn Sie herkömmliche Marmelade mit 50% Zuckergehalt und hochverestertem Pektin HVG kochen wollen. Dieses Pektin braucht nicht nur reichlich Zucker, sondern auch noch genügend Säure, um zu gelieren. Wie in nebenstehender Tabelle nachzulesen, gibt es Früchte, die reichlich eigene Säure haben, wie z. B. Johannisbeeren, Stachelbeeren, Heidelbeeren, Preiselbeeren, Pflaumen und Zwetschgen. Aber es gibt auch Früchte mit sehr wenig eigener Säure. Dazu zählen die Holunderbeeren und die Hagebutten.

Bei den Rezepten mit *hochverestertem Pektin* (HVG) wird das berücksichtigt, indem man fehlende Säure durch Zugabe von Zitronen- oder Apfelsäure ausgleicht. Schwieriger wird es bei den natürlichen Schwankungen der Obstsorten von Jahr zu Jahr. Da kann es passieren, daß Obstsorten, die normalerweise genügend eigene Säure enthalten, plötzlich nicht gelieren, weil sie weniger Säure haben. Dann hilft die hinzugegebene Säure. In Ausnahmefällen kann auch zuviel Säure enthalten sein, wodurch die Gelierung ebenfalls beeinträchtigt wird. (Übrigens ist Zitronensäure fast doppelt so sauer wie Apfelsäure, das muß natürlich im Rezept berücksichtigt werden.)

Bei allen Rezepten mit *niederverestertem Pektin* (NVM) spielt der Säuregehalt eine nebensächliche Rolle. Trotzdem schadet es nicht, etwas Säure hinzuzugeben, denn das kann den Geschmack verbessern.

Außerdem enthalten Früchte eigenes Pektin. (Bei den Rezepten mit wenig Zucker wirkt sich das allerdings nicht aus.)

Besonders *pektinreich* sind Quitten, Äpfel, Zitrusfrüchte, aber auch Johannisbeeren und Stachelbeeren – alles Sorten, die besonders leicht gelieren. Einen besonders *geringen Pektingehalt* haben dagegen Erdbeeren, Kirschen und Weintrauben, aber auch Rhabarber.

*Abb. 6:* Konfitüren lassen sich aus nahezu sämtlichen Obstsorten kochen.

## Marmelade- und Konfitürekochen leichtgemacht

Wir wollen uns beim Selbstgemachten nicht an die strenge Unterscheidung des Gesetzgebers zwischen Konfitüren und Marmeladen halten. Sie dient in der Industrie der Einhaltung bestimmter Qualitätsstandards. Zu Hause aber produzieren Sie ohnehin nur allererste Qualität.

Schließlich dürfen nach der Lebensmittelverordnung alle Produkte mit reduziertem Zuckeranteil nicht als Konfitüre bezeichnet werden. Auch das soll uns hier nicht weiter interessieren; denn wir sehen in einem reduzierten Zuckeranteil durchaus ein Qualitätsmerkmal. Wichtig ist nur, daß jede Konfitüre mit geringerem Zuckergehalt als üblich auch eine kürzere Haltbarkeitsdauer hat. Diese geringere Haltbarkeit setzt allerdings erst dann ein, wenn ein Glas geöffnet worden ist.

## Wieviel Zucker oder Zuckeraustauschstoffe sollen in die Konfitüre?

Rezepte für herkömmliche Konfitüren und ganz normale Marmeladen nach Großmutters Art sind eigentlich altbewährt. Nur — müssen wir leider sagen — haben diese Marmeladen einen Haken. In der Regel bestehen sie fast zu zwei Dritteln aus Zucker. Wenn Sie sich diese Marmeladen aufs Brot streichen, dann ist das sehr oft fast der reine Zucker. Genauer gesagt, 60 bis 70%

*Abb. 7:* Die trockenen Bestandteile unserer Rezepte lassen sich besonders innig vermischen, indem man sie in ein Schraubglas gießt und schüttelt. Zum Beispiel mischt man auf diese Weise Zucker oder Zuckeraustauschstoffe mit Pektin für die Marmeladenzubereitung oder Zucker mit Alginat bei der Eisherstellung usw.

Zucker, 10% Trockenmasse aus den Früchten und 25 bis 30% Wasser. Entsprechende Beispiele nach der „Konfitürenordnung" haben wir Ihnen ab *Seite 119* vorgeführt.

Der hohe Zuckergehalt kommt daher, daß es immer schon gang und gäbe war, Zucker und Früchte halbe/halbe zu nehmen. Dann wurde noch kräftig — oft stundenlang — eingekocht. So ist es kein Wunder, daß die Marmeladen vor Zucker nur so strotzen. Allerdings hatte das auch einen Vorteil: Die Marmeladen wurden durch den hohen Zuckergehalt haltbar — auch ohne sonstige Konservierungsmethode, wie z. B. Einwecken.

Die meisten gekauften Konfitüren haben heute noch solche hohen Zuckerwerte. Nicht zuletzt deshalb, weil Zucker in der Regel viel billiger ist als Früchte. So ist es kein Wunder, daß Marmeladenliebhaber Gefahr laufen, schon beim Frühstück viel zuviel Zucker zu sich zu nehmen. Die Zuckerindustrie hat diese Problematik inzwischen erkannt. Sie bietet deshalb seit einiger Zeit einen Gelierzucker 2 : 1 an, der eine Marmelade aus zwei Teilen Früchten und einem Teil Zucker zuläßt. Da Konfitüren sich bei diesem Verhältnis aber nicht mehr selbst konservieren, wurde noch der Konservierungsstoff *Sorbinsäure* zu dem Gelierzucker hinzugefügt. Das können Sie jeweils auf der Packung lesen. Sorbinsäure ist zwar ebenso wie Kaliumsorbat ein besonders milder Konservierungsstoff, aber nicht jedermanns Sache.

Konfitüre mit mindestens 60% Zucker, ist auch im angebrochenen Glas sehr lange haltbar. Bei reduziertem Zuckergehalt kann die Konfitüre jedoch relativ schnell verderben; allerdings erst, sobald das Glas geöffnet ist. Dann hält sie sich im Kühlschrank etwa 2 Wochen. Im richtig verschlossenen und nach Vorschrift heiß abgefüllten Glas ist auch der Inhalt mit wenig Zucker weit über ein Jahr haltbar. Wir haben es ausprobiert. Bei unseren Rezepten können Sie selbst entscheiden, ob Sie konservieren wollen oder nicht. Wir meinen aber, daß es unnötig ist. Füllen Sie die Konfitüre mit reduziertem Zuckeranteil in kleine Gläser, die nach Anbruch im Kühlschrank aufbewahrt werden.

Der große Vorteil der „Konfitüren à la Hobbythek": Wir kommen — wenn Sie es möchten — mit noch weniger Zucker aus; und zwar im Verhältnis Frucht zu

Zucker von 3:1 oder sogar 4:1. Wir finden, daß diese Marmeladen genausogut oder vielleicht wegen des fruchtigen Geschmacks noch besser schmecken als die süßeren.

Außerdem haben wir für Diabetiker zuckerfreie Konfitüren mit den Zuckeraustauschstoffen Fruchtzucker, Sorbit oder Xylit entwickelt. Für alle, die auf die schlanke Linie achten wollen, haben wir sogar Konfitüren ganz ohne Zucker und Zuckeraustauschstoffe anzubieten. Sie sind auf der Basis von Süßstoffen hergestellt.

## Zu den Zuckeraustauschstoffen

Ausdrücklich hinweisen möchten wir darauf, daß Zuckeraustauschstoffe keineswegs kalorienfrei sind und bei nicht daran gewöhntem Verdauungsapparat zu Beginn Durchfall auslösen können (vgl. *Seite 27 ff.*). Um dies abzuschwächen, können Sie die Austauschstoffe auch mit *Süßstoffen* mischen. Wichtig ist, daß Sie die entsprechende Zuckeräquivalent-Menge insgesamt erreichen. Hier ein Beispiel:
Nehmen wir an, Sie benötigen 100 g Zucker für ein Rezept. Dann können Sie durchaus eine Mischung von 20 g Xylit oder Sorbit + S usw. wählen und die restlichen 80 g Zuckeräquivalent mit Süßstoffen ergänzen (vgl. unser Rezept auf *Seite 36*).
Wegen der fehlenden Zuckertrockenmasse wird nur das niederveresterte Pektin NVM verwendet.
Wenn Sie sich ausschließlich für Süßstoffe entscheiden, dann empfehlen wir zur knotenfreien Vermischung des Pektins mit dem Fruchtmark unsere Alkohol-Methode.
Das niederveresterte Pektin wird mit dem Alkohol vermischt und unter kräftigem Rühren in die kochende Früchtemasse gegeben. Erst später das Calciumcitrat mit etwas Wasser zu einem Brei vermischen und ebenfalls hineingeben.
Bei der Dosierung der Süßstoffe gehen wir – wie erwähnt – vom *Zuckeräquivalent* aus.
Sie können Süßstoff-Tabletten verwenden und dabei berücksichtigen, daß eine Tablette etwa 1 bis 1,1 g Zucker entspricht. Das heißt, 100 g Zucker können Sie mit etwa 20–25 Tabletten ersetzen.
Preiswerter ist die *flüssige* Form der Süßstoffe. In der Regel sind den Packungen Meßkegel beigegeben, mit denen Sie die dem Zucker entsprechende Menge sehr gut dosieren können.
Bei dem neuen Süßstoff *Acesulfam* gibt es derzeit nur ein festes Kombinationspräparat mit Saccharin-Cyclamat in Tablettenform (vgl. Tabelle, *Seite 39*). In den Läden, die die Hobbythekzutaten führen, können Sie aber dieses Acesulfam in reinkristallinem Zustand kaufen. Es sieht aus wie Zucker, hat aber die 200fache Süßkraft! Um es dosierbar zu machen, müssen Sie es mit Trinkwasser verdünnen; und zwar im Verhältnis 1:10. Das heißt, wiegen Sie 10 g Acesulfam (kristalline Form) ab und lösen Sie es in 100 ml lauwarmem Wasser auf. Geben Sie die Flüssigkeit in eine kleine Kunststoff-Flasche, wie wir sie z. B. für Kosmetik-Präparate empfohlen haben, mit der Sie dann auch tropfenweise dosieren können. 1 ml entspricht bei dieser Verdünnung ca. 20 g Zucker. Mit dem Hobbythek-Meßlöffel mit 2,5 ml Inhalt ist jetzt bequem das entsprechende Zuckeräquivalent zu bestimmen:
1 gefüllter Meßlöffel ersetzt genau 50 g Zucker.
Oder dosieren Sie in Tropfenform. Dann entsprechen 3–4 Tropfen ungefähr der Süßkraft von einem Stück Würfelzucker.

## Die Zubereitung von Konfitüren

Die Zubereitung nach unseren Rezepten geht sehr schnell und einfach. Es lohnt sich deshalb auch, kleine Mengen Marmelade zu kochen und bald zu verbrauchen. Probieren Sie ruhig verschiedene Rezeptvariationen aus, entweder mit normalem Zuckergehalt, mit wenig Zucker oder mit Zuckeraustauschstoffen wie Fruchtzucker, Xylit, Sorbit S oder Mischungen aus Sorbit S und Xylit, Kombinationen mit Süßstoff oder reine Süßstoff-Marmeladen. Sie werden bald Ihre Lieblingsmarmelade entdeckt haben.
Voraussetzungen fürs Gelingen sind: die richtige Pektinsorte, frische oder tiefgefrorene Früchte, Marmeladengläser mit Twist-off-Schraubverschluß und hygienisches Arbeiten. Vor allem aber rasches Abfüllen der heißen Marmelade.

**So wird's gemacht:**
1. Die Früchte werden gewaschen, entkernt oder geschält, kleingeschnitten, gewogen und in den Kochtopf gegeben.

*Abb. 8:* Bestimmen Sie bei der Zubereitung von Konfitüren selbst, wie stark zerkleinert die Früchte sein sollen.

2. Pektin und evtl. Zusätze wie Calciumcitrat werden trocken mit ca. 100 g Zucker oder Zuckeraustauschstoffen vermischt, damit das Pektin nicht verklumpt. (Das macht man am besten in einem leeren Marmeladenglas; einfach zuschrauben und schütteln.)
Wenn Sie nur mit flüssigem Süßstoff arbeiten, rühren Sie das Pektin mit 20 ml Korn oder Weingeist an. Es verteilt sich gleichmäßig im Alkohol und kann anschließend nicht mehr verklumpen.
3. Die Pektinmischung wird unter die Früchte gerührt und alles bis zum Kochen erhitzt. Etwa 3–4 Minuten köcheln lassen, erst dann den restlichen Zucker oder Zuckeraustauschstoff dazugeben.
Das Pektin muß insgesamt ca. 5 Minuten köcheln, damit es sich vollständig löst und hinterher gelieren kann. Wichtig ist außerdem, daß anfangs nicht zuviel Zucker in der Lösung ist, sonst löst sich nur der Zucker, das Pektin aber nicht mehr.
Wird Pektin NVM verwendet und Calciumcitrat zugegeben, so bleibt das Calciumcitrat evtl. zunächst als weiße Körnchen in der Marmelade oder im Gelee sichtbar. Keine Angst. Spätestens nach einem Tag löst sich alles von selbst auf.
Wenn Sie ziemlich hartes Obst verwenden, schneiden Sie es klein und kochen es zunächst 10–15 Minuten. Erst wenn es weich wird, geben Sie die Pektin-Mischung hinzu und lassen nochmals 5 Minuten kochen.
4. Die kochendheiße Marmelade wird sofort in bereitstehende Gläser gefüllt, die mit Twist-off-Deckeln fest verschlossen werden. Die verschlossenen Gläser ein paar Minuten auf den Kopf stellen, damit auch der Deckel erhitzt wird und Keime getötet werden. Nach ca. 5 Minuten die Gläser wieder umdrehen. Mit Etiketten bekleben (Herstellungsdatum ist wichtig) und abkühlen lassen.

Das kochendheiße Abfüllen ist unbedingt wichtig, um auch die Gläser keimfrei zu machen. Davon ist die spätere Haltbarkeitsdauer der Marmelade abhängig.
Gläser mit Twist-off-Deckeln gibt es zu kaufen. Die Gläser können immer wieder verwendet werden, nicht aber immer die Deckel, die manchmal nicht mit Sicherheit bei Wiederverwendung

*Abb. 9:* Für die Haltbarkeit der Konfitüre ist es wichtig, daß sie kochendheiß in die Gläser gefüllt wird. Dafür gibt es sehr praktische Trichter mit weiter Öffnung.

schließen. Schauen Sie sich die Dichtmasse auf Unversehrtheit an. Notfalls kann man die entsprechenden Deckel auch separat kaufen. Bei verschiedenen gebrauchten Gläsern kann es ein Problem sein, immer die passenden Deckel zu bekommen.

## Die Früchte werden vorbereitet

### Steinobst

Dazu zählen Aprikosen, Pfirsiche, Nektarinen, Kirschen, Pflaumen, Zwetschgen, Reineclauden, Mirabellen usw.
Wenn Sie die Pfirsiche vorher enthäuten wollen, legen Sie sie kurz in kochendheißes Wasser; danach läßt sich die Haut leicht mit einem Küchenmesser abziehen. Bei Aprikosen, Pfirsichen und Nektarinen lassen sich die Steine leicht entfernen, wenn die Früchte reif genug sind. Bei einigen Pfirsichsorten ist das allerdings etwas schwieriger. Pflaumen, Zwetschgen und Reineclauden werden aufgeschnitten und der Stein herausgenommen. Gleichzeitig kann man prüfen, ob das Obst innen einwandfrei und frei von Maden ist.
Bei Kirschen und Mirabellen kommt man um das Entkernen nicht herum. Für kleinere Mengen gibt es einfache, zangenartige Entkerner; für größere Mengen lohnt sich ein komfortables Gerät, in das oben die Kirschen gefüllt und in dem sie dann mittels Hebeldruck entsteint werden.
Zum Schluß wird das Steinobst mit dem Messer, im Wolf oder in der Moulinette zerkleinert.

### Kernobst

Dazu gehören Äpfel, Birnen und Quitten.
Man unterscheidet die weichen, saftigen Birnenquitten von den härteren Apfelquitten. Wegen ihrer Holzigkeit stellt man aus Quitten hauptsächlich Gelee her. Auch die japanischen Zierquitten sind dazu geeignet. Aus dem Quittenmark, das bei der Geleeherstellung übrigbleibt, kann man herrliches Quittenbrot bereiten. Ein Rezept dafür finden Sie im *Hobbythek-Buch vom Essen 2*.
Zum Kochen von Apfelmus eignen sich hauptsächlich mürbe Äpfel wie Boskop, Klarapfel usw.

**Beeren**
Johannisbeeren, Himbeeren, Brombeeren und Stachelbeeren werden sorgfältig entstielt, gewaschen und ca. 5 Minuten gekocht, anschließend eventuell mit dem Kartoffelstampfer zerkleinert. Um Marmelade ohne Kerne zu bekommen, kann man das Beerenmus durch ein feines Sieb streichen.
Blaubeeren bzw. Heidelbeeren, Holunder- und Preiselbeeren können entweder zerkleinert oder im Ganzen gekocht werden.
Erdbeeren werden nur zerschnitten, Sanddornbeeren und Schlehen werden ganz gekocht, eventuell mit etwas Wasser, und anschließend durch ein Sieb gestrichen. Sanddornbeeren dürfen wegen ihres hohen Säuregehalts nicht mit Metallen wie Eisen, Kupfer, Messing oder Aluminium in Berührung kommen. Deshalb verwenden Sie in diesem Fall Edelstahl- oder einwandfreie Emailkochtöpfe und zum Rühren Holzlöffel.
Bei Hagebutten werden Stiel und Blüte entfernt, die Früchte aufgeschnitten und die Kerne herausgeholt, die nicht mitverarbeitet werden. Die Hagebutten werden dann gründlich gewaschen und mit Wasser bedeckt weichgekocht. Zum Schluß streicht man sie durch ein Sieb.
Bei Weintrauben verwendet man nur kernlose türkische oder griechische Sorten. Sie werden gewaschen und mit etwas Wasser weichgekocht, anschließend durch ein Sieb gestrichen, um die Häutchen zu entfernen.

**Zitrusfrüchte**
Dazu gehören Orangen, Mandarinen, Kumquats, Grapefruits, Zitronen. Kaufen Sie Früchte mit unbehandelter Schale, damit Sie diese mitverwenden können. Die Schale der Zitrusfrüchte enthält ja viel ätherisches Öl, das einen herrlichen Geruch verbreitet und den Konfitüren den typisch herben Geschmack von englischen Marmeladen verleiht. Die Schale wird gründlich gewaschen und entweder dünn abgerieben oder dünn geschält und in feine Streifen geschnitten. Die innere, weiße Schicht der Schale entfernen Sie – sie schmeckt nicht.
Das Fruchtfleisch wird kleingeschnitten, faserige Teile werden herausgenommen oder es wird nur der Saft verwendet.
Kumquats sind kleine Bitterorangen, die sehr aromatisch, aber bitter schmecken, also sicher nicht jedermanns Sache sind. Sie eignen sich vor allem für Mischungen mit anderen Früchten.

**Exotische Früchte**
*Ananas* werden geschält, der mittlere harte Teil wird herausgeschnitten. Die Ananasscheiben quer zur Faser in Stückchen schneiden.
*Bananen* werden geschält und in einer Schüssel mit Zitronensaft beträufelt, damit sie nicht braun werden. Auf 700–800 g geschälte Bananen geben Sie den Saft von ca. 2 Zitronen, evtl. auch mehr, je nach Geschmack. Bananen haben ja sehr wenig eigene Säure (vgl. *Seite 126*). Die Bananen werden mit der Gabel zerdrückt und dabei gründlich mit dem Zitronensaft vermischt.
*Kiwifrüchte* werden dünn geschält und kleingeschnitten.
*Melonen* werden zerteilt, geschält und die Kerne mit dem weichen Fruchtfleisch entfernt. Das festere, saftige Fruchtfleisch wird in Stücke geschnitten.
*Passionsfrucht* bzw. *Maracuja* wird nur als Fruchtsaft verwendet.

**Sonstige Früchte**
*Kürbis* wird in Stücke geschnitten und geschält. Das weiche Fruchtfleisch mit den Kernen wird entfernt. Die festen Fruchtfleischbestandteile kleinschneiden.
*Rhabarber* wird dünn geschält und in Stückchen geschnitten.

*Abb. 10:* Kürbis ist ein beliebter Bestandteil von Marmeladen aus verschiedenen Fruchtsorten.

## Klassische Konfitüren und Marmeladen mit Zucker oder Zuckeraustauschstoffen

Für alle, die es gern richtig süß haben, hier ein ganz normales Rezept, bei dem auf 1 Teil Früchte 1 Teil Zucker kommt.

Bei diesem Rezept stellt sich natürlich sehr schnell die Frage nach Zuckeraustauschstoffen, denn alle hohen Anteile von normalem Haushaltszucker sind ja mit den bekannten Problemen verbunden. Mit Zuckeraustauschstoffen zu kochen ist nach unserer Methode kinderleicht; man braucht nur etwas mehr Pektin hinzuzugeben. Die Mengenangaben stehen in den entsprechenden Rezepten.

Wichtig ist, daß man bei diesen herkömmlichen 1:1-Rezepten *hochverestertes Pektin* verwendet; also *Pektin HVG* (vgl. *Seite 121*). Dieses Pektin geliert nur zusammen mit viel Zucker bzw. Zuckeraustauschstoffen und mit genügend Säure.

## Für welche Früchte braucht man wieviel Zitronensäure?

Folgende Früchte enthalten normalerweise ausreichend eigene Säure:

Blaubeeren (Heidelbeeren)
Stachelbeeren
Johannisbeeren
Preiselbeeren
Weintrauben

Bei folgenden Früchten rechnet man pro 500 g Frucht etwa 3 g Zitronensäure:

Kirschen (süß und sauer)
Erdbeeren
Birnen
Äpfel
Quitten
Rhabarber
Aprikosen
Pfirsiche
Nektarinen
Pflaumen oder Zwetschgen
Reineclauden
Mirabellen
Brombeeren
Himbeeren

Bei folgenden Früchten rechnet man für jeweils 500 g Frucht mindestens 7–8 g Zitronensäure:

Hagebutten
Holunderbeeren

Gerade diese Früchte haben besonders wenig eigene Säure. Falls die an-

*Abb. 11:* Hagebutten und Holunder, zwei Beerenarten für ausgefallenere Konfitüren.

gegebene Menge nicht reicht, geben Sie noch etwas mehr Zitronensäure hinzu.

Falls Ihnen Zitronensäure nicht schmeckt, können Sie auch die aromatischere *Apfelsäure* nehmen. Dann aber bitte die doppelte Gewichtsmenge im Vergleich zur Zitronensäure nehmen. Bitte dabei beachten, daß Zitronensäure etwas schwerer ist als Apfelsäure.

```
1 Meßl. Zitronensäure kristallin
  = ca. 2,5 g
1 Meßl. Apfelsäure kristallin
  = ca. 2 g
```

Bei den klassischen Marmeladenrezepten 1:1 ist es besonders wichtig, daß der Säuregehalt stimmt, weil sonst die Marmelade nicht geliert. Das gleiche kann übrigens auch passieren, wenn die Früchte allzu sauer sind.

Wenn Sie große Mengen an Obst verarbeiten wollen, sollten Sie zunächst eine kleinere Menge kochen und ausprobieren, ob sie auch richtig geliert. Bei Verwendung von *Pektin HVG* können Sie dabei zugleich testen, ob der Anteil von Zucker oder Zuckeraustauschstoffen stimmt.

## Grundrezept für die klassische Marmelade und Konfitüre 1:1 mit *Zucker*

```
500 g Früchte
500 g Zucker
5–7 g Pektin HVG
3 g Zitronensäure oder die doppelte
    Menge Apfelsäure
```

## Grundrezept für Marmelade und Konfitüre 1:1 mit *Zuckeraustauschstoffen*

```
500 g Früchte
500 g Fruchtzucker, Xylit, Sorbit S
    oder halb Xylit und halb Sorbit S
    gemischt
6–10 g Pektin HVG (4–6 ½ Meßl.)
3 g Zitronensäure oder die doppelte
    Menge Apfelsäure
```

Die Früchte vorbereiten wie beschrieben. 4 Eßlöffel der benötigten Menge Zucker oder Zuckeraustauschstoff trocken mit dem Pektin vermischen. Diese Mischung unter die Früchte rühren und das Ganze aufwallen lassen. Dann die Fruchtsäure mit dem restlichen Zucker vermischen und ebenfalls unterrühren. Je nachdem, wie weich oder hart die Früchte sind bzw. wie

Abb. 12: Bei dem klassischen Marmeladenrezept 1:1 können Sie bei uns zwischen der Zugabe von Zucker und Zuckeraustauschstoffen wählen. Das ist vor allem für Diabetiker wichtig.

stark sie vorher zerkleinert wurden, lassen Sie die Masse 5–10 Minuten sprudelnd kochen.

Beim Kochen schäumt die Masse, weshalb der Kochtopf groß genug sein muß. Er darf auch nicht zugedeckt werden.

Da ein Teil des Wassers beim Kochen verdampft und die Früchte bereits etwas Zucker enthalten, ist der Zuckergehalt der fertigen Konfitüre ein wenig höher als 50%. Das verlängert aber zugleich die Haltbarkeit der Konfitüre.

Besonders wichtig für eine gute Haltbarkeit ist auch, daß die Masse gründlich aufkocht und kochendheiß in Gläser abgefüllt wird. Fürs Abfüllen gibt es spezielle Trichter mit großer Öffnung, mit deren Hilfe die Glasränder sauber bleiben. Danach die Gläser sofort zuschrauben und für 1 bis 2 Minuten auf den Kopf stellen, damit etwa im Deckel vorhandene Keime durch Erhitzen getötet werden.

## So bereitet man Fruchtsaft zu

Fruchtsaft ist zum einen der Rohstoff für Gelees und zum anderen ist selbstgemachter Saft natürlich ein herrliches Getränk.

Wenn Sie einen elektrischen Entsafter besitzen, dann ersparen Sie sich ein paar Arbeitsschritte. Wenn nicht, dann waschen Sie die Früchte sorgfältig und zerkleinern sie gründlich im Wolf, im Mixer oder im elektrischen Universalzerkleinerer oder mit dem Pürierstab. Das hierbei entstehende Fruchtpüree wird kurz mit etwas Wasser aufgekocht.

*Abb. 13:* Selbstgemachten Fruchtsaft können Sie zu Gelee weiterverarbeiten oder „gleich so" trinken.

Auf 2 Teile Obst gibt man etwa 1 bis 1,5 Teile Wasser.
Danach muß der klare Saft herausgefiltert werden. Dazu empfehlen wir folgende Methode:
Nehmen Sie einen sehr sauberen kleinen Eimer und setzen Sie darauf ein Sieb in entsprechender Größe. Das Sieb kleiden Sie mit einer vorher ausgekochten Windel aus, die doppelt gelegt wird, oder mit festerem Baumwollgewebe. In das ausgelegte Sieb gießen Sie nun den Fruchtbrei und lassen ihn durchlaufen. Das dauert eine gewisse Zeit, was Sie vorher berücksichtigen sollten.
Quitten, Äpfel und Birnen mit sehr hartem Fruchtfleisch müssen vorher weichkochen.

**Zubereitung von Quittensaft**
Zunächst werden die Quitten gewaschen. Um den weißen Pelz der Quitten zu entfernen, reibt man sie mit einem Tuch ab. Dann mit Kerngehäuse und Schale in je acht Stücke schneiden und mit der gleichen Menge Wasser kochen. Am besten geht's im Dampfkochtopf; da brauchen Sie etwa 15 Minuten, ungefähr so lange, wie Sie Pellkartoffeln kochen würden. Wenn Sie keinen Dampfkochtopf haben, müssen die Quitten mindestens 45 Minuten abgedeckt köcheln.
Danach werden die Stücke mit einem Kartoffelstampfer zerkleinert und durch das oben beschriebene Sieb gegeben. Zunächst nur die Flüssigkeit durchsieben, damit es schneller geht, zum Schluß auch den festeren Bodensatz, das Mark, ins Sieb schütten. Eventuell über Nacht ablaufen lassen, oder – wenn die Masse abgekühlt ist – mit der Hand auspressen.

Wer einen Entsafter hat, kann das abgetropfte Mark darin noch weiter entsaften. Dann allerdings nochmals sieben, damit der Saft auf jeden Fall klar bleibt. Das derart intensiv ausgedrückte Fruchtmark können Sie auf den Komposthaufen werfen (Recycling); für Quittenmus ist es nicht mehr geeignet.

## Dampfentsaften – sehr zu empfehlen

Dies ist eine alte Methode, die auch heute noch viele Vorteile bietet. Durch die Behandlung mit heißem Wasserdampf platzen die Zellwände der Früchte und der Saft läuft heraus. Es gibt für das Dampfentsaften entsprechende Geräte; man kann sich aber auch mit einem ganz normalen Kochtopf behelfen.

*Und so wird es gemacht:*
Nehmen Sie einen möglichst schmalen und hohen Kochtopf. Legen Sie auf den Boden einen rostfreien und hitzebeständigen Rost oder etwas ähnliches und stellen Sie darauf eine feuerfeste Schüssel. Der Rost dient dazu, daß die Schüssel nicht auf dem Topfboden steht. Der Durchmesser der Schüssel sollte möglichst fast gleichgroß wie der des Topfes sein. In diese Schüssel tropft der Obstsaft, wenn heißer Wasserdampf aufsteigt.
Zur Dampferzeugung gießen Sie in den Topf mit der Schüssel soviel Wasser, daß die Schüssel wie in einem Wasserbad steht.
Über die Topföffnung spannen Sie nun locker ein Baumwolltuch. Füllen Sie das frische Obst hinein. Entfernen Sie vorher

alle Stiele; denn in ihnen ist Gerbsäure enthalten, die den Saft später leicht bitter schmecken lassen könnte. Kirschen müssen übrigens nicht entsteint werden. Nur bei großem Steinobst entfernen Sie die Kerne und schneiden das Fruchtfleisch in Stücke.
Kernobst wie Äpfel wird ebenfalls zerschnitten. Schale und Kerngehäuse können aber mit verarbeitet werden.
Wenn der Saft Zucker enthalten soll, dann mischen Sie ihn unter das Obst, bevor es in das Baumwolltuch gefüllt wird. Man nimmt folgende Menge:

> Auf 1 kg Früchte = 50–100 g Zucker oder Zuckeraustauschstoffe

Wenn Sie es gern sehr süß mögen, können Sie bis zu 200 g Zucker oder Zuckeraustauschstoff hinzugeben. Es kann aber auch völlig ohne Zucker oder Zuckeraustauschstoffe entsaftet werden.
Wichtig ist nun, daß das Wasser ständig köchelt und daß der Kochtopf mit einem Deckel geschlossen wird, damit ordentlich heißer Dampf entsteht. Das Entsaften von etwa 2,5 kg Früchten dauert etwa $\frac{1}{2}$–1 Stunde.
Der fertige Saft wird zum Schluß kurz aufgekocht und noch kochendheiß in Flaschen gefüllt.
Auch für Flaschen gibt es Twist-off-Deckel, bei denen man nach dem Einfüllen die Flasche ebenso kurz umdreht, wie bei den Marmeladengläsern beschrieben. Bei Flaschen mit Gummiverschluß halten Sie sich an die Gebrauchsanweisung.
Wird der Saft sofort zu Gelee verarbeitet, muß er natürlich nicht extra noch einmal aufgekocht werden.
Die im Tuch zurückbleibenden Früchte

*Abb. 14:* a) Zum Dampfentsaften brauchen Sie nicht unbedingt ein spezielles Gerät. Lesen Sie, wie einfach alles in einem ganz normalen Edelstahltopf geht.

b) Aus festeren Obstsorten wie Birnen und Äpfeln kann man nach dem Entsaften noch ein gutes Kompott bereiten.

können zum Schluß noch einmal ausgepreßt werden. Dabei gelangen zwar kleine Fruchtteilchen in den Saft, die ihn leicht trüben; das stört aber nicht. Schließlich erhöht diese Methode die Saftausbeute erheblich. Einen völlig trüben Saft erhalten Sie ohnehin, wenn Sie z. B. Birnen vorher im rohen Zustand püriert haben.

Wenn Sie die Früchte nicht zusätzlich ausdrücken, können Sie sie anschließend zu Kompott verarbeiten. Birnen schmecken besonders gut.

## Wir kochen Gelee

Die Geleezubereitung ist etwas aufwendiger als das Kochen von Konfitüren und Marmeladen, weil man zunächst den Saft aus den Früchten gewinnen muß. Wenn Sie aber bereits fertigen Fruchtsaft kaufen, dann ist die Geleeherstellung ein Kinderspiel. Achten Sie beim Kaufen aber darauf, daß Sie Saft aus 100% Früchten – möglichst ohne Zuckerzusatz – kaufen. Ein Nektar ist also nicht geeignet.

Außerdem ist zu überlegen, ob es immer so wichtig ist, einen wirklich klaren Gelee zu erhalten. Wir finden, daß Sie selbstgewonnenen naturtrüben Fruchtsaft durchaus zu einem sehr fruchtigen Gelee verarbeiten können.

**Quittengelee**
Wie der Saft gewonnen wird, haben wir oben beschrieben.

```
800 ml Quittensaft
200 ml Apfelsaft (100% Frucht)
900 g Haushaltszucker
 15 g Pektin HVG
  6 g Zitronensäure oder
 12 g Apfelsäure
```

Das Pektin trocken mit ca. 100 g des Zuckers vermischen und in die bereits leicht erhitzte Flüssigkeit geben und aufkochen lassen, damit sich das Pektin lösen kann. Erst nach ca. 3 Minuten den restlichen Zucker und die Säure zugeben.
Alles zusammen 5 Minuten köcheln lassen, heiß abfüllen, wie bereits beschrieben. Als Apfelsaft können Sie übrigens auch gekauften nehmen.

Auf die gleiche Weise können Sie aus vielen anderen Säften Gelee kochen. Die – je nach Obstsorte – unterschiedlichen Mengen an Zitronensäure oder Apfelsäure geben wir Ihnen auf *Seite 123 f.* an.
Selbstverständlich kann man auch bei den Geleerezepten den Zucker durch Zuckeraustauschstoffe ersetzen.

## Konfitüren und Gelees mit geringem Anteil an Zucker oder Zuckeraustauschstoffen

Während für normale Konfitüre mit *hoch*verestertem Pektin HVG mindestens 50% Zucker gebraucht werden, damit sie geliert, kommen wir bei dem *nieder*veresterten Pektin NVM mit weniger Zucker oder Zuckeraustauschstoffen aus (vgl. *Seite 27 ff.*).
Diese Rezepte sind nicht nur für Diabetiker (Zuckerkranke) interessant, sondern auch für alle, die auf ihre schlanke Linie achten wollen oder müssen.
Natürlich schmecken diese Konfitüren und Gelees weniger süß. Für viele ist dies der Hauptvorteil dieser Zuberei-

*Abb. 15:* Quittengelee schmeckt am besten selbstgemacht.

tungsart. Wer es aber trotzdem etwas süßer haben möchte, kann mit Süßstoff nachhelfen.

Wir wollen nicht verschweigen, daß diese Konfitüren und Gelees weniger lange haltbar sind als die mit höherem Zuckeranteil, weil erst bei einem Zuckeranteil von 50–60% eine konservierende Wirkung zustande kommt. In heiß abgefüllten und gut geschlossenen Gläsern ist die Haltbarkeit aber kein Problem, solange sie geschlossen sind. Geöffnete Gläser sollten Sie aber im Kühlschrank aufbewahren. Daß sie dort nicht allzulange stehen werden, dafür sorgt schon der exzellente Geschmack dieser Konfitüren.

Wenn Sie auf eine *Konservierung* nicht verzichten wollen, empfehlen wir Kaliumsorbat, einen völlig unbedenklichen Lebensmittelkonservierungsstoff, den wir auf *Seite 124* genau beschreiben.

Mit *niederverestertem Pektin* können Sie im Prinzip alle Früchte zu Konfitüren verarbeiten. Zum Süßen können Sie alles verwenden, was süß ist – also normalen Zucker, Kandiszucker, Honig, Zuckeraustauschstoffe, Fruchtzucker, Xylit und Sorbit, aber auch kalorienarmen Süßstoff. Sie können auch Zucker oder Zuckeraustauschstoffe mit Süßstoffen kombinieren.

Hier das *Grundrezept* unserer Konfitüren. Es ist ganz einfach.

Es setzt sich zusammen aus Früchten, Zucker bzw. Zuckeraustauschstoffen oder Süßstoff und aus dem niederveresterten Pektin sowie aus Calciumcitrat als dem Pektin-Verfestiger.

Bei den folgenden Rezepten gehen wir immer von einer Gesamtmenge an Früchten und süßenden Stoffen von insgesamt 1000 g aus, also 1 kg.

## Grundrezepte für Konfitüren mit wenig Zucker

## Allgemeines Rezept der Konfitüre nach Art der Hobbythek

> 1000 g Früchte einschließlich Zucker bzw. Zuckeraustauschstoff (100%)
> 10–15 g Pektin NVM
> = ca. 6½–10 Meßl.
> (= 1–1,5%)
> 2–3 g Calciumcitrat
> = 2–3 gestr. Meßl.
> (⅕ der eingesetzten Pektinmenge)

Dieses Rezept gilt für Konfitüre mit Zucker, Fruchtzucker, Xylit, halb Sorbit + S und halb Xylit, Süßstoff. Als Gelierzusatz kommt beim Pektin NVM stets das Calciumcitrat hinzu, und zwar immer ein Fünftel der eingesetzten Pektinmenge.

### Grundrezept 2:1

> 650 g Früchte
> 350 g Zucker oder Zuckeraustauschstoffe
> 10 g Pektin NVM
> (= 6½ gestr. Meßl.)
> 2 g Calciumcitrat
> (= 2 gestr. Meßl.)

Dieses Rezept hat ein Mengenverhältnis von nur 2 Teilen Frucht zu 1 Teil Zucker oder Zuckeraustauschstoff.

### Grundrezept 3:1 „Konfitüre und Marmelade nach Art der Hobbythek"

> 750 g Früchte
> 250 g Zucker, Honig, Kandis, Fruchtzucker, Xylit oder Sorbit + S und Xylit gemischt
> 10–15 g Pektin NVM
> (= 6½–10 gestr. Meßl.)
> 2–3 g Calciumcitrat
> (= 2–3 gestr. Meßl.)

Dieses Rezept hat ein Verhältnis von 3 Teilen Frucht zu 1 Teil Zucker oder Zuckeraustauschstoff.

### Grundrezept 4:1

> 800 g Früchte
> 200 g Zucker
> 15 g Pektin NVM
> (= 10 gestr. Meßl.)
> 3 g Calciumcitrat
> (= 3 gestr. Meßl.)

Dieses Rezept hat ein Verhältnis von 4 Teilen Frucht zu nur 1 Teil Zucker oder Zuckeraustauschstoff, also einen extrem niedrigen Zuckeranteil. Dieses Rezept empfehlen wir nur, wenn Sie das Grundrezept 3:1 schon ausprobiert und für gut befunden haben.

**Und so wird es gemacht:**
Die Früchte werden gewaschen, eventuell geschält und grob zerkleinert. Das erspart längere Kochzeiten, die wir ja auf jeden Fall vermeiden wollen. Härtere Früchte können Sie auch durch den Wolf drehen oder kurz in den elektrischen Universalzerkleinerer (Moulinette) geben. Damit die fertige Konfitüre noch ganze Fruchtstücke enthält,

kann man einen Teil der Früchte weniger zerkleinern.

Die vorbereiteten und zerkleinerten Früchte werden gewogen und in einen Kochtopf gegeben.

*Pektin* und *Calciumcitrat* können leicht verklumpen. Deshalb werden sie zunächst trocken mit dem Zucker oder dem Zuckeraustauschstoff vermischt. Dann rührt man diese Trockenmischung aus Pektin, Calciumcitrat und Zucker unter die Früchte und erhitzt sie langsam bis zum Aufwallen. Wenn die Früchte vorher im Mixer kurz zerkleinert wurden, reicht eine Kochzeit von 5–10 Minuten. Wenn Sie länger kochen, weil die Früchte nicht zerkleinert oder zu hart sind, kochen Sie zunächst nur auf kleiner Flamme ca. 5–10 Minuten und dann – nach Zugabe des Pektins – nochmals kräftig aufwallend. Zum Schluß noch einmal ca. 5–10 Minuten auf kleiner Flamme.

Wir sagten schon, daß bei geringem Zuckergehalt die Marmelade normalerweise nicht sehr lange haltbar ist. Deshalb sterilisieren wir sie, und das geht wirklich so einfach, wie auf *Seite 130* beschrieben.

Das noch leicht köchelnde Mus füllen Sie umgehend in Gläser mit Patentverschluß (Twist-off). Schrauben Sie sofort – das ist wichtig – den Deckel fest, lassen Sie das Glas kurz stehen und drehen es dann für 3–5 Minuten auf den Kopf. Bei Temperaturen über 90 °C werden alle noch vorhandenen Keime getötet. Die Marmelade hält sich nun genauso lang wie Ihr Eingekochtes; länger als ein Jahr. Nach 5 Minuten drehen Sie das Glas wieder um; dann ist auch der Deckel sterilisiert. Wenn Sie allerdings das Glas später öffnen, dann ist der Inhalt zum alsbaldigen Verbrauch bestimmt. Im Kühlschrank hält sich die Marmelade jedoch ohne weiteres 8 bis 14 Tage.

Wenn Sie die Marmelade genauso haltbar machen wollen wie gekaufte, müssen Sie sie konservieren. Die sanfteste Konservierung ist die mit Kaliumsorbat (vgl. *Seite 124*). Wir haben dafür gesorgt, daß es eine vorverdünnte Kaliumsorbatlösung 1:5 zu kaufen gibt. Davon brauchen Sie auf 1000 g Marmelade 1–2 Meßlöffel (= 2,5–5 ml) Kaliumsorbatlösung 1:5. Bei 1 Meßlöffel ist die Haltbarkeit der angebrochenen Marmelade auf 4 Wochen begrenzt. Bei der doppelten Menge ist die geöffnete Marmelade genauso lange haltbar wie gekaufte.

Das Kaliumsorbat wird einfach am Ende des Kochprozesses gründlich untergerührt.

# Gelee mit reduziertem Anteil von Zucker oder Zuckeraustauschstoff

**Grundrezept Gelee 2:1**

> 650 g Fruchtsaft
> 350 g Zucker oder Zuckeraustauschstoffe
> 10–15 g Pektin NVM
>    (= 6½–10 gestr. Meßl.)
> 2–3 g (= 2–3 gestr. Meßl.) Calciumcitrat

Gewogen wird stets der fertige Fruchtsaft, inklusive dem Wasseranteil, der bei der Saftgewinnung nötig ist. Zubereitung wie beim Quittengelee auf *Seite 138* beschrieben. Zitronensäure braucht man nicht, wenn – wie hier – Pektin NVM verwendet wird. Aber bitte das Calciumcitrat nicht vergessen.

**Grundrezept Gelee 3:1**

> 750 g Fruchtsaft
> 250 g Zucker oder Fruchtzucker oder Xylit oder Xylit und Sorbit S 1:1
> 10–15 g Pektin NVM
>    (= 6½–10 gestr. Meßl.)
> 2–3 g (= 2–3 gestr. Meßl.) Calciumcitrat

Herstellung wie oben beschrieben.

**Grundrezept Gelee mit Zuckeraustausch- und Süßstoff**

> 850 g Fruchtsaft
> 150 g Zucker oder Fruchtzucker oder Xylit oder Xylit und Sorbit S 1:1
> 100 g Zuckervergleichswert Flüssigsüßstoff
> 15 g (= 10 gestr. Meßl.) Pektin NVM
> 3 g (= 3 gestr. Meßl.) Calciumcitrat

Wieviel Flüssigsüßstoff Sie jeweils anstelle von 100 g Zucker brauchen, finden Sie auf den Meßbechern der Süßstoff-Flaschen beschrieben. Herstellung des Gelees wie oben.

# Konfitüre mit Süßstoff

Wenn Sie nur Süßstoffe für die Zubereitung der Konfitüren verwenden wollen, nehmen Sie einfach mehr Früchte, so daß Frucht- und süßender Anteil insgesamt 1 kg ausmachen. Alles andere bleibt dann im Rezept gleich. Sie können sowohl flüssigen Süßstoff als auch solchen in Tablettenform verwenden. Beim Süßstoffanteil geht man von dem entsprechenden Zuckervergleichswert aus. Wieviel das ist, finden Sie jeweils auf der Skala der Kappen, die den Flüssigsüßstoff-Flaschen beigegeben sind.

Außerdem gilt:

1 Süßstofftablette = 4,4 g Zucker = 1 Würfelzucker.

**Grundrezept für Konfitüren mit Süßstoff**

1000 g Früchte
250 g Zuckervergleichswert in Süßstoff
15 g (10 gestr. Meßl.) Pektin NVM
3 g (3 gestr. Meßl.) Calciumcitrat

Damit das Pektin bei diesem Rezept klumpenfrei gelöst werden kann, vermischt man es mit ca. 20 ml Weingeist oder Korn oder ähnlichem Trinkalkohol und gibt es unter kräftigem Rühren in die Fruchtmasse. Aus dem gleichen Grund wird das Calciumcitrat mit ca. 10 ml Wasser vermischt, aber erst nach dem Pektin gründlich untergerührt. Der Alkohol verdampft beim Kochen sehr schnell.

## Konfitüren mit Süßstoff und Zucker oder Zuckeraustauschstoff

875 g Früchte
125 g Fruchtzucker, Xylit oder Xylit und Sorbit S 1:1 oder Zucker
125 g Zuckervergleichswert in Süßstoff
15 g (= 10 gestr. Meßl.) Pektin NVM
3 g (= 3 gestr. Meßl.) Calciumcitrat

Bei diesen Rezepten können Sie Pektin und Calciumcitrat unaufgelöst mit dem Zucker oder Zuckeraustauschstoff mischen.

*Abb. 16:* Selbstgemachte Konfitüren sind ein wirklich persönliches Geschenk. Binden Sie über den Deckel der Gläser ein Stück Stoff — gewissermaßen als Markenzeichen des Selbstgemachten.

## Frumi – Fruchtgenuß mit Milch

Dieses Rezept wird selbst eingefleischte Milchmuffel bekehren. Da es *Frumi* nirgends zu kaufen gibt, die Milch aber wegen ihres Calciumgehaltes sehr wichtig ist, tut die Hobbythek mit diesem Rezept etwas für die Gesundheit gerade derjenigen Menschen, die Milch oder Milchprodukte nicht mögen.

Man hat herausgefunden, daß der – vor allem für alte Menschen – notwendige tägliche Calciumbedarf mit vier Glas Milch täglich zu decken ist. Calcium spielt im Stoffwechsel des Körpers eine entscheidende Rolle; besonders wichtig ist es für den Knochenaufbau. Und da der Mensch – gewissermaßen konstruktionsbedingt – unter ständigem Knochenabbau vor allem im Alter leidet, können Sie mit *Frumi* Gesundheit und Genuß auf einfachste Weise miteinander verbinden.

Bei *Frumi* handelt es sich um eine Art Fruchtsauce. Wir haben sie „Frumi" genannt, weil sie mit Milch, Joghurt, Buttermilch oder Quark verrührt, ohne Erhitzen puddingartig geliert. Man kann Frumi aber auch in flüssiger Form ohne Milch zubereiten.

Auch hier spielt wieder Pektin die entscheidende Rolle; und zwar ein besonders ausgesuchtes niederverestertes Pektin. Wir nennen es *Pektin NVF* (*Nie*der*V*erestert für *F*ruchtsauce). Interessanterweise reagiert dieses Pektin mit Calcium, das sich von Natur aus immer in der Milch befindet.

Das Rezept ist ganz einfach und leicht nachzumachen. Aber Vorsicht: Frumi schmeckt so gut, daß Sie regelrecht

*Abb. 17: Frumi* gibt es nirgendwo zu kaufen. In der Mischung mit Milch oder Joghurt überzeugt es selbst Milchmuffel.

süchtig danach werden. Unser Hobbythek-Team hat sich einschließlich aller Milchmuffel dafür begeistert. Frumi mit Sahne überzeugt sogar den letzten Skeptiker. Aber auch für Müsli-Fans bringt Frumi eine ganz überraschende Bereicherung. Alle Fruchtsorten sind dafür geeignet.

### Rezept für „Frumi" mit Zucker oder Zuckeraustauschstoffen

Zunächst die flüssige Version ohne Milch:

```
450 g Früchte
150 g Zucker oder Zuckeraus-
      tauschstoff (Fruchtzucker,
      Sorbit S, Xylit)
450 ml Wasser
15 g (= 10 gestr. Meßl.) Pektin NVF
5–6 g (= 2 gestr. Meßl) Natrium-
      citrat
```

Die Herstellung ähnelt sehr dem Marmeladekochen.

Die Früchte werden gewaschen und zerschnitten und mit dem Wasser in einen Kochtopf gegeben. Zucker oder Zuckeraustauschstoffe werden mit Pektin NVF und Natriumcitrat trocken vermischt und unter die Früchte gerührt. Alles zusammen aufkochen und ca. 5 Minuten köcheln lassen.

Der Gehalt an natürlicher Fruchtsäure aus dem Obst spielt hier keine Rolle, weil mit niederverestertem Pektin wie bei den zuckerarmen Marmeladen und Konfitüren gearbeitet wird. Damit das Frumi später kalt geliert, brauchen wir auch kein Calciumcitrat wie bei der Marmelade, sondern Natriumcitrat. Deshalb bleibt Frumi während des Kochens und danach flüssig.

Auch Frumi muß kochendheiß in saubere Gläser gefüllt, mit Twist-off-Deckel zugeschraubt und auf den Kopf bzw. auf den Deckel gestellt werden, damit alle Keime vernichtet werden. Wenn Sie sorgfältig arbeiten, bleibt Ihr Frumi genauso lange haltbar wie die selbstgemachte Marmelade.

Auch hier kann mit Kaliumsorbat konserviert werden, wie auf *Seite 124* beschrieben.

Wenn Sie ein *Fruchtdessert* essen möchten, verrühren Sie einfach einen Teil flüssiges kaltes Frumi mit der gleichen Menge kalter Milch. Es dickt wie von Geisterhand ein und schmeckt unheimlich gut.

Das niederveresterte Pektin braucht stets Calcium, um zu gelieren, also fest zu werden. In Milch und anderen Milchprodukten ist Calcium in ausreichender Menge vorhanden, um das Frumi gelieren zu lassen. Wir haben es ausprobiert mit Milch, Buttermilch, Sahne, Quark, Joghurt usw. Auch mit Haferflocken gemischt und als Ergänzung zum Müsli schmeckt es wunderbar. Es ist für Kinder und Erwachsene gleichermaßen gesund.

Für besonders Kalorienbewußte haben wir hier noch eine weitere Variante:

### Rezept für „Frumi" mit Süßstoff

```
600 g Frucht
150 g Zuckervergleichswert in
      Süßstoff
450 ml Wasser
15 g (= 10 gestr. Meßl.) Pektin NVF
5–6 g (= 2 gestr. Meßl) Natriumcitrat
```

Das Pektin NVF muß in diesem Fall mit 20 ml Korn oder Weingeist vermischt werden, damit es nicht klumpt. Der Alkohol verdunstet beim Kochen rasch. Weitere Herstellung wie oben beschrieben.

# Schlanksein mit Pektin?

Die gesundheitlichen und vor allem die cholesterinsenkenden Wirkungen von Pektin haben wir schon im vorhergehenden Kapitel beschrieben. In letzter Zeit gibt es nun Berichte, daß Pektin auch beim *Abbau von Körpergewicht* helfen könnte. Wie so oft, haben einige

*Abb. 18:* Pektin, ein unscheinbares Pulver mit erstaunlichen Wirkungen.

Firmen nicht lange gezögert, daraus Marktkampagnen zu machen. Sie haben verläßliche wissenschaftliche Ergebnisse gar nicht abgewartet, sondern sind direkt in die vollen gegangen. Das Rezept ist einfach: Man nehme den Mund voll, setze die Silbe *Bio* davor, verwende begriffsbildend die Eigenschaft des Pektins, Gele zu bilden, und schon hat man einen vielversprechenden, gehaltvollen Namen gefunden. Dann rekrutiert man ein paar Prominente – vornehmlich Filmschauspieler – und geht mit ganzseitigen Anzeigen in die einschlägigen Illustrierten.

Damit wir uns recht verstehen, wir sagen nicht, daß alle Versprechungen Humbug seien. Wir meinen aber, daß man damit zunächst etwas vorsichtig sein sollte. Denn nach unseren Erkenntnissen sind in den angebotenen Präparaten viel zuwenig Wirksubstanzen enthalten. Trotzdem sind die Präparate äußerst teuer, wenn man einmal von den echten Kosten für die darin enthaltenen Wirkstoffe ausgeht.

Auf Pektin aufbauende Schlankheitsmittel sind derzeit also groß in Mode. Deshalb will die Hobbythek danach fragen, was an der Sache dran ist, und im Rahmen ihrer Möglichkeiten Verbraucheraufklärung betreiben. Hier unsere Meinung und die entsprechenden Tips. Das letzte größere wissenschaftliche Forschungsprojekt zu diesem Komplex stammt aus dem Jahre 1987. Der Amerikaner *Professor Sheldon Reiser,* Leiter verschiedener Forschungseinrichtungen des amerikanischen Landwirtschaftsministeriums in Beltsville MD 2005, hat viele weltweit angelegte Studien über die physiologischen Wirkungen von Ballaststoffen – insbesondere von Pektin – zusammengetragen und durch eigene Studien ergänzt. Seine Untersuchung liegt uns vor. Hier die Ergebnisse:

## Was Pektin bewirken kann

**1.** Die Verabreichung von Pektin an Patienten mit einem erhöhten Cholesterinspiegel führt zu einer deutlichen Verringerung des Cholesterins.
**2.** Die Beimischung von Pektin in Lebensmitteln inklusive Getränke mit hohem Zuckergehalt begrenzt deutlich den stets nach der Nahrungsaufnahme zu beobachtenden Anstieg des Glukosespiegels (Blutzucker) und den darauf reagierenden Insulinanstieg im Blut; und zwar sowohl bei gesunden Testpersonen als auch bei Diabetikern.
**3.** Die Verabreichung von Pektin führt nicht zu einer verminderten Bioverfügbarkeit von Mineralien wie Kalzium, Magnesium, Zink und Kupfer. In einigen wenigen Fällen stellte sich bei langer Anwendung jedoch heraus, daß die Aufnahme von Eisen etwas reduziert wurde.
**4.** Über die Steigerung der Bioverfügbarkeit von Vitaminen liegen noch keine ausreichenden Untersuchungen vor. Aufgrund erster Ergebnisse kommt Reiser zu dem vorläufigen Schluß, daß die Verabreichung von Pektin mit der Diät von Vorteil sein kann.

Da Gemüse und Früchte von Natur aus Pektin enthalten, empfiehlt er aber außerdem, die Ernährungsgewohnheiten zu ändern, das heißt fett- und zuckerhaltige Nahrungsmittel generell zu reduzieren und dafür den Anteil an Früchten und Gemüsesorten zu steigern.

Von *Gewichtsverminderung* ist in dieser Studie allerdings nicht die Rede. Speziell dazu gibt es in einer Arbeit von Dr. Liebermeister und Dr. Toluipur (Fliedner-Krankenhaus, Neunkirchen/Saar) aus dem Jahre 1980 deutliche Hinweise: Auch diese Wissenschaftler stellten eine signifikante Cholesterinsenkung durch Pektin fest, insbesondere des schädlichen LDL- Anteils. Die positiv wirkende HDL-Cholesterin-Komponente wird hingegen nicht vermindert (vgl. dazu Hobbythekbuch *„Gesundheit mit Kräutern und Essenzen",* Seite 212 ff.). Die Wissenschaftler führen den cholesterinsenkenden Effekt vor allem auf die Wechselwirkung

mit der vom Organismus verstärkt gebildeten Gallensäure zurück. Auch sie weisen auf eine positive Beeinflussung des Kohlenhydratstoffwechsels und eine Arteriosklerose-Vorbeugung hin.
Im Gegensatz zu Professor Reiser stellen sie aber auch heraus, daß Pektin eine günstige Wirkung auf das Körpergewicht habe. Sie untersuchten damals an etwa 20 Testpersonen ein Präparat, das eine Firma auf den Markt bringen wollte. Um das Pektin besser einnehmbar zu machen, hatte diese es im Verhältnis 30:70 mit Proteinen vermischt. Die Wissenschaftler weisen ausdrücklich darauf hin, daß dieses Sojaprotein vermutlich keinen großen Anteil an der Wirkung habe, sondern nur zur besseren Einnahme zugefügt wurde.
Das Ergebnis lief letztlich darauf hinaus, daß fast alle Testpersonen, die mit dem Pektinpräparat während einer Diät (1000 Kalorien täglich) behandelt wurden, eine wesentlich höhere Gewichtsverminderung aufwiesen als diejenigen, die bei gleicher Diät diesen Zusatz nicht bekamen. Nach drei Wochen hatte die Gruppe mit dem Pektinpräparat im Durchschnitt mehr als fünf Kilogramm abgenommen, die Vergleichsgruppe ohne Pektingabe nur drei Kilogramm bei sonst vergleichbarer Ernährung.
Ob dies als Beweis ausreicht, müssen Sie nun an sich selbst ausprobieren. In jedem Fall – und das ist für uns das entscheidende – gehen vom Pektin keinerlei negative gesundheitliche Einflüsse aus, so daß man an sich selbst die Probe aufs Exempel machen kann.
Für die dazu nötigen hohen Dosen empfehlen wir ein hochverestertes Pektin, weil diese Substanz in den USA ausführlich untersucht worden ist und als Diätetikum trotz der in den Vereinigten Staaten sehr strengen Vorschriften zugelassen worden ist. Selbst für Dosen von 15–30 g pro Tag ist die Einnahme gesundheitlich unbedenklich. Nur bei bestimmten bakteriellen Darmerkrankungen sollten Sie etwas vorsichtig sein und selbstverständlich den Arzt aufsuchen.
Der Einnahme von größeren Mengen Pektin stehen zwar keine gesundheitlichen Bedenken gegenüber, aber praktische. Es ist ein Stoff, der durch seine gelbildende Eigenschaft sich vor allem an den Zähnen festsetzt, im Mund stark quillt, keinen guten Geschmack hat und damit für eine Langzeitbehandlung schlecht geeignet ist. Daher ist es auch nicht verwunderlich, daß die zur Zeit auf dem Markt befindlichen Produkte sehr wenig Pektin enthalten und wohl kaum die versprochenen Erfolge vorweisen können.
Wie bei der Hobbythek üblich, haben wir viele Versuchsreihen mit verschiedensten Rezepturen durchgeführt, um Ihnen ein einigermaßen wohlschmeckendes Produkt anzubieten. Aber zu einem befriedigenden Ergebnis kamen wir nicht, bis wir den Arzt Dr. Thomas Eberbach kennenlernten, der uns vorschlug, das Pektin doch mit einer Substanz zu vermischen, die in der Lage ist, den Gelbildungsprozeß des Pektins im Mund zu verzögern, so daß der Klebe- und Quelleffekt sich dort nicht so unangenehm auswirkt.
Diese Substanz heißt im Volksmund *Weinstein* und in der Terminologie der Lebensmittelchemiker *Kalium-Natrium-Tartrat*. Es ist ein Salz der Weinsäure und ein oft verwendeter Lebensmittel-Zusatzstoff z. B. bei der Herstellung von Geleefrüchten. Dort soll er ebenfalls den Gelierprozeß verzögern, damit Zeit gewonnen wird, die flüssige Gelmasse in Formen zu gießen.
Kalium-Natrium-Tartrat ist absolut harmlos, da es in höheren Dosen keine gesundheitlichen Nebenwirkungen erzeugt. Sie können es also bedenkenlos einnehmen. Die Mischung, die Dr. Eberbach empfiehlt, besteht aus:

> 79% des hochveresterten, besonders reinen Pektins
> 21% Kalium-Natrium-Tartrat (Weinstein)

Diese fertige Mischung können Sie unter dem Namen *Bipektal* in den Läden kaufen, die die Hobbythek-Zutaten führen. Dr. Eberbach hat sich diesen Namen als Gebrauchsmuster sichern lassen. Nach unserer Einschätzung ist die Substanz äußerst preiswert. Ihr Preis liegt unter dem der üblichen Schlankheitsmittel, die mehr versprechen als halten.

## Tips zur Anwendung

Zunächst muß festgestellt werden, daß die Gründe für Übergewicht – abgesehen von möglicherweise vorhandenen psychologischen Gesichtspunkten – in einem Nahrungs*über*angebot für den menschlichen Körper zu suchen sind.
Oft spielt dabei aber auch die Gewöhnung eine entscheidende Rolle. Fettsucht ist selten angeboren; sie wird aber häufig sozial vererbt. Eltern, die gern oft und reichlich essen, übertragen diese Gewohnheit auf ihre Kinder. Es gibt aber auch die Gewohnheiten des Alltags. Beobachten Sie sich ein-

mal selbst: Hungergefühle oder das, was wir dafür halten, stellen sich oft mit der Uhr ein. 7.00 bis 8.00 Uhr morgens, 12.00 bis 13.00 Uhr mittags, 16.00 bis 17.00 Uhr nachmittags, 19.00 bis 20.00 abends. Und wenn man ausgeht oder auf einer Party war, noch einmal um 24.00 Uhr. Daran erkennen Sie die Macht der Gewöhnung.

Ich (Jean Pütz) habe nämlich die Erfahrung gemacht, daß eine Abkehr von dieser Regelmäßigkeit hilft, das Gewicht zu kontrollieren, ohne irgendwelche gesundheitlichen Nachteile befürchten zu müssen. Ich esse in der Regel stets eine Stunde, nachdem sich bei mir Hunger bzw. Appetitgefühle einstellen, und so habe ich mein Gewicht stets unter Kontrolle, ohne übermäßig asketisch leben zu müssen.

## Weniger ein Schlankheitsmittel als ein Begrenzer des Hungergefühls

Aber es gibt noch einen anderen Grund für das Übergewicht vieler Menschen bei uns: Wir essen viel zu kalorienreiche Nahrung. Unser Magen ist eigentlich noch auf die Verhältnisse der Steinzeit ausgerichtet. Das heißt, er meldet uns zwar Völle, ein Überangebot an Kalorien kann er aber nicht messen. Deshalb ist es wichtig, daß wir die Kalorienkonzentration unserer Nahrung senken. Dies bedeutet, daß wir vor allem ballaststoffreiche Nahrung zu uns nehmen.

Man könnte denken, daß auch Flüssigkeiten den Magen füllen (damit meine ich nicht das Vollwerden durch den überaus kalorienreichen Alkohol). Das ist aber nur zum Teil der Fall; denn Flüssigkeiten fließen schneller aus dem Magen ab als feste Substanzen.

Bei der Einnahme von Gelbildnern ist das etwas anders. Sie binden die Flüssigkeiten, und der Magen verarbeitet sie so, als ob sie Feststoffe wären. Der Gelprozeß erzeugt also eine längere Verweildauer im Magen. Gleichzeitig steigt der Blutzuckerspiegel nicht so steil an. Die Insulinproduktion bleibt deshalb normal, was zur Folge hat, daß nach dem Essen der Nachhunger ausbleibt. Dieser entsteht häufig, weil ein hoher Insulinausstoß den durch das Essen aufgenommenen Blutzucker stärker abbaut als nötig, was eine Art *falsches Hungergefühl* erzeugt. Deshalb schmeckt die süße Nachspeise so gut, die meist besonders kalorienreich ist.

Dies alles wird gebremst, wenn sie kalorienfreie Gelbildner einnehmen – z. B. Pektin –, weil sie als Ballaststoff nicht verdaut werden können. Man schlägt also zwei Fliegen mit einer Klappe. Die Kalorienbilanz wird generell reduziert, und der Magen meldet früher das Gefühl der Sättigung, das zugleich länger anhält.

Hinzu kommt, daß – wie wir eben schon dargestellt haben – die Gelbildner möglicherweise auch noch im Dünndarm die Resorption der Nahrungsmittel – vor allem der Glucose – verzögern, und die Darmpassage generell beschleunigen. Im Zwölffingerdarm binden die Pektine Gallensäuren und in geringem Maße Cholesterin. Auch diese Produkte werden zügiger durch die nachfolgenden Darmabschnitte transportiert. Nahrungsstoffe, die im Dickdarm angelangt sind, werden fast nicht mehr vom Organismus verwertet. Wenn man dies alles in Rechnung setzt, ist es durchaus verständlich, daß man mit kalorienfreien Gelbildnern abnehmen kann.

Allerdings können die Naturgesetze damit nicht völlig auf den Kopf gestellt werden. Wenn Sie also wirklich abnehmen wollen, dann müssen Sie Ihre Kalorienzufuhr insgesamt vermindern und vor allem Ihre Ernährungsgewohnheiten verändern. Lassen Sie einfach einmal eine Mahlzeit ausfallen. Pektin & Co kann Ihnen dabei vielleicht ein wenig behilflich sein; denn es ist durchaus in der Lage, das Hungergefühl in gewisser Weise zu begrenzen.

Vor den Mahlzeiten eingenommenes Pektin füllt den Magen vor und meldet etwas früher den Sättigungspunkt. Dies ist eine Art Überlistung, die aber durchaus wirksam ist, und Sie können sich damit das Abnehmen etwas schmackhafter machen. Zwischenmahlzeiten lassen Sie möglichst ganz weg und trinken dafür ein weiteres Glas unserer *Bipektal*-Mischung.

Hier einige Rezepte, die auch uneingeschränkt für Diabetiker geeignet sind. Das Rezept besteht aus dem Bipektal-Pulver und Substanzen, die für die Geschmacksgebung sorgen. Zum Süßen können Sie Fruchtzucker verwenden oder auch Süßstoff. Das ist einfach eine Frage der Einstellung, wobei Sie allerdings die Kalorien des Fruchtzuckers mit berücksichtigen müssen. Nur Süßstoffe sind kalorienfrei.

Als geschmacksgebende Komponente empfehlen wir unsere Fruchtpulver, die es in großer Vielfalt in den Läden gibt, die die Hobbythek-Zutaten führen. Der Fantasie sind dabei keine Grenzen gesetzt. Entwickeln Sie eigene Rezepte nach Ihrem Geschmack. Die nachfolgenden Rezepte sollen nur als Anhaltspunkt verstanden sein.

### Schlankheitspulver „Tropic"

```
70 g Bipektal
50 g Fruchtzucker
50 g Maracuja-Fruchtpulver oder
    andere exotische Pulver wie
    Mango, Kiwi, Orangen,
    Ananas usw.
50 g Bananen-Fruchtpulver
```

Vermischen Sie alles gleichmäßig und füllen Sie es in ein gut verschließbares Marmeladenglas ab. Es muß stets gut verschlossen werden, weil es sonst Luftfeuchtigkeit anzieht und verklumpt.

Sie können dies auch ohne Fruchtzucker herstellen; denn 1 g Fruchtzucker entspricht immerhin 4 kcal. Wenn Sie dies vermeiden wollen, empfehlen wir Ihnen, Bipektal mit Süßstoff zuzubereiten. Sie können dazu alle auf *Seite 39* angegebenen Süßstoffe nehmen, die in Tablettenform erhältlich sind. Besonders gut eignet sich der Süßstoff *Aspartam* (Nutrasweet). Zerstoßen Sie die Tabletten auf einem Teller oder in einem Mörser zu einem feinen Pulver.

Hier das Rezept:

```
100 g Bipektal
 50 g Zuckeräquivalent Süßstoff
     (12 Tabletten)
 50 g Maracuja-Fruchtpulver
 50 g Bananen-Fruchtpulver
```

Natürlich können Sie hier auch sämtliche anderen exotischen Fruchtpulver verwenden.
Vermischen Sie alles gut miteinander und füllen es wie beschrieben in ein verschließbares Glas.

### Schlankheitspulver „Heimische Früchte"

```
70 g Bipektal
50 g Fruchtzucker
50 g Joghurtpulver oder
    Magermilchpulver
50 g Fruchtpulver aus heimischen
    Früchten wie Apfel, Aprikose,
    Brombeere, Erdbeere,
    Sauerkirsch, schwarze Johan-
    nisbeere
```

Wenn Sie wollen, können Sie auch gefriergetrocknete Früchte dazugeben, die im Mörser etwas zerstoßen werden. Nehmen Sie davon 10 g.
Das gleiche Rezept können Sie auch mit Süßstoff herstellen. Nehmen Sie dann anstelle von 70 g Bipektal 100 g, damit die gleiche Pulvermenge erhalten bleibt. Anstelle von 50 g Fruchtzucker nehmen Sie 12 Tabletten eines Süßstoffs Ihrer Wahl, wobei wir in etwa eine Tablette mit 4 bis 4,4 g Zucker äquivalent angesetzt haben.

## Tips zur Einnahme

Wichtig ist, daß Sie dieses „Schlankheitspulver" stets mit einer ausreichenden Menge Flüssigkeit zu sich nehmen. Und zwar 10 Minuten vor den Mahlzeiten, damit es vorquellen kann. Als Menge empfehlen wir 1 bis 2 Eßlöffel pro Mahlzeit (1 Eßl. entspricht etwa 8–10 g). Darin sind dann pro 10 g etwa 3 g reines Pektin (Rezept mit Fruchtzucker) oder 4 g Pektin (Rezept mit Süßstoff) enthalten.
Und so wird der Schlankheits-Hilfstrank zubereitet:

Geben Sie 1–2 Eßlöffel der Mischung in ein Marmeladenglas oder einen Schüttelbecher. Gießen Sie dann pro Eßlöffel Pulver etwa 100 ml (¾ Tasse) kaltes oder lauwarmes Wasser darüber, verschließen Sie das Glas und schütteln Sie kräftig. Es entsteht ein dünner Brei, der leicht trinkbar oder mit dem Löffel eßbar ist.
Natürlich können Sie auch eine größere Menge Wasser nehmen, aber nicht wesentlich weniger.
Im allgemeinen wird Pektin auch in hohen Dosen gut vertragen. Bei einigen wenigen Menschen kann es aber durchaus bei Beginn der Einnahme eine leichte Neigung zu Blähungen hervorrufen. Das ist völlig normal und nicht schädlich; denn die Darmflora stellt sich mit dieser Reaktion auf die neuen Substanzen ein, später stabilisiert sich der Zustand sehr rasch, und die „falschen Lüfte" verflüchtigen sich.
Zu Ihrer Beruhigung: Diese Gase stinken in den seltensten Fällen.
Wen dies aber trotzdem sehr stört, kann zu Beginn zusätzlich noch etwas *Kieselsäure* (hochdispersives Siliziumdioxid nach DAB) in die Mischung hineingeben. Diese Kieselsäureart ist ein äußerst leichtes, schneeweißes Pulver. In der Naturheilkunde werden der Kieselsäure gewebestärkende und entzündungshemmende Eigenschaften zugesprochen. Wir verwenden Sie hier ausschließlich als Absorptionsmittel. Sie vermindert die Gasbildung beim Verdauungsprozeß. Geben Sie pro Eßlöffel der Pektinmischung einen Eßlöffel Kieselsäure hinzu. Das mag Ihnen sehr viel vorkommen; ist es aber nicht, denn Kieselsäure ist äußerst leicht. 1 Eßlöffel wiegt nur etwa 1 g. Auch Kieselsäure ist kalorienfrei.

Wie gesagt, unser Schlankheitspulver ist kein Wundermittel, in jedem Fall muß die Kur einhergehen mit einer Verringerung der aufgenommenen Kalorienmenge. Dabei unterstützt das Pulver insofern, als aufkommendes Hungergefühl auf ein erträgliches Maß reduziert wird.
Wichtig ist allerdings bei allen Schlankheitsdiäten, daß Sie ausreichend Flüssigkeit zu sich nehmen. Wir empfehlen mindestens 2 Liter möglichst kalorienfreie oder kalorienarme Getränke wie Kräutertee, der auch kalt schmeckt. Oder mit Süßstoff gesüßte Obstsäfte usw. Wenn Sie Ihr gewünschtes Gewicht erreicht haben, empfehlen wir Ihnen, möglichst einmal in der Woche einen Bipektal-Tag einzulegen. Am besten montags nach dem kalorienträchtigen Wochenende.

## Behandlung von zu hohen Blutcholesterinwerten

Diese Beschwerden gehören zur Analyse in die Hand des Arztes. Aber der Betroffene kann auch selbst einiges zum Behandlungserfolg beitragen, z. B. durch bessere Ernährung und mit Hilfe des Pektins. Besonders bei Cholesterinwerten, die nicht allzu hoch über den Normwerten liegen. Vielleicht ist dann unser Naturrezept anstelle von chemischen Arzneimitteln eine echte Alternative.

Erforderlich ist allerdings eine Mindesttagesdosis von 15 g reinem Pektin. Um diese Menge zu erreichen, müssen Sie pro Tag 45 g der beschriebenen Mischung mit Fruchtzucker oder 42 g der Mischung mit Süßstoff einnehmen. Dies entspricht etwa 3mal 2 Eßlöffeln pro Tag, die jeweils mit 200 ml Leitungswasser gemixt werden. Höhere Dosen bis zu 30 g täglich sind möglich. Bei längerer Anwendung als zwei Wochen empfehlen wir eine Blutanalyse durch Ihren Arzt; allein schon, um den Erfolg zu kontrollieren.

Bleibt noch die Frage zu beantworten, ob nur *hoch*verestertes Pektin diese Wirkung auslöst.

Sicher sind die Wirkungen bei allen Pektinsorten zu beobachten. Wir haben uns aber für die im Bipektal eingesetzte hochreine Sorte entschieden, weil diese Pektinart in bezug auf Nebenwirkungen vor allem in Amerika sehr ausführlich untersucht worden ist. Dies gilt auch bei Einnahme von sehr hohen Dosen bis zu 30 g pro Tag.

Die Substanz ist in den USA uneingeschränkt zugelassen (vgl. *United States Pharmacopeia* – entsprechend unserem deutschen Arzneibuch *DAB*). Bei den anderen Pektinsorten hat man sich dieser Mühe noch nicht unterzogen. Aber es besteht keine Veranlassung anzunehmen, daß wesentlich andere Ergebnisse herauskommen würden. Beim *nieder*veresterten Pektin muß jedoch darauf geachtet werden, daß in jedem Fall auch Calciumcitrat oder Calciumlaktat im Verhältnis 1:5 beigegeben wird, da dieses Pektin sonst den wichtigen Mineralstoff Calcium binden könnte. Bleiben Sie also besser beim hochveresterten und damit auch bequemer verwendbaren Pektin.

*Abb. 1: Vom Milchreis bis zum Champagner-Sorbet können Sie jetzt alles selbstmachen. Sie können diese gefrorenen Leckereien sogar selbst mit Schokolade überziehen.*

# Gefrorene Köstlichkeiten: Speiseeis

Es ist schon seltsam: Da hat heute so gut wie jeder einen Kühlschrank, und sehr viele haben sogar einen Gefrierschrank oder doch zumindest ein Dreisternefach in ihrem Kühlschrank – und trotzdem lassen sich die meisten das Vergnügen entgehen, ihr Speiseeis selbst zu machen. Die Leute um die Jahrhundertwende hatten es da weit weniger komfortabel; denn Kühlschränke in unserem heutigen Sinne gab es damals noch nicht, obwohl bereits im Jahr 1876 Carl v. Linde die erste richtige Kältemaschine erfunden hatte. Sie arbeitete bereits nach dem Kompressionsprinzip, war aber noch nichts für den normalen Haushalt. Aber vielleicht war gerade die Tatsache, daß an Kühlschränken in jedem Haushalt oder gar an sogenannten „Kühlketten" noch nicht zu denken war, der Grund dafür, daß jede gute Hausfrau selbstverständlich ihren Ehrgeiz darin sah, beim Festessen mit selbstgemachtem Eis aufzuwarten. Dafür gab es in den meisten Haushalten handbetriebene Eismaschinen. Das waren einfache Dinger aus Holz und Gußeisen, die aber schon recht gut funktionierten; und zwar nach einem Prinzip, nach dem auch die heutigen Eismaschinen arbeiten, nur eben mit elektrischem Antrieb.

## Schon die alten Chinesen ...

Aber unsere Großeltern waren nicht die ersten Eisschlecker. Auch hier ist es wie bei so vielen Dingen: die alten Chinesen hatten bereits alles erfunden.

*Abb. 2:* Der Siegeszug des Speiseeises begann mit der Kältemaschine, die Carl von Linde 1876 entwickelt hatte. Gegen heutige Kühlaggregate war dies noch ein recht ungefüges Ding.

Das soll vor etwa 5000 Jahren gewesen sein. Viel später – aber von uns aus gesehen doch in sehr ferner Zeit – will Marco Polo im 13. Jahrhundert auf seinen Reisen bereits richtige Eisdielen in China gesehen haben.

Eis muß eine derart begehrte Spezialität gewesen sein, daß trotz fehlender Kühlaggregate sich die Kunst der Speiseeisherstellung über alle Zeiten erhalten hat. Und das vor allem in warmen Ländern. Da Speiseeis nur aus natürlichem Eis oder Schnee hergestellt werden konnte, der entweder weit weg auf hohen Bergen lag oder durch verschiedene Tricks bis in den Sommer vor dem Schmelzen bewahrt werden mußte, war Speiseeis zwangsläufig eine Sache der ganz reichen Leute. Und sicher meint um 300 v. Chr. Hippokrates nicht den armen kranken Mann, sondern den reichen, wenn er meint, daß bei der Krankenbehandlung Speiseeis „die Säfte belebt und die Kräfte hebt".

Was haben die alten Römer den Griechen nicht nachgemacht? Die Begüterten unter ihnen aßen also auch Speiseeis. Sie machten einen regelrechten Kult daraus. Wer reich war, konnte es am besten dadurch demonstrieren, daß er im heißesten Sommer seinen Gästen Eis servierte.

Wie machten das die alten Chinesen, Griechen und Römer?

Sie bauten tiefe Keller oder holzverkleidete Erdlöcher, die sie im Winter mit Eis und Schnee füllten. Zur Isolierung wurden sie mit einer dicken Schicht Stroh abgedeckt. Die Wände der Räume, in denen man jahrelang Eis lagerte, wurden derart heruntergekühlt, daß sich Eis und Schnee bis weit in den Sommer hielten. Das ist übrigens ein Verfahren, das die Brauereien auch bei uns bis in die Mitte dieses Jahrhunderts anwendeten. Ich habe selbst noch den Eiskeller einer Brauerei kennengelernt, in dem im Winter das in Blöcke gesägte Eis vom Dorfteich eingelagert wurde, das sich dort bis zum nächsten Winter erhielt.

Und was machten die reichen Römer im Sommer, wenn das Eis geschmolzen war? Dann sollen sie nach glaubhafter Überlieferung das Eis durch besonders flinke Stafettenläufer von den über 400 Kilometer entfernten Alpen-Gletschern haben holen lassen.

Was die römische Aristokratie konnte, darauf wollte man natürlich auch an den Adelshöfen späterer Zeit nicht verzichten. Als Katharina di Medici 1533 mit Heinrich II., dem späteren König von Frankreich, vermählt wurde, hat es nach

*Abb. 3:* Eisvergnügen 1910.

151

dem Bericht des Chronisten zartes, dickflüssiges Gefrorenes aus Himbeeren, Orangen und Zitronen gegeben. Als dieselbe Katharina schließlich 1547 Königin wurde, hatte sie bereits einen „Faiseur d'eaux" in ihren Diensten, einen Verfertiger von Eisspeisen und Getränken. Seine Rezepte waren absolutes Staatsgeheimnis. Dem gemeinen Volk stand es einfach nicht zu, derartige Köstlichkeiten zu genießen.

Im 17. Jahrhundert begann sich in Paris das Eis aber schon weiter zu verbreiten. 1673 wurde dort durch einen königlichen Erlaß der Gilde der Limonadenhersteller das Privileg erteilt, zusätzlich auch noch Gefrorenes mit Früchten und Blüten zu bereiten. 1676 schlossen sich in Paris immerhin schon 250 Eiskonditoren zu einer Innung zusammen.

Nun trat das Speiseeis seinen Siegeszug durch ganz Europa an. Der Sonnenkönig Ludwig XIV. ließ es sich ebenso schmecken wie Voltaire, Rousseau, Napoleon I. und schließlich auch Goethe.

Zwischen 1850 und 1870 erfand man in Paris die ersten Eisbecher und das Eis-Parfait. Und in Italien wurde zum erstenmal Cassata hergestellt, während man im leckermäuligen Wien den Eiscafé und die Eisschokolade erfand.

**Zwischendurch mal ein altes Römer-Rezept**

Es ist immer schön, wenn man Historie in die Praxis umsetzen kann. Überliefert ist ein Eisrezept der Römer, das Sie ruhig einmal ausprobieren sollten. Was dabei entsteht, ist natürlich noch nicht die hohe Kunst der Speiseeishersteller, auf die wir später kommen werden; aber es schmeckt ganz schön originell. Im Winter, wenn draußen Schnee liegt, ist das Rezept ganz einfach zu machen, vorausgesetzt Sie finden Schnee in einer einigermaßen sauberen Gegend, der nicht zu stark von Umweltgiften belastet ist. Im Sommer benötigt man:

---
150 g Eiswürfel (aus dem Dreisternekühlschrank)
30 g Honig
100–150 g frische oder tiefgekühlte Früchte (z. B. Erdbeeren, Himbeeren, Pfirsiche)
1 Ei
1–2 Tropfen Rosenwasser (wenn Sie es haben)
---

Die Eiswürfel werden mit einem Mixer – oder besser noch einem Universalzerkleinerer – zerschlagen, bis sie schneeartig zermahlen sind. Dann mischt man mit dem Mixer den Schnee mit dem Honig und den Früchten, die vorher fein püriert werden müssen. Zum Schluß kommen noch das Ei und das Rosenwasser hinzu.

Rosenwasser war ein beliebtes Gewürz und Parfüm der Römer.

Am besten kühlen Sie alle Zutaten im Kühlschrank gut vor, damit das Eis oder der Schnee nicht allzu schnell schmelzen.

Gutes Durchmischen mit dem Mixer ist wichtig, weil Speiseeis erst schmeckt, wenn darin feine Luftblasen enthalten sind. Das gilt auch für das Speiseeis, das man kaufen kann und das wir gleich selbst herstellen wollen. Die Luftblasen schützen die Zunge davor, zu stark abgekühlt zu werden.

Besonderen Spaß haben an der Herstellung dieses Eises natürlich Kinder.

# Speiseeis ist nicht gleich Speiseeis

Lange Zeit bestimmten bei uns die italienischen Eisdielen den Eisgeschmack. Das hat sich in der letzten Zeit gewandelt. Während die Italiener ein süßeres und und fettärmeres Eis bevorzugen, lieben die Deutschen inzwischen ein schweres Eis mit gehaltvollen Zutaten. Für solches Eis wird fast jeder Preis bezahlt. Beliebt sind Bezeichnungen mit dänischen Namen, was aber irreführend ist; denn im Grunde handelt es sich um amerikanisches Speiseeis.

Wie Speiseeis bei uns beschaffen sein muß, dafür gibt es – wie könnte es anders sein – strenge Vorschriften. Die *Deutsche Speiseeisverordnung* von 1933, die heute mit einigen Änderungen immer noch gilt, unterscheidet folgende Speiseeissorten:

---
*1. Eiercreme-Eis:*

Es muß enthalten: Je Liter Eismix 270 g Vollei oder 100 g Eigelb, 200 bis 250 g Zucker; als Geschmacksträger sind nur echte Bourbon-Vanille bzw. Nußmark, Mokka, Nougat usw. erlaubt.

*2. Frucht-Eis:*

Es muß enthalten: Je Liter Milch oder Wasser 200 g frisches Fruchtfleisch, Obstsaft, Obstmark oder die entsprechende Menge naturreiner Eisaromen und Zucker. Bei Zitroneneis genügen 100 g Fruchtanteile. Dieses Eis darf Eiweiß enthalten.
---

*3. Rahm- oder Sahne-Eis:*
Es muß enthalten: 60% Schlagsahne (mit 28% Fettgehalt) sowie Zucker.

*4. Eis-Creme:*
Sie muß enthalten: Milch oder Wasser (mindestens 10% Milchfett), evtl. Butter, Zucker und natürliche Geschmacksstoffe.

*5. Einfach-Eis-Creme:*
Sie muß enthalten: Dasselbe wie Eiscreme; allerdings genügt hier ein Fettgehalt von 3%.

*6. Milch-Speise-Eis:*
Es muß enthalten: Je Liter Eismix mindestens 70% Vollmilch, Zucker und natürliche Geschmacksstoffe.

*7. Kunstspeiseeis:*
Hier gibt es keine Mindestvorschriften. Künstliche Aroma- und Farbstoffe dürfen ebenso enthalten sein wie sämtliche Eispulver und Bindemittel.

Alle Eissorten dürfen außerdem genau festgelegte Mengen von bestimmten Binde- und Schwellmitteln enthalten. Sie dienen der Haltbarkeit bzw. der Durchmischung des Eises mit Luftbläschen.

Besonders wichtig sind die hygienischen Auflagen der Verordnung. Auch wir meinen, daß sie nicht streng genug gefaßt werden können; denn das zum Verkauf bestimmte Eis kann leicht zum Träger von Krankheitskeimen werden. Besonders bei längerer Aufbewahrung können sich diese Keime – trotz niedriger Temperaturen – massenhaft ver-

*Abb. 4:* Was man nicht kaufen, sondern nur selber machen kann: Bei Fruchteis und Sorbet können Sie gefrorene Früchte zur Dekoration verwenden.

mehren. Daran denkt man meist nicht, und deshalb ist dies so heimtückisch.
Die Gefahr, daß man Krankheitskeime im Speiseeis mitißt, ist beim selbstgemachten Eis geringer; denn in der Regel verzehrt man es ja sehr bald. Trotzdem sollte man auch zu Hause auf absolute Sauberkeit der verwendeten Geräte achten.
Unser wichtigstes Prinzip ist es, daß wir als Zutaten nur reine Naturprodukte und keine chemischen Zusätze verwenden, obwohl sogar die Speiseeis-Verordnung sie in geringem Maße zuläßt. Diese Speiseeis-Verordnung ist übrigens nur bindend, wenn man sein Eis verkaufen möchte. Da Sie, liebe Leser, sicher keine Eisdiele aufmachen wollen, brauchen Sie sich bei der Entwicklung eigener Rezepte kaum einen Zwang aufzuerlegen. Sie sollten aber einige physikalische Kriterien berücksichtigen, auf die wir auf den folgenden Seiten eingehen wollen.

## Kälte – erzeugt durch Salz

Das Selbstherstellen von Speiseeis in der eigenen Küche ist heute – im Zeitalter der Gefrierschränke – im Prinzip kein Problem mehr. Um so mehr erstaunt die Tatsache, daß es fast völlig in Vergessenheit geraten ist. Bei unseren Großeltern – so um die Jahrhundertwende – fehlte dagegen die Eismaschine in keinem Haushalt. Da es noch keinen Kühlschrank gab, mußte zum Gefrieren mühselig Stangeneis aus der Eisfabrik besorgt werden.

Weil das Stangeneis aber für die Speiseeis-Herstellung noch nicht kalt genug ist, wurde es zerkleinert und mit Salz bestreut. Dadurch erhielt man eine sogenannte Kältemischung; denn durch das Salz sinkt die Temperatur erheblich unter den Nullpunkt (0 °C). Eine Mischung von 1 kg Eis und 200 g Salz ergibt immerhin eine Mindesttemperatur von minus 18 °C. Die reichte für die Speiseeis-Herstellung aus.

Vielleicht machen Sie zu Hause einmal diesen Versuch, indem Sie Eiswürfel zerkleinern und mit Salz bestreuen: Die Temperatur sinkt wesentlich tiefer als die der Eiswürfel vor dem Experiment, und zugleich beginnt das Eis zu schmelzen. Man kennt diesen Vorgang vom Salzstreuen im Winter.

Heute gibt es Tiefkühlschränke, die ohne weiteres minus 18 °C und noch viel tiefere Temperaturen erreichen, weshalb wir diese umständliche Art der Kälteerzeugung nicht mehr anwenden müssen.

### Warum sich Speiseeis im Mund so angenehm anfühlt

Lutschen Sie mal an einem Eisklumpen aus dem Tiefkühlfach. Der fühlt sich auf der Zunge ausgesprochen unangenehm an; außerdem tut es einem meistens an den Zähnen weh. Das hat folgenden Grund:

Obwohl Speiseeis oft kälter ist als ein fester Eisklumpen, hat es im Mund nicht diese unangenehme Wirkung, weil es mit mikrofeinen Schaumbläschen durchsetzt ist. Der Mindestluftgehalt im Speiseeis beträgt 50%. Die Fachleute sprechen da von einem *Luftaufschlag* oder *Overrun*. 50% Luftgehalt entsprechen einem Aufschlag von 100%, oder anders ausgedrückt: Wenn z. B. zwei Liter Eiscreme 1 kg wiegen, so ist der Overrun ungefähr 2. Mehr als 50% Luft sollte eine gute Eiscreme allerdings nicht enthalten. Wenn Sie das nächste Mal eine große Eispackung kaufen, auf der der Inhalt meist in Volumen angegeben ist, wiegen Sie doch einmal nach. Ein Liter Eiscreme sollte nicht weniger als 500 g wiegen. Das entspräche einem Luftgehalt von 50%.

## Eis hat auch mit Physik zu tun

Wenn Wasser gefriert, entstehen Eiskristalle. Je nach den physikalischen Bedingungen entsteht aus dem gleichen Wasser glasklares, durchsichtiges Eis oder milchiges, undurchsichtiges. Im ersten Fall hat sich ein sogenannter *Monokristall* (zu deutsch: Einkristall) gebildet, bei dem sich die Wasserteilchen – die Moleküle – beim Gefrieren schön symmetrisch Seite an Seite anlagern. Es entsteht eine gleichmäßige Kristallstruktur.

Der Erstarrungsprozeß geht von einem *Kristallisationskern* aus. Dies kann man nur erreichen, wenn die im Erstarren begriffene Flüssigkeit ganz ruhig steht und wenn keine „Verunreinigung" in ihr vorhanden sind.

Im zweiten Fall erfolgt das Gefrieren von einer Unzahl kleiner Kristallisations-Inseln aus. Die Kristalle werden größer und stoßen irgendwann aus vielen Richtungen aufeinander, sie verschränken sich ineinander, und die Kristallstruktur wird unregelmäßig. Man spricht dann von einem *Polykristall* (poly = viel). Aber auch ein solchermaßen entstandener Eisklumpen ist noch hart; denn die einzelnen mikrofeinen Kristallstückchen haben sich fest ineinander verhakt.

Die Kunst bei der Speiseeis-Herstellung ist es nun, diese Kristallstückchen untereinander beweglich zu machen. Erst dann wirkt die Masse weich, und man kann sie löffeln. Dies erreicht man auf verschiedene Weisen:

Einmal schmiert man sozusagen die einzelnen Kristallteilchen, indem man Fett in die Masse gibt: also etwa Sahne oder fette Milch. Milchprodukte sind dafür deshalb auch besonders geeignet, weil sie von Natur aus einen *Emulgator* enthalten, der Fett und Wasser mischbar macht. Aber auch Eier sind Emulgatoren.

Sahne und Ei halten also die Struktur des gefrorenen Eises weich. Je mehr feste Substanz der Eismix enthält, um so weicher bleibt das gefrorene Eis. Wir nutzen dies bei unseren Rezepten für *Halbgefrorenes*.

## Halbgefrorenes (Parfait)

Das Halbgefrorene war aus herstellungstechnischen Gründen eine beliebte Eissorte unserer Groß- und Urgroßmütter. Sahne spielt darin immer eine große Rolle. In ihr läßt sich nämlich leicht die nötige Luft unterbringen (siehe oben), und sie hat überdies den Vorteil, daß sie einen hohen Milchfettgehalt besitzt. Der verhindert, daß das Eis beim Frieren ohne Rühren zu einem harten Klumpen erstarrt. Die meisten anderen Eissorten müssen nämlich ständig gerührt werden, was hier entfällt.

Ein Nachteil des hohen Sahnegehalts ist allerdings, daß dieses Eis nicht gerade ein Schlankmacher ist.

Hier zunächst das Rezept für die Grundmasse, zu der dann später noch Geschmackszutaten kommen:

```
250 ml süße Sahne
2 Eier
70–90 g Kristallzucker
1 Päckchen Vanillezucker od.
1 Tropfen Vanillearoma (natürlich)
1 Prise Salz
```

Mit einem elektrischen Mixer schlagen Sie Eier und Zucker zu einem steifen Schaum. In einem anderen Gefäß wird auch die Sahne schaumig geschlagen und vorsichtig unter den Eierschaum gegeben. Fertig ist die Grundmasse.

**Halbgefrorenes mit Schokolade**
Zerkleinern Sie mit einem Universalzerkleinerer (notfalls auch mit einer feinen Reibe) etwa 80 g Schokolade oder Vollmilch-Kuvertüre, die Sie vorher im Kühlschrank gekühlt haben. Sie wird mit der Eisgrundmasse verrührt. Natürlich könnte man dazu auch Kakao-Pulver verwenden, das nicht erst zerkleinert werden muß. Das schmeckt aber etwas bitter.

Bei diesem Rezept wird die Zuckermenge des Grundrezeptes um 20 g verringert, weil die Schokolade schon Zucker enthält.

Abb. 5: Bei unserem Halbgefrorenen mit Vanille sind deutlich die kleinen Vanillekörnchen zu sehen. Ein Zeichen dafür, daß nur reine Naturstoffe verwendet wurden.

**Halbgefrorenes mit Nuß**
30–50 g Haselnüsse werden gemahlen und zusammen mit 20–30 g Haselnußcreme (die man kaufen kann) unter die Eisgrundmasse gerührt. Wenn Sie nicht schon geschälte Haselnüsse gekauft haben, dann müssen Sie sie bei etwa 220 °C etwa 10 bis 15 Minuten im Backofen rösten lassen, damit Sie die braune Haut abstreifen können.

Da auch die Haselnußcreme gesüßt ist, verwendet man beim Grundrezept 20 g Zucker weniger.

**Halbgefrorenes mit Mandeln**
Hier nehmen Sie 30 bis 50 g Mandeln, die ebenfalls gemahlen werden. Dazu können Sie jeweils einen Tropfen Bittermandel-Aroma und Rosenwasser geben (damit bitte vorsichtig umgehen, weil diese Aromastoffe sonst zu stark durchschmecken).

### Halbgefrorenes mit Vanille

Für ein reines Vanilleeis schneiden Sie eine Schote Bourbonvanille der Länge nach mit einem Küchenmesser auf und kratzen das Mark (kleine schwarze Körnchen) heraus. Es verleiht der Sahne den charakteristischen Geschmack. Dazu kann man noch Schokolade, Mandeln oder kandierte Früchte geben.

### Halbgefrorenes mit Früchten

Sie brauchen 150 bis 200 g frische oder auch tiefgefrorene Früchte wie Erdbeeren, Himbeeren, Aprikosen, Ananas, Mandarinen usw. Bei Bananen brauchen Sie 300 g ohne Schale, weil sie nicht so intensiv im Geschmack sind.
Das Obst wird püriert und mit 25 bis 50 g Zucker vermischt. Bei Früchten, die nicht genug eigene Säure haben, sollten Sie evtl. 1 Eßlöffel Zitronensaft dazugeben; dann schmeckt das Eis frischer. Anschließend das Fruchtmus mit der Grundmasse verrühren.

### Das Einfrieren und Servieren

Füllen Sie nun die fertig zubereitete Eismasse in Gefrierdosen oder in Formen, die sich später stürzen lassen. Stellen Sie diese in das Dreisterne-Tiefkühlfach, und lassen Sie die Masse je nach Größe der Form 6 bis 24 Stunden einfrieren. Das Rezept gelingt noch besser, wenn Sie die Eismasse nach der ersten Stunde noch einmal kurz durchrühren, weil sich sonst die schweren Frucht-, Schokoladen- oder Nußteile am Boden absetzen.
Grundsätzlich schmeckt jedes Eis frisch verzehrt am besten. Wenn Sie es in einem gut verschlossenen Gefäß aufbewahren, können Sie es aber ca. 2–3 Wochen im Gefrierschrank lagern, ohne daß es nennenswert an Geschmack verliert. Formen ohne Deckel lassen sich mit Folie abdecken; sonst bilden sich sehr schnell unerwünschte Eiskristalle an der Oberfläche.
Beim Stürzen der Form hält man sie kurz in kaltes Wasser und setzt sie dann umgekehrt auf einen flachen Teller. Das Eis löst sich dann leicht heraus.
Vor dem Essen empfiehlt es sich, das Eis etwa ½ Stunde ins normale Kühlfach zu stellen, damit sich die Temperatur von minus 18 °C auf etwa minus 10 bis 6 °C erhöhen kann. Dies ist die Idealtemperatur von Speiseeis. Denn kälteres Eis ist nicht nur zu hart, es schmeckt auch bei weitem nicht so aromatisch, denn die Geschmacksnerven reagieren bei kalten Speisen wesentlich unempfindlicher. Deshalb muß Speiseeis im allgemeinen auch etwas kräftiger gesüßt und aromatisiert werden als normale Desserts oder Süßigkeiten. Das sollten Sie bei der Zubereitung der Eismasse berücksichtigen.
Die Herstellung von Halbgefrorenem gehört zur einfachsten Art der Eiszubereitung. Durch den hohen Sahneanteil, der stets stark durchschmeckt, ist man allerdings in der Gestaltung der Geschmacksrichtungen begrenzt.

## Milch- und Fruchteis mit Alginat

Bei unserer Suche nach einem kalorienärmeren Eismix, der ohne langes Rühren einfach nur eingefroren zu werden braucht, stießen wir auf einen interessanten Lebensmittelzusatzstoff: das *Alginat*.

## Was ist Alginat?

Im April dieses Jahres haben wir das Thema *Alginat* bereits in der ARD-Sendung „Bilder aus der Wissenschaft" behandelt, die aus der gleichen Redaktion wie die Hobbythek kommt.
Dort konnten wir zeigen, daß Algen keineswegs nur schreckliche Geschöpfe sind, die die Meere und Küsten verschmutzen, sondern daß ohne diese Pflanzen unser Globus für Tiere und Menschen überhaupt nicht bewohnbar geworden wäre. Letztlich haben uns erst die Algen den Sauerstoff geschenkt. Auch heute noch stellen sie für die ostasiatischen Völker ein wichtiges Nahrungsmittelreservoir dar. Das gilt insbesondere für die sogenannten Braunalgen. Sie besitzen einen Stoff, der *Algin* genannt wird. Er gibt der Alge die fleischige Struktur und hilft ihr, Feuchtigkeit zu speichern, wenn sie mal eine Zeit lang aufs Trockene gerät. Das gelingt dem Algin dadurch, daß es das Wasser zwischen seinen Molekülketten bindet.

*Abb. 6:* Ein ausgezeichneter natürlicher Gelbildner ist Alginat, das aus solchen Algen gewonnen wird.

Die feinen Molekül-Fäden des Algins durchdringen das Wasser und lassen es gelförmig werden. Kurz: Mit diesem Stoff formen sich Wasser oder Säfte zu einem puddingartigen Gel.

Solche Gelbildner gibt es in der Natur in verschiedensten Formen: angefangen bei der *Gelatine,* die übrigens aus dem Kollagen von Tieren gewonnen wird, dem *Pektin* aus den Früchten und der *Stärke* aus Getreide und Kartoffeln, aber auch dem *Agar-Agar* aus Rotalgen und dem *Algin* aus den Braunalgen.

Algin ist chemisch betrachtet eine Zusammensetzung von 2 Pflanzensäuren (und zwar von Mannuronsäure und Galakturonsäure), so wie Gelatine eine Zusammensetzung verschiedenster Aminosäuren – also Eiweiß – darstellt.

Aus Algin entsteht beim Gewinnungsprozeß ein Stoff namens *Alginat,* das chemisch ein Alginsalz ist. Das ist der Stoff, der uns bei der Herstellung von Eis sehr behilflich sein kann.

Wir empfehlen das sogenannte *Natriumalginat,* das als völlig unbedenklicher Nahrungsmittel-Zusatzstoff bewertet wird und selbstverständlich ebenso ungiftig und wie weltweit von allen Lebensmittelbehörden zugelassen ist. Es ist ein natürlicher Stoff, den die Ostasiaten seit Menschengedenken mit ihren Algen in der Nahrung zu sich nehmen. Es kann sogar als Mittel zur Entgiftung von Schwermetallen wie Strontium, Zinn, Cadmium und Quecksilber verwendet werden. Außerdem hilft es, den Cholesterinspiegel des Blutes zu senken, allerdings – um ehrlich zu sein – nicht in den Minimengen, wie wir es in unseren Grundrezepten für Speiseeis einsetzen.

Interessant für Kalorienbewußte ist jedoch noch, daß es ein reiner Ballaststoff ist, also völlig kalorienfrei, weil unser Verdauungsapparat es nicht verwerten kann. Es wird praktisch so wieder ausgeschieden, wie es hereingekommen ist.

Aber das Alginat hat noch einen Vorteil: das Eis wird letztlich sogar bekömmlicher, zumindest das mit Zucker zubereitete. Zucker geht nämlich – wenn er in den Verdauungstrakt kommt – sehr schnell in die Blutbahn über. Durch Geliermittel wie Pektine (vgl. *Seite 120 ff.*), Alginate und Xanthan wird dieser Verdauungsprozeß langsamer, wodurch der Körper insgesamt weniger belastet wird. Vermutlich ist dieser Effekt auch an der angesprochenen Senkung des Cholesterinspiegels im Blut beteiligt.

## Xanthan

In der Regel reicht Alginat als Kristallisationshemmer völlig aus. Beim Milcheis haben wir allerdings die Erfahrung gemacht, daß die Konsistenz noch besser wird, wenn wir zusätzlich noch einen zweiten natürlichen Gelbildner hinzutun: unser schon in der sanften Hobbythek-Kosmetik häufig verwendetes *Xanthan.* In der Wirkung auf den Organismus ist es mit Alginat und Pektin vergleichbar, denn es ist ebenfalls ein Ballaststoff. Es stabilisiert in unseren Rezepten die Eismasse, solange sie noch flüssig ist. Dadurch wird das Eis gleichmäßiger, und der Schaum setzt sich nicht mehr oben ab.

Xanthan ist ein stärkeähnlicher Stoff, der bei der Fermentation (Gärung) eines bestimmten Mikroorganismus erzeugt wird. Sein wissenschaftlicher Name lautet *Xanthomonas compestris.*

*Abb. 7:* Xanthan und Alginat – zwei natürliche Gelbildner – können Sie in Pulverform kaufen.

Nach dem Gärprozeß wird Xanthan gewonnen, indem es in Alkohol ausgefällt, getrocknet und gemahlen wird. Dabei entsteht ein weißes Pulver. Xanthan gehört in die Gruppe der Kohlehydrate.

## Milcheisherstellung ohne Eismaschine

Jetzt können Sie zum ersten Mal ein reines Milcheis ohne Sahnezusatz anrühren, indem Sie es einfach nur ins Gefrierfach zum Einfrieren stellen. Eine Eismaschine brauchen Sie für dieses Rezept nicht mehr.

Als ein Beispiel für dieses wirklich spielend einfach herzustellende Eis hier ein Rezept für aromatisches Nußeis.

*Abb. 8:* Herrliches Milcheis, das Sie durch verschiedene Zutaten zu vielerlei Eissorten abwandeln können.

# Milcheis-Grundrezept

```
250 ml H-Vollmilch (3,5% Fett),
    kalt aus dem Kühlschrank
60–80 g Zucker (für Diabetiker
    Zuckeraustauschstoff Frucht-
    zucker)
1 Meßl. Alginat
½ Meßl. Xanthan
1 Päckchen Vanillezucker
1 Ei
```

für Nußeis kommen hinzu:

```
50 g frisch geriebene Haselnüsse
evtl. 10–20 g Nußnugat
```

Zunächst wird etwa ein Viertel des Zuckers mit dem Alginat gut vermischt, und zwar am besten, indem Sie es in ein Marmeladenglas geben und kräftig schütteln. Die weitere Arbeit geht sehr einfach mit einem elektrischen Handrührgerät.
Gießen Sie die Milch in eine Rührschüssel, stellen Sie den elektrischen Handrührer auf mittlere Geschwindigkeit und geben nach und nach den Zucker mit dem Alginat hinein.
Sie sehen, wie die Milch hoch aufschäumt. Dadurch wird das fertige Eis später schön luftig. Wenn die Milch nicht kalt genug ist, also nur Zimmertemperatur hat, schäumt sie weniger. Am allerbesten eignet sich H-Milch, weil sie am stärksten schäumt. Außerdem öffnen Sie möglichst eine neue Milchpackung; auch das ist wichtig für die Schaumbildung. Wenn Sie nur mit dem Schneebesen arbeiten, müssen Sie die Mischung unter stetigem Rühren zugeben, damit das Alginat nicht verklumpt.

*Abb. 9:* Die Eismischung für Milcheis muß gut schaumig gerührt werden, damit später das Eis schön luftig wird.

Wichtig ist, daß das Alginat gleichmäßig aufgelöst wird. Das Alginat wird stets in die Milch gegeben, nicht umgekehrt. Die Masse wird dann sämig bis gelförmig.
Weiter geht es damit, daß Sie in die schaumige Masse die gerösteten und abgekühlten Nüsse sowie Nougat und Vanillezucker hineingeben.
Zum Schluß schlagen Sie das Ei mit dem restlichen Zucker schaumig. Besonders luftig wird das Eis, wenn Sie Eiweiß und Eigelb getrennt schlagen. Rühren Sie alles gründlich zusammen, und füllen Sie die Eismasse in Schälchen oder in größere Gefrierdosen. Die Schälchen können ruhig aus Porzellan oder Glas sein. Da das Eis leicht schaumig ist, platzen sie beim Einfrieren nicht. Sie sind praktisch, weil das Eis so auf den Tisch gebracht werden kann, wie's aus dem Tiefkühlschrank kommt. Zum Abdecken im Gefrierfach können Sie Deckel von Marmeladen- oder Einmachgläsern verwenden.

Wichtig ist, daß Sie stets hygienisch arbeiten, damit keine Keime ins Eis geraten. Also vor allen Dingen darauf achten, daß die Geräte gut gespült sind. Trotzdem ist das Eis zum baldigen Verzehr gedacht.

## Hier einige Rezeptvariationen:

Der Geschmack dieses Milcheises hängt logischerweise von den Zutaten und ihrer Qualität ab. Schmecken die Zutaten nicht, darf man sich nicht wundern, wenn auch das Eis nicht schmeckt.

**Mandeleis**

```
50 g fein zermahlene geröstete
    Mandeln zugeben und gegebe-
    nenfalls auch
10–20 g zerflocktes Marzipan
evtl. etwas Bittermandelaroma
```

*Abb. 10:* Selbstgemachtes Mandeleis.

### Pistazieneis

> 50–100 g Pistazien
> im Universalzerkleinerer
> vormahlen und in die
> Eismaschine hineingeben

Wer das typische Grün des Pistazieneises liebt, kann noch etwas Spinatwasser oder Chlorophyllpulver in die Masse geben.

### Schokoladeneis

macht man mit Kakao. Vermischen Sie das Pulver am besten mit dem Alginat und dem Zucker. Nehmen Sie

> 30–50 g Kakaopulver.

Wenn Sie wollen, können Sie zum Schluß in die fertige Eismasse noch Schokosplitter hineingeben, evtl. auch Rosinen. Besonders gut schmecken diese Rosinen, wenn Sie vorher in Rum eingelegt wurden. Diese Mischung heißt dann *Malagaeis*.
Aber auch Trockenfrüchte oder kandierte Früchte ergeben ein ausgefallenes Eis. Die Menge dieser aromatischen Zusätze richtet sich nach Ihrem Geschmack. Probieren Sie es einfach aus.

### Vanilleeis

Echtes Vanilleeis erhalten Sie nur mit der echten Bourbonvanille. Davon brauchen Sie für die angesetzte Menge eine Stange.
Schneiden Sie die Vanillestange mit einem scharfen Messer auf und kratzen Sie das Mark heraus. Dieses Mark läßt sich kalt unter die Milch rühren, es bildet die typischen schwarzen Pünktchen in der Milch, die als Erkennungsmerkmal dafür dienen, daß echte Vanille verwendet wurde. Den Rest der Stange können Sie in ein Glas mit Zucker stecken. Lassen Sie es eine Zeitlang stehen, dann erhalten Sie eine Art Vanillezucker.
Leider ist die echte Vanille nicht billig, wer es preiswerter haben will, muß auf natürliches Vanillearoma zurückgreifen. Davon reichen 1 bis 2 Tropfen aus. Vanilleeis mit Schokoladensplittern wird zum *Stracciatella,* mit Rosinen und kandierten Früchten wird es zum *Toroneeis*.

### Anrühren des Alginats mit Weingeist

Wer Honiggeschmack liebt, kann anstelle von Zucker auch mit flüssigem Honig süßen. Das gibt wieder eine besondere Note; allerdings entsteht dabei ein kleines Problem. Da bei diesem Rezept der Zucker fehlt, mit dem normalerweise das Alginat vermischt wird, brauchen wir hier einen kleinen Trick. Vermischen Sie das Alginat vorher mit etwas 90%igem Weingeist, den Sie in der Apotheke kaufen können. Niederprozentiger Alkohol reicht leider nicht. Nehmen Sie einen Meßlöffel Weingeist auf einen Meßlöffel Alginat, es verteilt sich darin völlig gleichmäßig, so daß Sie es dann problemlos in die Eismilchmasse einrühren können.

## Eisrezept mit Sahne

Dieses Rezept gleicht dem vorher beschriebenen Milcheis, es hat aber einen höheren Fettgehalt durch den Sahneanteil. Allerdings enthält es wesentlich weniger Sahne als das Halbgefrorene (vgl. *Seite 154*) und ist deshalb nicht ganz so kalorienreich.

> 150 ml süße Sahne
> 60–80 g Zucker oder
> Fruchtzucker
> 1 Meßl. Alginat
> 100 ml Wasser
> 1 Päckchen Vanillezucker
> 1 Ei

Ein Viertel des Zuckers wird mit dem Alginat trocken vermischt und ins kalte Wasser eingerührt. Lassen Sie es ein paar Minuten quellen; dann lösen sich die Klumpen von selbst.
Zur längeren Haltbarmachung des fertigen Eises kann das Wasser mit dem Alginat kurz aufgekocht und wieder abgekühlt werden.
Die süße Sahne wird separat aufgeschlagen und in einer weiteren Schüssel das ganze Ei mit dem restlichen Zucker schaumig gerührt. Geschmackszutaten wie beim Milcheis beschrieben. Dann wird die Eimasse unter die Wasser-Alginat-Mischung gerührt und zum Schluß die geschlagene Sahne untergezogen. In Gefrierdosen füllen und einfrieren.
Diese Rezepte sind einfach zum Einfrieren im Tiefkühlschrank oder im Tiefkühlfach gedacht.
Wenn Sie Ihr Eis als Kugel servieren möchten, ist das kein Problem. Die entsprechenden Geräte gibt es heute überall zu kaufen. Die Eiskugelformer aus Metall werden zwischendurch immer wieder in Wasser getaucht, damit das Eis nicht daran festfriert.

## Wenn Sie eine Eismaschine haben

Der Profi verwendet zur Herstellung stets eine richtige Eismaschine. Darin wird der Behälter von außen durch eine Kältemaschine gekühlt, und permanentes Abschaben der Eismasse von der Kühlfläche verhindert, daß sich grobe Kristalle bilden. Außerdem werden durch das fortwährende Schaben Luftbläschen eingearbeitet, wodurch das Eis schön locker wird.

Vor etlichen Jahren haben wir eine Variante dieser Methode zur Eisherstellung zu Hause entwickelt. Sie funktionierte ganz gut. Wir haben sie damals in einer Hobbythek-Sendung vorgestellt. Bei dieser Methode drehten wir eine Edelstahlschüssel in einer auf −20 °C abgekühlten Salzlake. Die Salzlösung konnte immer wieder aufs neue verwendet werden. Dazu brauchte sie nur im Tiefkühlfach erneut abgekühlt zu werden. Theoretisch hätte man das auch wie unsere Großeltern mit Stangeneis und Salz machen können. Aber wohin dann mit der Salzlösung? Die Umweltbelastung durch Salz im Abwasser wäre einfach nicht akzeptabel. Daran dachte man früher zuallerletzt. Mittlerweile sind wir da ja Gott sei Dank wesentlich umweltsensibler geworden. Wer's so noch einmal versuchen will, der findet die Beschreibung inklusive vieler auch heute in unserer Sendung verwendeten Rezepte im *Hobbythekbuch vom ESSEN/2*.

Offenbar haben damals einige Firmen ganz gut aufgepaßt. Sie haben unsere zugegebenermaßen etwas primitive Methode perfektioniert und daraus eine Mischmaschine mit Motorantrieb ent-

*Abb. 11:* Blick in den Bottich einer professionellen Eismaschine. Der feststehende Schaber sorgt dafür, daß sich das Eis nicht an den Wänden festsetzt und gleichzeitig gut durchgemischt wird.

wickelt. Die Idee entspricht jedenfalls genau der unsrigen: Ein Behälter mit einem Kühlmittel als Kältequelle ist vorhanden, und dieser Behälter ist mit Salzlake gefüllt.

Die ersten Maschinen vor etlichen Jahren waren noch unhandlich, sie paßten nur in eine große Kühltruhe. Neuere Maschinen sind mittlerweile so flach konstruiert, daß sie auch in ein normales Gefrierfach passen. Der Behälter mit dem Kühlmittel wird über Nacht eingefroren und ist dann gebrauchsfertig. Er wird aus dem Gefrierfach geholt und in die Maschine gesetzt.

Die Methode der Eisproduktion ist mit solchen Maschinen kinderleicht. Zuerst wird die Eismasse wie beschrieben vorbereitet. Währenddessen können Sie alle bisher präsentierten Rezepte vorbereiten; mit einer kleinen Ausnahme: lassen Sie die Eier weg. Der geschlagene Eischnee ist jetzt nicht mehr erforderlich, weil die Luftbläschen durch die Rührwerkbewegungen der Maschine automatisch in die Eismasse hineinkommen. Theoretisch könnte man sogar das Alginat aus den Rezepten weglassen. Wir empfehlen es trotzdem, weil es Ihnen dann mög-

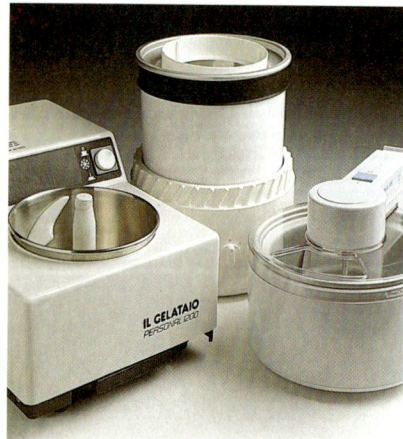

*Abb. 12:* Inzwischen gibt es auch Eismaschinen für den Hausgebrauch.

*Abb. 13:* Unseren Kirsch-Sorbet verzieren wir mit gefrorenen Schattenmorellen.

lich wird, das fertige Eis im Tiefkühlfach längere Zeit aufzubewahren, ohne daß es zu einem harten Eisklumpen erstarrt.

Da die Kältekapazität der Maschine begrenzt ist, empfiehlt es sich, den fertig angerührten Mix im Kühlschrank zunächst soweit wie möglich vorzukühlen und erst dann mit der Eisherstellung in der Maschine zu beginnen.

Übrigens: Für absolute Selbermacher-Eisfans gibt es eine fast professionelle Eismaschine mit eigenem Kompressor-Kühlaggregat im Miniformat für 1 Liter Eis. In Italien sind diese Maschinen für die Privatküche ein Renner. Ein Nachteil ist der Preis, er liegt zwischen DM 500,– und DM 700,–.

## Sorbet und Fruchteis

In einer der eben beschriebenen Eismaschinen kann man völlig problemlos Speiseeis anrühren. Es wird eigentlich immer relativ schaumig und locker. Probieren Sie doch mal das folgende anregende Rezept:

### Champagnersorbet

250 ml Sekt oder Champagner
10–30 g Zucker
½–1 Meßl. Alginat

Das Alginat mit dem Zucker trocken vermischen und klumpenfrei in den möglichst kalten Sekt einrühren. Wollen Sie auf den Zucker verzichten, können Sie das Alginat mit 1 Meßl. 90%igem Weingeist anrühren, wie auf *Seite 156* beschrieben.

Wenn Sie keine Eismaschine haben und die Masse direkt in Sektkelche füllen und im Gefrierschrank einfrieren möchten, mischen Sie vorher ein geschlagenes Ei unter.

Aber ein Sorbet beschränkt sich bekanntlich nicht nur auf Champagner. Seit einiger Zeit ist es in vornehmen

Restaurants immer mehr in Mode gekommen, zwischen 2 Hauptgängen ein Sorbet zu reichen; also nicht nur als Nachtisch.

Ab sofort können Sie Sorbets in allen Variationen im Nu selbstmachen, auch als Eis am Stiel. Der größte Vorteil, es macht wirklich kaum Arbeit.

### Fruchteis

In der Regel gehen wir von reinen Fruchtsäften oder von vorpürierten bzw. zermixten Früchten aus. Sie können frisch oder eingemacht sein. Manchmal reicht es auch, die Früchte mit der Gabel nur zu zerdrücken.

Für Wassereis oder als zusätzliche natürliche Aromalieferanten eignen sich auch Fruchtextrakte, die es mittlerweile in den Läden gibt, die die Hobbythekzutaten führen, aber auch in Reformhäusern und Drogerien.

### Fruchteis-Grundrezept

> 250 g Früchte
> 40–70 g Zucker (die Menge hängt von der Fruchtart ab)
> 1 Meßl. Alginat
> 50 g Fruchtsaft

Bei relativ sauren Beerenarten wie Himbeeren, Johannisbeeren, Brombeeren, Stachelbeeren, Maracuja usw. sind etwa 50 bis 60 g Zucker zu empfehlen. Gleichzeitig sollte man hier wegen der Kerne nur auf 100% Fruchtsäfte zurückgreifen.

Erdbeeren, Blaubeeren, entsteinte Kirschen, Pfirsiche, Aprikosen, Äpfel, Birnen, aber auch exotische Früchte wie Ananas, Kiwi, Bananen, Mango kommen mit 30 bis 50 g Zucker aus. Die

*Abb. 14:* Fruchteis.

Dosierung müssen Sie Ihrem Geschmack anpassen. Bedenken Sie aber, daß Eis immer etwas süßer sein muß als Früchtemus. Denn unsere süßen Geschmacksnerven reagieren auf kalte Speisen weniger empfindlich als auf Desserts bei Zimmertemperatur.

Wir empfehlen, den größten Teil der Früchte zu pürieren, so daß Mark und Fruchtsäfte frei werden. Nehmen Sie dazu entweder einen Mixer oder einen Pürierstab.

Einen kleineren Teil der Früchte können Sie mit dem Messer fein würfeln oder mit der Gabel zerdrücken. Dann haben Sie noch zusätzlich etwas auf der Zunge. Außerdem machen die Fruchtstückchen das Eis noch aromatischer. Lassen Sie die Fruchtstückchen aber nicht zu groß bleiben, sonst schmecken sie zu kalt.

Das Alginat wird mit einem Teil des Zuckers trocken vermischt. Wenn wir das jetzt ins Fruchtpüree geben würden, könnten wir allerdings nicht sehen, ob es sich wirklich gelöst hat. Deshalb rühren wir die Alginat-Zuckermischung zunächst in 50 g klarem Saft an (Apfel- oder Orangensaft). Lassen Sie alles 3 Minuten stehen. Die letzten Klümpchen lösen sich dann von allein. Zum Schluß geben Sie die Mischung ins Fruchtmark. Fertig ist der Eismix.

Auch Eis aus Zitrusfrüchten wie Zitrone, Apfelsine, Pampelmuse kann durch Pürieren der geschälten Früchte schmackhafter werden.

Zusätzlich können Sie das Aroma noch durch gefriergetrocknete oder sprühgetrocknete Fruchtpulver (vgl. *Seite 43*) verstärken. Profis helfen da manchmal mit künstlichen Aromen nach; davon möchten wir aber abraten. Das Fruchtpulver ist zwar etwas teurer, dafür aber auch wesentlich schmackhafter und vor allen Dingen natürlich. Nehmen Sie von dem jeweiligen Pulver etwa 1 gehäuften Eßlöffel. Es wird mit dem restlichen Zucker trocken vermischt und ins Fruchtpüree gerührt.

### Fruchteis ohne Zucker

Ein Rezept für kalorienbewußte Menschen, aber auch für Kinder, denn Zucker ist für die Zähne schädlich. Die Alternative heißt Süßstoffe, die besser sind als ihr Ruf (vgl. *Seite 30 ff.*).

Übrigens macht sich bei Fruchteis der manchmal zugegebenermaßen etwas andersartige Süßgeschmack von Süßstoffen weniger bemerkbar.

> Auf
> 250 g reinen Fruchtsaft oder Fruchtmark kommen
> 1 Meßl. Alginat

Wir haben die Erfahrung gemacht, daß zusätzlich ½ Meßl. des hochveresterten *Pektin HVG,* das wir schon zum Marmeladekochen verwendet haben, die Struktur verbessert. Die störende Kristallisation des Eises wird dadurch sicher verhindert.

**Grundrezept Fruchteis mit Süßstoff**

250 ml Fruchtsaft oder -mark
1 Meßl. Alginat
½ Meßl. Pektin HVG
Süßstoff, der einer Zuckermenge
  von 50 – 80 g entspricht

Zum Lösen des Alginats und des Pektins nehmen wir wieder die Alkoholmethode. Geben Sie die Alginat- und Pektinmenge in 1,5 Meßl. 90%igen Weingeist. Keine Angst, die geringe Menge Alkohol macht sich nicht bemerkbar, weil sie ziemlich schnell verfliegt.
Die Lösung rühren Sie in den Fruchtanteil. Auch hier können Sie wieder den Mixer zu Hilfe nehmen oder den Pürierstab. Es geht aber auch leicht von Hand. Rühren Sie solange, bis die Mischung leicht gelförmig wird und die Gelbildner klumpenfrei verteilt sind.
Wenn Sie sich die Zeit nehmen, können Sie die Mischung 2 Minuten lang aufkochen, damit sich das Pektin vollständig löst. Anschließend abkühlen lassen, in Eis-am-Stiel-Formen füllen und einfrieren. Die erhitzte Masse ist außerdem besonders keimarm und kann länger aufbewahrt werden. Wem das Erhitzen zu umständlich ist, der stellt das Eis einfach kalt her. Das funktioniert auch.
Die Masse kann natürlich auch in der Eismaschine gerührt werden.

## Eis am Stiel

Mittlerweile gibt es sehr praktische Kunststoff-Formen, mit denen die Eis-am-Stiel-Produktion wirklich kinderleicht ist.
4 Formen kosten etwa DM 5,– und können immer wieder verwendet werden. Man braucht dafür auch nicht unbedingt eine Eismaschine.

*Abb. 15:* Jetzt können sie sogar Eis am Stil selbst machen.

In diese Formen können alle hier vorgestellten Eismassen gefüllt werden. Ja, es ist sogar möglich, in einer Form unterschiedliche Eisarten unterzubringen; sozusagen huckepack.
Beim Abfüllen einfach den angekühlten Eismix in die Form gießen, am oberen Rand 3 mm Platz lassen und dann den Deckel – der gleichzeitig den Stiel bildet – auf das Förmchen setzen. Die Förmchen haben eine Bodenhalterung, so daß sie aufrecht stehend gefüllt und eingefroren werden können. In etwa 3

*Abb. 16:* Mit Formen und Stielen aus Plastik ist die Herstellung von Eis am Stiel ein Kinderspiel.

bis 4 Stunden erstarrt der Inhalt im Tiefkühlfach zu einem tollen Eis am Stiel. Vor dem Eisschlecken wird die Form kurz in kaltes Wasser gehalten und vorsichtig abgezogen. Der gefrorene Inhalt bleibt am Stiel. Selbstverständlich kann man ihn vorher noch mit Schokolade oder Kuvertüre überziehen.
*Eis am Stiel mit Schokoladenüberzug*
Hierzu wird Schokolade oder Kuvertüre vorsichtig bei 30 bis 35 °C geschmolzen. Sie darf nicht heißer werden als höchstens 40 °C; das gleiche gilt für Diätschokolade mit Sorbit.
Das Schmelzen geht am einfachsten im Mikrowellengerät auf kleinster Stufe. Sonst muß die Schokolade geraspelt werden und entweder im Wasserbad oder besser auf der Heizplatte einer Kaffeemaschine oder einer Warmhalteplatte erwärmt werden. Im Wasserbad besteht immer die Gefahr, daß Wassertropfen in die Schokolade gelangen; sie wird dann fest und läßt

sich nicht mehr als Glasur verarbeiten. Wenn man mit der Warmhalteplatte der Kaffeemaschine arbeitet, braucht man eine Schüssel mit gutem Bodenkontakt, damit sie sich gut auf der Platte erwärmen läßt. Es gibt allerdings auch Kaffeemaschinen, deren Warmhalteplatten relativ heiß werden. Das muß man einfach ausprobieren.

Wenn die Schokolade geschmolzen ist, lassen Sie sie etwas abkühlen. Sie soll sich nicht mehr warm anfühlen. Dann wird das Eis getaucht. Durch die Kälte wird der Überzug sofort fest. Besonders lecker wird er, wenn man geröstete Mandelsplitter, Nüsse, Sonnenblumenkerne usw. oder gefriergetrocknete ganze Getreidekörner aus Weizen und Roggen darüberstreut.

Abb. 18: Dekorativer kann man Eis nicht anrichten: Eis in ausgehöhlten Fruchtschalen.

Abb. 17: Zunächst haben wir selbstgemachtes Eis mit Schokolade überzogen, die dann in gefriergetrockneten, knusprigen Körnern gewälzt wurde.

## Eis in Früchteschalen

Da auch das Auge mitißt, sollte Eis immer verlockend angerichtet werden. Wie ist es mit folgendem Vorschlag: Füllen Sie Ihr selbsthergestelltes Fruchteis in seine natürlichen Schalen. Besonders geeignet sind Zitronen-, Orangen- oder Pampelmusenschalen, aber auch Bananenhüllen und leere Kokosnüsse, ausgehöhlte Wasser- oder Zuckermelonen, Ananas usw. Nach dem Füllen empfiehlt es sich, sie im Tiefkühlfach mindestens 1 bis 2 Stunden nachkühlen zu lassen.

## Eishörnchen selbstgebacken

Die richtige Ergänzung zum kühlen Eis sind natürlich knusprige Waffeln. Es gibt sogar spezielle Waffeleisen zum

*Abb. 19:* Sogar Eiswaffeln und Tüten kann man selber backen.

## Eine Bombe für Pazifisten: die Eisbombe

Die Eisbombe hat eine große und alte Tradition. Für eine festliche Tafel ist sie genau das Richtige; denn man erzielt mit ihr einen riesen Effekt ohne allzuviel Aufwand.

Allerdings brauchen Sie dazu eine Eismaschine. Oder Sie rühren die Eismasse nach unserer alten Hobbythek-Methode, die wir im *Hobbythek-Buch vom Essen 2* beschrieben haben.

Bevor Sie die Eisbombe herstellen, sollten Sie aber die Rezepte der verschiedenen Eissorten in kleinen Mengen ausprobieren.

Die Form für die Eisbombe kann eine entsprechend runde Kunststoff- oder Metallschüssel oder auch eine Kuchenform sein. Beim Aussuchen der Form aufpassen, daß sie später im Gefrierschrank unterzubringen ist. Hier gleich noch ein Tip: Metallformen sollten Sie unbedingt auf etwa −10 °C vorkühlen, was im Gefrierfach möglich ist. Bei Kunststofformen können Sie sich das ersparen.

Damit Sie sich über das Fassungsvermögen Ihrer Form keine falschen Vorstellungen machen, sollten Sie vorher ausprobieren, wieviel hineinpaßt.

Die eigentliche Herstellung der Eisbombe geht folgendermaßen:

Bereiten Sie zunächst die Grundmasse für das Halbgefrorene zu und stellen Sie sie zum Vorkühlen in den Gefrierschrank. Wenn Sie damit fertig sind, beginnen Sie sofort mit der Zubereitung des Speiseeises.

Das fertige Speiseeis, das eine Temperatur von etwa −5 °C hat, geben Sie in die vorgekühlte Form, die mindestens

*Abb. 20:* Eine Eisbombe.

−10 °C kalt ist (sofern es sich um eine Metallform handelt), und streichen Sie das Speiseeis mit einem breiten Messer, Schaber und Eßlöffel möglichst gleichmäßig dick an die Wände der kühlen Form. An der kalten Schüssel bleibt das wärmere Eis gut haften. Bei einer Plastikform geht das nicht ganz so bequem; übermäßig schwierig ist es auch nicht. Stellen Sie anschließend die Form mit der Eisschicht sofort wieder in den Gefrierschrank zurück, wo es etwa ½ Stunde stehenbleiben muß. In dieser Zeit können Sie die Grundmasse des Halbgefrorenen zu 3 verschiedenen Sorten verarbeiten; also zu Schokolade-, Vanille- und Erdbeereis. Bei den jeweiligen Mengen, die Sie in einzelnen Schichten in die Form mit dem Speiseeis hineinstreichen sollen, müssen Sie sich ein wenig nach der Form richten. Von der Speiseeis-Sorte, die am Boden sitzt, wo weniger als wei-

Backen von Eishörnchen. Aber das ist etwas für die ganz großen Eisfans. Es geht nämlich auch im normalen Waffeleisen. Wichtig ist nur, daß die frisch gebackenen Waffeln sofort noch heiß zum Hörnchen gedreht werden. Hier ein Rezept:

```
6 Eier
250 g Zucker
1 Päckchen Vanillezucker
250 g Butter
250 g Mehl
evtl. 50–100 ml Milch
```

Eier, Zucker und Butter schaumig rühren, Mehl zugeben und evtl. die Milch. Den Teig etwa 1 Stunde kühl stellen, dann die Waffeln backen.

Das Schwierigste beim Drehen der Hörnchen ist, unten eine gute und dichte Spitze zu bekommen. Das geht um so einfacher, je breiter die Öffnung oben bleibt. Zum Schluß noch ein Vorschlag, der sich zum Selbstmachen geradezu anbietet.

ter oben unterzubringen ist, müssen Sie einfach ein bißchen weniger herstellen. Wenn das Erdbeereis die letzte und damit größte Schicht ist, dann davon entsprechend mehr zubereiten.

Nach etwa ½ Stunde wird die Form mit der Eiswand wieder aus dem Gefrierschrank geholt, das Halbgefrorene in Schichten hineingestrichen, wobei wichtig ist, daß dieses Halbgefrorene nicht wärmer als −3 °C bis −5 °C ist. Zum Schluß decken Sie die Form mit Alufolie oder einem Deckel ab und stellen Sie für etwa 24 Stunden in den Gefrierschrank. Wenn Sie eine sehr große Form benutzt haben, dann dauert es etwas länger.

Vor dem Servieren die Eisbombe eine Viertelstunde im Kühlschrank stehenlassen, dann herausnehmen und aus der Schüssel stürzen, falls es nicht klappt, die Schüssel kurz in kaltes Wasser tauchen. Aufgeschnitten wird die Eisbombe wie eine Torte.

*Abb. 21:* Jean Pütz testet mit seinem Team zahllose Rezepte, bevor sie in dieses Buch kommen.

# Süßes Gebäck einmal anders

In diesem Kapitel geht es zwar um süßes Gebäck; im Vordergrund stehen aber nicht die süßen Zutaten wie Zukker, Zuckeraustauschstoffe oder Honig.

Es geht hier vor allem um das Backen mit Mehl aus dem vollen Korn, was – wie Sie vielleicht schon ausprobiert haben – gar nicht so einfach ist. Die *Hobbythek* hat aber Verfahren gefunden, die das Backen mit Vollkornmehl genauso einfach werden lassen wie das Backen mit dem üblichen Auszugsmehl, das bekanntermaßen nicht zu den gesündesten Stoffen zählt.

Wir gehen jedoch in diesem Kapitel auch über Mehlsorten aus den herkömmlichen Kornarten hinaus und führen Ihnen Rezepte vor für Kuchen, der aus Reismehl, Buchweizen-, Hafer-, Roggen-, Gerstenmehl usw. gebacken sind.

Die Verfahren, die Ihnen die *Hobbythek* für diese ungewöhnlichen und zugleich gesundheitsfördernden Rezepte anbietet, wollen wir hier nicht vorwegnehmen. Nur soviel sei gesagt, daß es unter anderem um *Reinlecithin-Pulver* geht, mit dem das Backen mit Mehl aus vollem Korn zum Kinderspiel wird.

Außerdem arbeiten wir mit sogenanntem *Weizenkleber HT,* der Voraussetzung dafür ist, daß man Kuchen und Brot aus Roggenmehl backen kann, für das sonst Sauerteig die Voraussetzung ist.

*Abb. 1:* Wir zeigen Ihnen, daß man mit den natürlichen Stoffen *Reinlecithin-Pulver* und *Weizenkleber HT* aus sämtlichen Vollkornmehlen wunderbar lockere Kuchen backen kann.

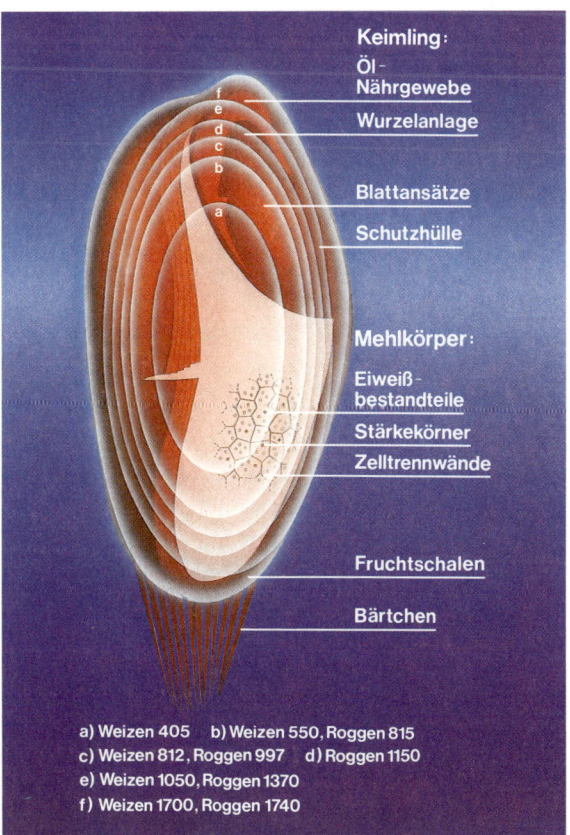

a) Weizen 405   b) Weizen 550, Roggen 815
c) Weizen 812, Roggen 997   d) Roggen 1150
e) Weizen 1050, Roggen 1370
f) Weizen 1700, Roggen 1740

*Abb. 2:* Für verschiedene Mehlsorten kann das Korn unterschiedlich gemahlen werden. Je höher die Typen-Nummer, um so mehr Keimanteile sind im Mehl enthalten. Wird das Korn vor dem Mahlen nur bis zur Schicht f geschält, sind praktisch noch alle Bestandteile des Korns enthalten. Wird jedoch bis zur Schicht a geschält, gehen alle Keimanteile verloren. Das Mehl sieht dann zwar makellos aus, ist aber ziemlich wertlos.

## Backen mit Vollkornmehl

Der Wert des Vollkornmehls ist unter Ernährungsberatern unbestritten. Beim Brot empfinden wir es auch als ganz normal, daß zumindest Roggenbrot aus Vollkornmehl angeboten wird. Aber bei Gebäck und Kuchen ist das ganz anders. Sie sollen schön und leicht aussehen, und so greift man schon eher einmal zum inhaltslosen Weizenmehl Typ 405.

Dem Vollkornmehl haftet für viele Menschen immer noch der Ruf eines Arme-Leute-Produktes an. Tatsächlich konnten sich die armen Leute ja früher das kostbare weiße Weizenmehl nicht leisten. Außerdem läßt sich Vollkornmehl schlechter verbacken, was daran liegt, daß im Vollkorn die an sich sehr gesunden, öligen Bestandteile des Keims noch enthalten sind. Das Backen wird auch dadurch erschwert, daß noch die mineral- und vitaminreichen Ballaststoffe der Schale im Mehl enthalten sind.

Ein ölhaltiges Mehl läßt sich unter anderem deshalb schlechter verbacken, weil das Wasser und das Öl im Teig sich nicht gut miteinander vertragen. Das ist eine physikalische Gesetzmäßigkeit, die der Grund dafür war, daß früher die Krume meist ungleichmäßiger und das Backwerk insgesamt weniger schön als bei der Verwendung von Auszugsmehl aussah.

Heute gibt es in jeder Hinsicht gesunde Mittel, die diese Vermischung von ölhaltigen und wäßrigen Substanzen fördern — also eine *Emulsion* herstellen. Zu diesen Mitteln gehört unser Reinlecithin-Pulver, das ein natürlicher Emulgator ist (vgl. *Seite 82*).

Da aber die Inhaltsstoffe jeder Getreideart anders zusammengesetzt sind und deshalb die Backeigenschaften je nach Sorte ebenfalls sehr unterschiedlich sind, muß jedes Rezept auf die besonderen Eigenschaften des jeweiligen Vollkornmehls zugeschnitten sein. So hat z. B. Weizenmehl von Natur aus gute Backeigenschaften, Reismehl hingegen kaum welche.

## Das Kleber-Eiweiß

Daß ein Teig locker wird und aufgeht, erreicht man normalerweise durch Backtreibmittel wie Backpulver, Hefe, Sauerteig oder auch Eier. Wichtig ist beim Backen, daß der Teig nicht nur im Ofen aufgeht, sondern hinterher auch stabilisiert bleibt und nicht gleich wieder in sich zusammenfällt. Dies bewirkt normalerweise das sogenannte Kleber-Eiweiß. Es kommt vor allem im Weizenmehl vor, weshalb ihm unter allen Getreidesorten eine besondere Stellung zukommt (auf die Inhaltsstoffe von Weizen- und Roggenmehl sind wir bereits in unserem *Hobbythekbuch vom Essen 1* ausführlich eingegangen).

Aber der Klebereiweiß-Anteil ist nicht in jeder Weizensorte gleich hoch. „Normaler" Weizen, auch Weichweizen genannt, enthält weniger Kleber-Eiweiß als Hartweizen (Durum-Weizen), der vor allem in den USA und Südeuropa wächst und bei uns aus klimatischen Gründen nicht angebaut werden kann. Deshalb ist Hartweizen hier auch recht teuer.

Aus Hartweizen werden vor allem Nudeln hergestellt, für die man dann keinen Eizusatz braucht. Aber auch das französische Baguette wird daraus gebacken.

Kleber-Eiweiß — auch Weizenkleber oder fachmännisch Gluten genannt — besteht zum größten Teil aus Eiweiß. Dieses Gluteneiweiß besteht aus einer Kombination von Aminosäuren (Glutanin und Prolin; vgl. *Gesundheit mit Kräutern und Essenzen, Seite 31 ff.*). Es ist ebenso nahrhaft wie alle anderen Eiweißstoffe. Allerdings gibt es Menschen, die an der äußerst seltenen Erbkrankheit *Cöliakie* leiden, die den Prolaninbestandteil des Gluten nicht vertragen. Sie müssen vor allem Weizenmehl meiden. Menschen mit dieser Krankheit sollten also in unseren Rezepten den Glutenzusatz weglassen. Völlig frei von Kleber ist unter den gängigen Getreidesorten auch der Roggen, weshalb er nur durch Zugabe von Sauerteig backfähig wird.

Wir haben jetzt ein Verfahren gefunden, bei dem durch Zugabe von Weizenkleber alle Mehle zum Backen verwendet werden können; sogar Roggen. Der Kleber verbessert aber auch Weizengebäck aus Vollkornmehl. Das mehlartige Pulver, das wir *Weizenkleber HT* nennen, bekommen Sie in allen Geschäften, die Hobbythek-Zutaten führen.

## Kuchen aus verschiedenen Vollkornmehlen

### Roggen

Roggen ist neben Weizen das zweitwichtigste Getreide für unser Brot. Da unterscheiden wir uns von den meisten anderen Ländern, in denen es fast nur Weißbrot gibt. Dabei enthält Roggen ein vollwertigeres und für unsere Ernährung wertvolleres Eiweiß als der Weizen. Allerdings fehlt ihm — wie schon gesagt — der Kleber, was wir durch Zusatz von Klebereiweiß ausgleichen. Das Roggeneiweiß selbst bindet nur wenig Wasser. Viel Wasser hingegen binden die sogenannten *Pentosane*. Das sind Schleimstoffe, die im kalten Wasser quellen und letzten Endes den Roggen mehr Feuchtigkeit aufnehmen lassen als Weizen.

### Hafer

Der Hafer ist unter allen Getreidesorten die ernährungsphysiologisch wertvollste Art. Er enthält besonders hochwertiges Eiweiß, und auch sein Fettgehalt liegt deutlich höher. Dieses Fett setzt sich zum großen Teil aus essentiellen Fettsäuren zusammen und es ist außerdem vitaminhaltig. Nicht zuletzt deshalb spielt Hafer eine besondere Rolle bei der Säuglingsernährung. Hafer hat zwar auch keinen Kleber; al-

*Abb. 3:* Nach unseren Rezepten können Sie praktisch alle Arten von Vollkornmehlen verbacken.

**Getreide/Inhaltsstoffe, Brennwerte**

| Mittelwerte in 100 g eßbarem Anteil | Wasser g | Eiweiß g | Fett g | Kohlenhydrate g | Rohfaser g | Mineralstoffe g | Phosphor mg | Vitamin E mg | Thiamin µg | Riboflavin µg | Nicotinamid mg | Pyridoxin mg | kcal | kJ |
|---|---|---|---|---|---|---|---|---|---|---|---|---|---|---|
| **Ganzes Korn** | | | | | | | | | | | | | | |
| Weizen | 13,2 | 11,7 | 2,0 | 69,3 | 2,0 | 1,8 | 406 | 3,2 | 480 | 140 | 5,1 | 0,44 | 363 | 1520 |
| Roggen | 13,7 | 11,6 | 1,7 | 69,0 | 2,1 | 1,9 | 373 | – | 350 | 170 | 1,8 | – | 359 | 1503 |
| Hafer, entspeizt | 13,0 | 12,6 | 7,1 | 62,9 | 1,5 | 2,8 | 342 | 3,2 | 520 | 170 | 2,4 | 0,96 | 387 | 1620 |
| Gerste, entspelzt | 11,7 | 10,6 | 2,1 | 71,8 | 1,5 | 2,3 | 342 | 4,2 | 430 | 180 | 4,8 | 1,7 | 370 | 1549 |
| Mais | 12,5 | 9,2 | 3,8 | 71,0 | 2,2 | 1,3 | 256 | 9,5 | 360 | 200 | 1,5 | 1,7 | 375 | 1570 |
| **Geschältes Korn** | | | | | | | | | | | | | | |
| Buchweizen | 12,8 | 9,8 | 1,7 | 72,4 | 1,6 | 1,7 | 254 | – | 240 | 150 | 2,9 | – | 364 | 1524 |
| Hirse | 12,1 | 10,6 | 3,9 | 70,7 | 1,1 | 1,6 | 310 | – | 260 | 140 | 1,8 | – | 382 | 1599 |
| Reis (unpoliert) | 13,1 | 7,4 | 2,2 | 75,4 | 0,7 | 1,2 | 325 | – | 410 | 91 | 5,2 | – | 371 | 1553 |
| (poliert) | 12,9 | 7,0 | 0,6 | 78,7 | 0,2 | 0,5 | 120 | – | 60 | 32 | 1,3 | – | 368 | 1540 |

*Tabelle:* Die Inhaltsstoffe verschiedener Getreidearten und ihre Brennwerte (aus dem Buch „Dr. Oetker: Von A wie Aal bis Z wie Zwiebel").

lerdings wirkt das pflanzliche Eiweiß in gewissem Maße bindend. Auch hier setzen wir Klebereiweiß zu.

## Gerste

Gerste wird hauptsächlich zum Bierbrauen verwendet. Es gibt aber auch ein sehr wohlschmeckendes Gerstenbrot und schließlich die für manchen nicht ganz so attraktiven Graupen. Der Eiweißgehalt des entspelzten Korns bzw. des Mehls liegt bei 10,6%. Auch hier verbessert Klebereiweiß die Ergebnisse.

## Hirse

Sie ist in Afrika sehr verbreitet, weil sie auch bei relativ großer Trockenheit und auf Sandböden wächst. Der Eiweißgehalt liegt bei 10,6%. Auch Hirse enthält keinerlei Kleber.

## Mais

Das Vollkornmehl enthält 9,2% Eiweiß.

## Reis

Reisvollmehl enthält 7,2% Eiweiß. Es fehlt ihm allerdings jeglicher Kleber, weshalb Reismehl zum Backen normalerweise völlig ungeeignet ist.

## Buchweizen

Genaugenommen ist Buchweizen gar keine Getreideart, sondern ein Knöterichgewächs. Er hat den Vorteil, auch in sehr trockenen Gebieten zu wachsen. Buchweizenvollmehl hat einen Eiweißgehalt von ca. 11,7%. Der Geschmack ist sehr angenehm. Kleberzusatz ist möglich.

# Backpulver selbstgemacht

Die Erfindung dieses weißen Pülverchens, das den Teig hochtreibt, war schon ein großer Fortschritt. Leider hat es den Nachteil, daß manche Menschen nach dem Essen von Kuchen Magenprobleme bekommen, der mit Backpulver gebacken wurde.
Wir haben deshalb ein Backpulver entwickelt, bei dem es diese Probleme nicht geben dürfte. Es besteht aus folgenden Zutaten:

| |
|---|
| 25 g Natron |
| 19 g Zitronensäure (Kristallin) |
| 8 g Weizenmehl |
| 5 g Kieselsäure (Pulver) |

Natron, das man bei Völlegefühl einnehmen kann, gibt es in vielen Drogerien und sogar Supermärkten. Chemisch betrachtet ist es *Natriumhydrogencarbonat.* Wenn bei unserem Rezept das basische Natron und die saure Zitronensäure im Wasser zusammenkommen, reagieren sie miteinander. Man erkennt das am kräftigen Sprudeln. Bei dieser Reaktion entstehen Natriumcitrat, Kohlendioxid und Wasser. Derselbe Prozeß läuft im Teig ab, in den Sie unser Backpulver gerührt haben. Beim Erhitzen steigen die Kohlendioxidbläschen hoch und treiben den Teig auf. Wichtig ist allerdings, daß der aufgegangene Teig während des Bakkens durch Zusatz von Klebereiweiß stabilisiert wird. Sonst würde der Kuchen anschließend wieder zusammenfallen.

## Biskuit aus Reis, Gerste, Buchweizen, Mais, Weizen und anderen Kornarten

Ausgegangen sind wir von folgendem Grundrezept:

```
5 Eiklar
130 g Zucker
1 Prise Salz
5 Eigelb
4 EL heißes Wasser (65 °C)
150-170 g Mehl
15-20 g Weizenkleber HT
1 gestr. TL Backpulver
```

Herstellung: Das Mehl wird trocken mit dem Weizenkleber und dem Backpulver vermischt. Am gründlichsten geht das mit einem elektrischen Handrührgerät.
Mit dem gleichen Gerät wird das Eiklar geschlagen. Erst wenn es fast steif ist, wird die Hälfte des Zuckers unter weiterem Rühren zugegeben. Der Schnee wird dadurch sehr feinblasig und fest.
Danach wird das Eigelb sehr schaumig geschlagen. Währenddessen das Salz, den restlichen Zucker und das heiße Wasser zugeben. Dann Eigelbschaum und Eischnee sehr vorsichtig mit einem Kochlöffel mischen und nur unterheben. Nicht zuviel rühren, sonst fällt der Schaum wieder zusammen. Die Mehlmischung ebenso vorsichtig zugeben.
Die Masse sofort in eine gefettete Springform füllen und in den vorgeheizten Backofen schieben. Bei 180 °C etwa 40 Minuten backen.
Die Herstellungsweise ist nicht ganz einfach, aber Sie bekommen einen schönen, lockeren Biskuit, der allerdings nicht so hoch wird wie ein gekaufter. Dafür schmeckt er aber vorzüglich.
Das benötigte Mehl kann man sich im Reformhaus oder im Bioladen mahlen lassen oder auf der eigenen Getreidemühle selbst mahlen.

## Buchweizenbiskuit

```
5 Eiklar
130 g Zucker
1 Prise Salz
5 Eigelb
4 EL heißes Wasser
170 g Buchweizenmehl
15 g Weizenkleber HT
1 gestr. TL Backpulver
```

Herstellung wie oben beschrieben.
Nach diesem Rezept läßt sich auch Mais- und Gerstenmehl verbacken.

## Reisbiskuit

```
5 Eiklar
130 g Zucker
1 Prise Salz
5 Eigelb
4 EL heißes Wasser
160 g Reismehl (Vollmehl)
20 g Weizenkleber HT
1 gestr. TL Backpulver
```

Wird der Biskuit mit Weizenmehl gebacken, braucht man Weizenkleber höchstens ein wenig zur Verbesserung des Mehles.

## Rührkuchen

Das Standardrezept enthält folgende Bestandteile:

```
250 g Butter oder Margarine
150-200 g Zucker oder
200-250 g Isomalt fein oder
150 g Isomalt + 5 g Süßstoff
    (Zuckeräquivalent)
5 Eier
300 g Weizenmehl Type 1050
100 g Kartoffelstärke
1 Päckchen Vanillinzucker
1 Prise Salz
evtl. 1 Meßl. Reinlecithin-Pulver
1 gestr. TL Backpulver der Hobbythek
30 ml Wasser
```

*Isomalt* hat nur die halbe Süßkraft von Zucker (vgl. *Seite 29*). Wem das zuwenig ist und wer trotzdem den Haushaltszucker vermeiden möchte, der kann mit flüssigem Süßstoff nachsüßen.
Zunächst werden Butter, Eier und Zucker oder Isomalt schaumig geschlagen.

*Abb. 4:* Mit Weizenkleber HT lassen sich Rührkuchen aus vielen Getreidesorten backen.

Isomalts durch Fruchtzucker ersetzt. Dann brauchen übrigens auch diejenigen, die es gern süßer hätten, keinen flüssigen Süßstoff hinzuzufügen. Mit Isomalt kann der Kuchen schneller austrocknen. Deshalb sollte man ihn nicht zu lange aufheben.

Wenn mit *Zucker* oder *Fruchtzucker* gebacken wird, kann man statt der Kartoffelstärke auch ausschließlich Mehl nehmen; davon dann aber insgesamt 400 g.

### Hafer-Rodonkuchen

Einen solchen Kuchen werden Sie kaum kaufen können. Dabei ist er ausgesprochen gesund und schmeckt herrlich.

| |
|---|
| 250 g Margarine oder Butter |
| 150–200 g Zucker |
| 4–5 Eier |
| 370 g Hafermehl (aus Vollkorn) |
| 35 g Weizenkleber HT |
| evtl. 1 Meßl. Reinlecithin-Pulver |
| 1 schwach gehäufter TL Backpulver |
| 1 Päckchen Vanillinzucker |
| 1 Prise Salz |
| Bei Bedarf 2–3 EBl. Wasser |

Herstellung wie oben beschrieben.
*Ein wichtiger Hinweis:* Hafer läßt sich in der Steinmühle *nicht* mahlen.

### Buchweizen-Rodonkuchen

Buchweizen-Vollkornmehl schmeckt etwas nußartig. Der Kuchen wird nach dem gleichen Rezept gebacken wie der aus Hafermehl.

Mehl, Reinlecithin-Pulver, Salz und Backpulver trocken vermischen und der schaumigen Buttermasse hinzufügen. Alles mit dem elektrischen Handrührer gründlich durchmischen und in eine gefettete Rodonform füllen.

Bei etwa 180 °C im vorgeheizten Backofen 70 Minuten ausbacken.
Wenn Sie anstelle von Zucker *Isomalt* verwenden, wird die Bräunung etwas schwächer ausfallen. Das läßt sich aber ausgleichen, indem man einen Teil des

**Gerste-Rodonkuchen**

Falls Sie noch nicht wußten, wie gut Gerste schmeckt, probieren Sie es einmal mit diesem Kuchen.
Das Rezept gleicht dem mit Hafermehl.

**Mais-Rodonkuchen**

Das Rezept entspricht dem mit Hafermehl; man nimmt aber statt dessen:

```
380 g Maismehl
 20 g Weizenkleber HT
```

Dieser Kuchen bekommt eine sehr schöne goldgelbe Farbe.

**Reis-Rodonkuchen**

Das Rezept entspricht dem mit Hafermehl; man nimmt aber:

```
360 g Reismehl aus ungeschältem
      Reis
 40 g Weizenkleber HT
```

Dieser Kuchen schmeckt sehr angenehm nach Reis. Seine Farbe ist sehr hell.

**Roggen-Rodonkuchen mit Gewürzen**

```
250 g Margarine oder Butter
150 g Zucker
4–5 Eier
360 g Roggenmehl (Type 1150)
```

```
35–40 g Weizenkleber HT
evtl. 1 Meßl. Reinlecithin-Pulver
1 schwach gehäufter TL Backpulver
1 Päckchen Vanillinzucker
1 Prise Salz
1 TL Zimt
1 Msp. Kardamompulver oder
       Korianderpulver
1 Msp. Nelkenpulver
½ TL geriebene Ingwerwurzel
```

Zubereitung wie beim Kuchen aus Hafermehl. Bei Bedarf etwas Wasser in den Teig geben.

**Marmorkuchen**

Wie wäre es mit einem ganz ungewöhnlichen Marmorkuchen aus Reis und Mais oder einem mit dunklem Roggen? Dazu rührt man jeweils die Hälfte eines Teiges an und gibt sie beim Einfüllen in die Form schichtweise übereinander.

## Süßer Hefeteig mit Zucker oder Zuckeraustauschstoffen

```
300 g Weizenmehl Type 1050
1 g (= 1 Meßl.) Reinlecithin-Pulver
30 g Hefe
60 g Margarine oder Butter
150 g Wasser oder Milch
      (auf 40 °C erhitzt)
1 Ei
1 Prise Salz
100 g Zucker oder Isomalt fein bzw.
50 g Isomalt und 50 g Fruchtzucker
```

Geben Sie das Mehl in eine Schüssel und vermischen Sie es mit dem Reinlecithin-Pulver. Formen Sie dann in der Mitte eine Kuhle, in die die Hefe hineingebröselt wird. Einen Teelöffel Zucker oder Fruchtzucker darüberstreuen und mit warmem Wasser übergießen.
Wer ausschließlich mit Isomalt bäckt, sollte einen Teelöffel Fruchtzucker zusätzlich über die Hefe geben, weil Isomalt nicht im gleichen Maße als Nahrung für das Wachstum der Hefepilze sorgt.
Die restlichen Zutaten werden an den Rand der Schüssel gegeben. Die Schüssel dann mit einem Tuch abdecken und etwa 15 Minuten an einem warmen Ort (Heizungsnähe) gehen lassen.
Anschließend alle Zutaten zu einem Teig verkneten und ihn abgedeckt in der Schüssel etwa eine Stunde lang gehen lassen.
Aus diesem Grundteig lassen sich nun ganz verschiedene Gebäcke zubereiten.

## Hefezopf

Der aufgegangene Teig wird auf einer bemehlten Fläche noch einmal gut durchgeknetet und zu drei gleich dikken Strängen gerollt. Kenner wissen, daß dies nicht ganz einfach ist, weil der elastische Hefeteig sich immer wieder zusammenziehen möchte.
Diese drei Stränge werden nun wie ein ganz normaler Zopf miteinander verflochten; Sie können das auf *Abb. 6* genau sehen.
Legen Sie den Zopf auf ein gefettetes Blech und bepinseln Sie ihn mit Was-

*Abb. 5:* Ein süßer Hefekranz mit Zuckeraustauschstoffen ist eine Alternative für alle, die Haushaltszucker vermeiden wollen oder müssen.

*Abb. 6:* Flechten Sie den Hefezopf wie einen ganz normalen Haarzopf.

ser. Natürlich können Sie ihn auch noch mit Mohn oder anderen Körnern verzieren.
Während der Backofen auf 180 °C vorgeheizt wird, geht der Teig außerhalb des Backofens noch einmal etwa 15 Minuten lang. Die Backzeit beträgt etwa 50 Minuten.
Stellen Sie in den Backofen eine Tasse Wasser; das fördert die Bräunung.
15 Minuten vor Ende der Backzeit wird der Zopf mit Ei bepinselt. Was dabei herauskommt, ist ein ideales Gebäck für den Frühstückstisch am Sonntag oder bei festlichen Anlässen.
Für den großen Hefezopf auf dem Foto haben wir die doppelte Teigmenge genommen.

## Stuten

Er wird aus demselben süßen Hefeteig gebacken, den wir oben beschrieben haben; er ist aber leichter zu backen als der Hefezopf. Der Stuten kommt einfach in eine Kastenform.
Kneten Sie den Hefeteig auf einer bemehlten Fläche noch einmal gut durch. Wenn Sie mögen, können Sie bis 100 g Rosinen, kandierte Früchte, Kerne und anderes mit in den Teig hineinmischen. Schließlich den Teig zu einer Kugel formen und ihn in eine gefettete Kastenform legen. Die Oberfläche mit Wasser bestreichen, noch einmal 30–60 Minu-

*Abb. 7: Links:* Hörnchen aus süßem Hefeteig lassen sich ganz einfach formen. *Rechts:* Natürlich können Sie die Hörnchen auch füllen. Wir haben es hier einmal mit Mohn versucht.

ten gehen lassen und backen wie beim Hefezopf beschrieben, dies allerdings 60 Minuten lang.

## Hefeteilchen

Beim Formen und Garnieren von Hefeteilchen können Sie Ihrer Phantasie wirklich völlig freien Lauf lassen. Rollen Sie den Teig spiralig auf, formen Sie Taschen, kleine Zöpfe oder was immer Ihnen einfällt.
Gebacken werden die Teilchen bei 200 °C, je nach Größe etwa 30 Minuten lang.

*Abb. 8:* Echte Berliner aus unserem Hefeteig.

## Berliner

Der gleiche süße Hefeteig der Hobbythek läßt sich auch ganz vorzüglich in Fett backen.
Die echten Berliner werden auf folgende Weise geformt:
Rollen Sie zwei gleich große Mengen Hefeteig nicht allzu dünn aus. Auf die eine Hälfte setzen Sie mit einem Teelöffel kleine Marmeladenhäufchen in einem Abstand, der nicht enger sein darf als der Durchmesser eines Wasserglases. Über diese marmeladenbedeckte Teigfläche wird nun vorsichtig die andere Fläche gelegt. Die Marmeladen-

häufchen können Sie als kleine Erhebungen erkennen.
Stechen Sie nun den Teig mit einem Wasserglas oder ähnlichem so aus, daß die Marmeladenhäufchen in der Mitte stehen.
Anschließend werden die Berliner in einem Frittiertopf ausgebacken, mit Zukker oder feinem Isomalt bestreut und möglichst bald gegessen. Fruchtzukker ist nicht geeignet, weil er zu schnell Wasser anzieht.

## Süßer Hefeteig mit verschiedenen Vollkornmehlen

Das auf Seite 175 beschriebene Rezept kann auch mit verschiedenen anderen Mehlarten gebacken werden.

```
280 g Buchweizen- oder Hafermehl
35–40 g Weizenkleber HT
1 g (= 1 Meßl.) Reinlecithin-Pulver
30 g Hefe
100 g Zucker
150 g Wasser oder Milch (40 °C)
50 g Margarine oder Butter
1 Ei
1 Prise Salz
```

Hergestellt wird dieser Teig wie ganz normaler Hefeteig.

## Einfacher Hefeteig mit Roggenmehl

Dies ist ein Roggenteig *ohne* Sauerteig. Das wird möglich durch die Zugabe von Weizenkleber HT (vgl. *Seite 170*).

```
500 g Roggenmehl (Type 1150)
75 g Weizenkleber HT
4 g (= 3 Meßl.) Reinlecithin-Pulver
40 g Hefe
1 TL Zucker
370 ml Wasser
    (auf 40 °C vorgewärmt)
1 TL Salz
```

Diesem Brot fehlt allerdings der angenehme Sauerteig-Geschmack.
In diesen rustikalen Teig kann man auch angebratene Zwiebel- und Speckwürfel oder Nüsse geben.
Zubereitet wird der Teig wie ein normaler Hefeteig. Man läßt ihn im geöffneten Backofen bei kleinster Stufe zunächst 15 Minuten gehen. Dann werden alle Zutaten verknetet und aus dem Teig eine Kugel geformt, die man etwa eine Stunde gehen läßt.
Anschließend noch einmal durchkneten und eventuell Nüsse oder Speckwürfel zugeben.
Den Teig in eine gefettete Kastenform geben und ihn mit Wasser bestreichen. Nochmals eine Stunde gehen lassen und dann bei 200 °C 60–70 Minuten backen. In den Backofen eine Tasse Wasser stellen, damit der Teig besser bräunt.

## Süßes Gebäck mit Sauerteig

Bei klassischen Rezepten mit Roggenmehl – noch dazu mit Vollkornmehl aus Roggen – reicht Hefe als Treibmittel allein nicht aus. Da hilft nur Sauerteig. Erst dessen Säure schließt das Roggeneiweiß auf, das dann verkleben und das Gebäck stabilisieren kann. Bei den vorhergehenden Rezepten haben wir zwar gezeigt, daß es mit Hilfe von Klebereiweiß auch ohne Sauerteig geht; aber dieser Sauerteig gibt dem Gebackenen zusätzlich einen herzhaften Geschmack.
Die einfachste Methode, an Sauerteig heranzukommen ist, wenn man sich von Freunden eine Portion geben lassen kann. Inzwischen gibt es ja viele Leute, die ihr Brot selbst backen. Genau derselbe Sauerteig ist auch für unser süßes Gebäck geeignet.
Haben Sie keine Sauerteig-Freunde oder andere Bezugsquellen, dann können Sie sich Ihren Sauerteig auch selbst herstellen. Dafür gibt es zwei Methoden:

## Sauerteigherstellung mit Starterbakterien (12–24 Stunden)

Für die Sauerteigherstellung gibt es eine besondere Art von Milchsäurebakterien, die man gefriergetrocknet kaufen kann (vgl. Bezugsquellennachweis im Anhang). Im normalen Kühlschrank halten sich diese Sauerteigbakterien etwa 3 Wochen lang; tiefgefroren kann man sie auch noch nach 2 Monaten verwenden.

**Sauerteigansatz mit gefriergetrockneten Sauerteigbakterien**

300 g Roggenmehl und 300 ml warmes Wasser (40 °C) mit 2,5 g oder 1 Meßlöffel gefriergetrockneten Sauer-

*Abb. 9:* Süßes Gebäck mit Sauerteig werden Sie im Laden nicht bekommen. Nach unseren Rezepten ist es sogar möglich, damit einen Früchtekuchen zu backen.

teigbakterien verrühren und abgedeckt bei 25–35 °C einen Tag lang stehen lassen. Ob der Sauerteig schon sauer genug ist oder noch etwas länger Zeit braucht, erkennt man daran, ob der Teig leicht blasig ist und angenehm sauer riecht.

**Natürlicher Sauerteigansatz (3 Tage)**

Man kann natürlichen Sauerteig auch ohne irgendwelche Zusatzstoffe selbst herstellen; denn Milchsäurebakterien befinden sich immer im Mehl. Allerdings braucht man etwa 3 Tage Geduld, um sie ausreichend zu aktivieren.
Der Vorgang vollzieht sich in 3 Stufen:
*1. Stufe*
Nehmen Sie 100 g Roggenmehl und 100 g auf 40 °C erwärmtes Wasser und verrühren alles gleichmäßig. Decken Sie es ab und lassen Sie es etwa bei 25 bis 35 °C einen Tag lang stehen. Diese Temperatur können Sie erreichen, wenn Sie beispielsweise die Schüssel mit dem Sauerteigansatz mit einem untergelegten Brettchen auf die Heizung stellen.
*2. Stufe*
Am zweiten Tag nehmen Sie den Ansatz vom Vortag und geben noch einmal die gleiche Menge Mehl – also 100 g – und 100 ml lauwarmes Wasser (35–40 °C) hinzu. Verrühren Sie wieder alles gut und lassen Sie es wie bei der 1. Stufe beschrieben wieder 24 Stunden abgedeckt stehen.
*3. Stufe*
Dieser Ansatz wird jetzt wieder verdoppelt; es kommen also noch einmal 200 g Roggenmehl und 200 ml lauwarmes Wasser hinzu. Verrühren Sie das Ganze wieder und lassen Sie es noch einen Tag stehen.
Danach ist der Sauerteig fertig. Er riecht angenehm nach Milchsäure und wirft leichte Blasen.

**Krümelsauer**

Bei dem oben aufgeschriebenen Rezept haben wir bewußt etwas mehr Sauerteig angesetzt, weil Sie mit dem restlichen Teig auf einfachste Weise einen sogenannten *Krümelsauer* herstellen können, der dann genauso wie die Sauerteigbakterien als Starter verwendet werden kann. Sie sparen dadurch Zeit und Geld.
Geben Sie z. B. zu 100 g Sauerteig 100 g Roggenmehl, verkneten alles, bis es eine krümelige Masse ergibt.
Sie ist mindestens eine Woche im Kühlschrank haltbar und bis zu 6 Monaten in der Tiefkühltruhe.
Um damit einen neuen Sauerteig zu starten, müssen Sie die Masse auftauen und auf Zimmertemperatur brin-

gen. Vermischen Sie sie dann mit frischem Roggenmehl und Wasser wie oben beschrieben. Innerhalb von 24 Stunden haben Sie wieder frischen Sauerteig. Die Aufbewahrung des Sauerteigs lohnt sich in jedem Fall, denn der damit gestartete Sauerteig wird von mal zu mal besser und intensiver!

**Sauerteigansatz mit anderen Startern**
Im Reformhaus gibt es Flüssigsauer und Trockensauer, die Sie im Prinzip ebenfalls als Starter für selbstgemachten Sauerteig verwenden können. Flüssigsauer etwa in der oben angegebenen Menge, von Trockensauer brauchen Sie entsprechend weniger. Probieren Sie es doch mal einfach aus.

## Kuchen-Grundrezept mit Sauerteig

250 g Sauerteig
250 g Roggenmehl Type 1150
250 g Weizenmehl Type 1050
6 g Reinlecithin-Pulver
40 g Hefe
50–80 ml Milch oder Wasser
    (auf 40 °C erwärmen)
1 Ei
200 g Zucker oder
    100 g Isomalt oder
    100 g Fruchtzucker oder
    200 g Honig
100 g Butter oder Margarine
1 Prise Salz

Vermischen Sie zunächst das Mehl innig mit dem Lecithin. Dann die Hefe in 50 ml Wasser oder Milch auflösen und einen Teelöffel Zucker hinzugeben und den Hefebrei 10 Minuten stehen lassen. Danach wird er in eine Kuhle in dem Mehl gegossen und alle Zutaten zu einem gleichmäßigen Teig verknetet. Nehmen Sie dafür eine Küchenmaschine oder ein elektrisches Handrührgerät mit einem Knethaken. Zum Schluß muß der Teig noch einmal mit der Hand durchgeknetet und zu einer gleichmäßigen Kugel geformt werden. Diese Teigkugel lassen Sie zunächst einmal eine Stunde bei 30–40 °C in der Nähe der Heizung gehen.
Zum Schluß wird der Teig noch einmal durchgeknetet, und er kann nun zu unterschiedlichsten Gebäcken verarbeitet werden, wie wir sie bereits beim Hefeteig beschrieben haben.

## Streusel-Kirschkuchen mit Sauerteig

Geben Sie den gekneteten Sauerteig in eine gefettete Springform und lassen Sie ihn noch etwa eine Stunde lang im geöffneten Backofen bei kleinster Stufe gehen.
Die Form herausnehmen und den Backofen auf 200 °C aufheizen.
Währenddessen die gut abgetropften frischen und entsteinten Kirschen oder

*Abb. 10:* Versuchen Sie doch einmal einen Streusel-Kirschkuchen mit Sauerteig.

solche aus dem Glas auf den Kuchen geben und ihn etwa 60 Minuten bakken.

Nach 20 Minuten Backzeit werden *Streusel* darübergegeben, für die das Rezept lautet:

> 100 g Zucker oder Isomalt
> 100 g Butter
> 100–150 g Weizenmehl
>     Type 405–1050

## Früchtekuchen mit Sauerteig

In den Teig nach unserem Grundrezept werden bis zu 150 g Trockenobst, Nüsse oder Kerne hineingeknetet. Sehr gut schmecken Trockenfeigen, Haselnüsse und Pistazien, die auch noch besonders dekorativ aussehen.
Der Teig wird zu einer Kugel geformt und in eine gefettete Springform gedrückt. Die Teigoberfläche mit Wasser bestreichen.
Dann noch einmal alles eine Stunde im geöffneten Backofen bei kleinster Stufe gehen lassen.
Anschließend in dem auf 200 °C vorgeheizten Backofen etwa 60 Minuten lang ausbacken. Stellen Sie eine Tasse mit Wasser in den Ofen, denn das fördert die Bräunung. 15 Minuten vor Backende können Sie die Kuchenoberfläche mit Ei bestreichen.

## Teilchen mit Sauerteig

Wie schon bei den Hefeteilchen gibt es auch hier wieder alle Möglichkeiten, den Teig zu formen und zu dekorieren. Sie können Weckmänner mit einer weißen Tonpfeife daraus machen, aber auch Obstteilchen usw.
Nach dem Formen lassen Sie die Teilchen noch einmal gehen.
Da Teilchen kleiner sind als ein kompakter Kuchen, verkürzt sich die Backzeit bei 200 °C auf etwa 30 Minuten.
Beim Backen eine Tasse mit Wasser in den Ofen stellen.

*Abb. 11:* Teilchen in den verschiedensten Formen und vielerlei Verzierungen können Sie aus unserem Hefeteig, aber auch aus einem mit Sauerteig zubereiteten süßen Teig backen.

**Was man noch alles aus diesem Teig machen kann**

Aus unserem Teig können Sie auch die auf *Seite 176 f.* beschriebenen Berliner oder einen Zopf backen. Sogar ein Rezept für einen köstlichen Weihnachtsstollen gibt es (mehr darüber im *Hobbythek-Buch „Gesundheit mit Kräutern und Essenzen", Seite 202 ff.*).

*Abb. 12:* Das fertige Haus.

# Lebkuchen

Lebkuchen haben in Deutschland eine große Tradition. Außerdem schmecken sie so gut, daß es Leute geben soll, die Lebkuchen nicht nur zur Weihnachtszeit essen.

Wir wollen Ihnen das folgende Lebkuchenrezept aber auch deshalb schmackhaft machen, damit Sie daraus in der Advents- und Weihnachtszeit ein echtes Knusperhäuschen bauen.

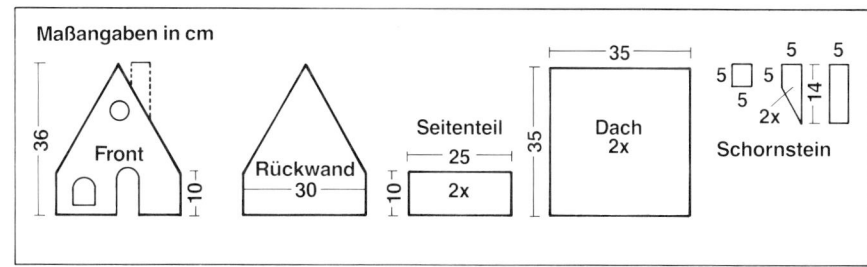

*Abb. 13:* Hier eine einfache Schnittvorlage für ein Lebkuchenhaus.

## Lebkuchen auf dem Backblech

Die Zutaten:

```
300 g Honig
150 g Zucker
50 g Butter oder Margarine
500 g Weizenmehl
3 geh. TL Backpulver (selbstgemacht)
1 Pck. Lebkuchen-Gewürz
    (fertig zusammengestellt im
    Handel erhältlich)
1 Ei
1 Fläschchen Rum-Aroma
⅛ l Kaffee
4–6 Tropfen Bittermandel-Aroma
etwas Salz
```

Die Verarbeitung:

1. Honig, Fett, Zucker und Salz werden zusammen mit dem Kaffee langsam erwärmt und darin gelöst. Die Flüssigkeit danach erkalten lassen.
2. Das mit dem Backpulver gemischte Mehl wird in eine Schüssel gesiebt. Das Ei und die Gewürze geben wir in eine Vertiefung in der Mitte des Mehls. Mit der kalten Kaffee-Honig-Masse verrührt man die Zutaten von der Mitte her mit dem Mehl. Nach dem Verrühren muß der Teig leicht vom Kochlöffel abreißen; ist das nicht der Fall, gibt man noch etwas Kaffee dazu.

Der Teig wird mit einem Schaber, den man häufiger in Wasser taucht, gut 1 cm dick auf das gefettete Backblech ausgestrichen. An der offenen Seite des Bleches errichten wir gegebenenfalls eine „Barriere" aus Alu-Folie oder gefettetem und gefaltetem Papier, damit der Teig nicht ausläuft. Die Backzeit beträgt etwa 20 Minuten bei starker Hitze.

Den abgekühlten Lebkuchen können Sie nun nach unseren „Bauplänen" oder nach eigenem Muster ausschneiden.

Noch ein Tip: Wenn Ihr „Lebkuchen-Eigenheim" etwas länger stabil bleiben soll, dann raten wir zu einer Unter-Konstruktion aus dünnem Sperrholz oder Karton. Darauf können Sie dann mit unserem „Universal-Mörtel" die Lebkuchen-Bauteile sicher befestigen. Die Verzierungen zwischen den Lebkuchenteilen, die ebenfalls der Stabilität dienen, bringen wir mit einem Spritzbeutel auf. Der Ausschmückung mit farbigem Spritzwerk an Zäunen, Bäumen, an Dach und Fassaden, sind keine Grenzen gesetzt.

Außer unseren selbstgemachten Süßigkeiten können auch im Handel erhältliches Konfekt oder Figuren aus Schokolade, Weingummi oder ähnlichem Material verarbeitet werden. Die Möglichkeiten sind dabei so weit gesteckt, daß jedes Knusperhaus zu einem individuellen Kunstwerk gerät.

Viel Spaß beim „Richtfest".

## Eiweiß-Spritzglasur – ein eßbarer Universal-Mörtel nach Art der Hobbythek

Hier das Rezept:

```
120–130 g Puderzucker
1 Eiweiß
```

Schlagen Sie das Eiweiß zunächst etwas vor, geben den Zucker dazu und schlagen so lange, bis die Masse steif ist. Sie ist jetzt verarbeitungsfähig. Am besten gibt man sie in einen Spritzbeutel. Wer's bunt mag, färbt sie vorher mit Speisefarben ein.

Mit dieser Spritzglasur kann man praktisch alles verbinden: Wände aus Schokoladen-Bausteinen, die man auf Oblaten klebt, Plätzchen, Kuchen und vieles andere mehr. Natürlich auch die oben erwähnten Lebkuchen-Häuschen, die man mit der gleichen Glasur außerdem ganz herrlich verzieren kann. Auch zum Beschriften von Kuchen und Torten eignet sie sich hervorragend. Zum Schluß braucht die Spritzglasur ein paar Stunden zum Trocknen. Das hat den Vorteil, daß man während der Verarbeitung genügend Zeit hat. Bei einer schnell trocknenden Substanz läuft man nämlich immer Gefahr, das sie schon im Spritzbeutel fest wird. Das passiert Ihnen bei unserer Mischung nicht.

## Lebkuchenherzen

Selbstverständlich lassen sich aus unserem Lebkuchenteig auch wunderschöne Herzen formen. Man kann sie mit farbigem Fondant verzieren (vgl. *Seite 53*), mit der Eiweiß-Spritzglasur darauf schreiben, und auf diese Weise höchst individuelle und liebevolle Geschenke machen.

Oder vielleicht wollen Sie noch andere Formen backen; z. B. Bäume, Tiere, Glocken usw.? All diese Formen kann man mit farbiger Spritzglasur, Zuckerperlen und anderen Dingen derart kunstvoll verzieren, daß daraus ein Weihnachtsbaumschmuck entsteht, der vom üblichen Einerlei abweicht.

## Arabischer Honigkuchen

Der Orient hat eine uralte Tradition in der Zubereitung wohlschmeckender und zugleich luxuriöser Leckereien. Damit Sie wie ein Sultan schlemmen können, hier ein Rezept aus dem arabischen Raum. Allerdings kostet es etwas mehr Zeit als unser oben beschriebenes Lebkuchenrezept; das beginnt schon bei der Beschaffung der Zutaten. Als Treibmittel benutzen wir Pottasche ($K_2CO_3$). Dies ist ein traditionelles Treibmittel für Leb- und Honigkuchen.

In unserem arabischen Honigkuchenrezept verwenden wir kein fertig vorgemischtes Lebkuchengewürz, sondern nur die Einzelzutaten, die seit alters her über die Karawanenstraße gehandelt wurden.

Zutaten für den Teig:

| |
|---|
| 250 g Honig |
| 4 EL Öl |
| 125 g Zucker |
| 350 g Mehl |
| 10 g Pottasche |
| 125 g geschälte, gemahlene Mandeln |
| 1 TL gemahlener Zimt |
| 1 Msp. gemahlene Gewürznelken |
| ½ TL Pimentpulver |
| 1 Prise Salz |
| 2 Eier |

Zutaten für den Belag:

| |
|---|
| 100 g gerösteter Sesam |
| 100 g Sonnenblumenkerne |
| 100 g Kürbiskerne |
| 6 EL Ahornsirup |

Den Honig mit dem Öl und dem Zucker unter Rühren aufkochen und wieder abkühlen lassen. Das Mehl mit der Pottasche sieben und mit den Mandeln, allen Gewürzen und den Eiern mischen. Die Honig-Öl-Masse zu dem Mehlgemisch geben und alles gut verkneten. Sollte der Teig zu weich sein, geben Sie noch etwas Mehl hinzu.

Den Teig zugedeckt 1 Stunde im Kühlschrank ruhen lassen und den Backofen auf 200 °C vorheizen. Dann den Teig auf einem gefetteten Backblech gleichmäßig ausrollen.

Für den Belag den Sesamsamen, die Sonnenblumen- und Kürbiskerne mit dem Ahornsirup mischen und auf dem Teig verteilen. Den Honigkuchen auf der mittleren Schiebeleiste 35–40 Minuten backen und noch warm in Stücke schneiden.

## Sesamkringel

Wenn Sie Lust auf ein leichtes Hefegebäck haben, dann probieren Sie doch einmal diese Spezialität aus:
Sie brauchen für den Teig:

| |
|---|
| 500 g Mehl |
| 25 g Hefe |
| 250 ml lauwarmes Wasser |
| 50 g weiche Butter oder Margarine |
| 1 TL Salz |
| zum Bestreichen 1 Ei |
| 100 g Sesamsamen |

Wenn Sie Weizenvollkornmehl verbakken wollen, müssen Sie noch einen gestrichenen Teelöffel Reinlecithin Pulver daruntermischen, wodurch die Backeigenschaften dieses schweren

Mehls verbessert werden (vgl. *Seite 82*).

Das Mehl in eine Schüssel geben und in die Mitte eine Vertiefung drücken. In diese Mulde die zerbröckelte Hefe geben und mit einer Tasse warmen Wassers übergießen. Abdecken und 15 Minuten an einem warmen Ort gehen lassen. Die Butter und das Salz zufügen und alles zu einem Teig verkneten. Den Teig 1 Stunde gehen lassen und den Backofen rechtzeitig auf 180 °C vorheizen.

Den Teig noch einmal durchkneten, zu Rollen formen und zu Kränzen schließen. Auf ein mit Butter gefettetes Blech legen und mit Wasser besprengen. Das Ei verquirlen und die Oberseite der Teigkringel damit bepinseln. Die Kränze mit Sesam bestreuen und etwa 10 Minuten ruhen lassen. Danach im Backofen 20–30 Minuten backen.

## Sesamkekse

Zum Abschluß noch ein Rezept aus der Gesundheitsküche des Orients:

---
70 g weiche Butter oder Margarine
100 g Honig
1 Ei
100 g Weizenschrot
80 g Sesamsamen
50 g Rosinen
1 EL Milch
100 g Weizenvollkornmehl
1 Msp. Muskatnuß

---

Die weiche Butter mit dem Honig und dem Ei cremig rühren.

Den Weizenschrot und den Sesamsamen in einer trockenen Pfanne rösten und zusammen mit den Rosinen und der Milch nach und nach unter das Butter-Honig-Gemisch rühren. Das Vollkornmehl und den Muskat gut einrühren und mit einem Teelöffel den fertigen Teig zu kleinen Häufchen auf ein gefettetes Blech setzen und etwas flachdrücken. Die Kekse auf der mittleren Schiene bei 190 °C etwa 10 Minuten backen.

# Register

## A
Abführmittel 28 f.
Acesulfam 30, 35 ff., 129
ADI-Wert 36 ff.
Ahornsirup 50
Alginat 128, 156 f., 160 ff.
Alkohol 27, 30, 52, 69 f., 79, 102, 129, 141 ff., 146, 157, 160, 164
Aminosäuren 16 ff., 21, 40, 90, 157, 170
Äpfelsäure 63 f., 70, 124, 127, 134, 138
Aromastoffe 54, 155
Aspartam 30, 35 ff.
Azofarbstoffe 46

## B
Backpulver 173 f.
Ballaststoffe 19, 23, 29, 122, 144 ff., 157, 169
Bindemittel 153
Bipektal 146 ff.
Bittermandel 89, 104 ff., 155
Bitterschokolade 94 ff.
Blockschokolade 88
Blutzucker 20 ff., 27, 144 ff.
Bonbons 23, 28 f., 42 f., 50
Broteinheiten 20, 28, 30, 88
Buchweizen 172

## C
Calcium 121, 142 f., 148
Calciumcitrat 121, 123, 129 f., 139 f., 148
Calciumlaktat 148
Champagnersorbet 162
Cholesterinspiegel 122, 144, 147, 157
Cyclamat 30 ff.
Cyclohexylamin 34 f.

## D
Dattelkonfekt 115
Dextrose 19
Diabetiker 20, 25 ff., 38 ff., 68, 88, 106, 119, 129, 134, 138, 146
Diätschokolade 30, 88, 164

## E
Eis 150 ff.
Eiskonfekt 28, 81, 115 f.
Eismaschine 150 f., 161 f.
Eiweiß 18 f., 48, 52, 61, 83, 88, 90, 157, 183
Emulsion 82, 100, 102, 170
Enzyme 19, 21, 26, 40, 50, 53, 70, 79
Erdbeereis 166 f.
Essigsäure 79
Ethylalkohol 69

## F
Farbstoffe 45 ff.
Fermentation 79, 157
Fettsäuren 17 ff., 80 ff., 89 f., 170
Fondant 43, 53 ff., 69 f.
Formpuder 71, 73
Fruchtdrink 43
Früchte 27, 111 ff., 120 ff., 147, 152, 156, 163
Früchte, kandierte 60 f., 91 ff., 97, 105 ff., 112 ff., 176
Fruchtpulver 43, 51 f., 106, 147
Fruchtsaft 134 f.
Fruchtzucker 19 ff., 79, 129, 146 f., 148, 174, 178
Fructose 19 ff., 52
Frumi 82, 122 f., 142 f.

## G
Galactose 21 f.
Gelatine 48, 57, 63, 66 f.
Gelee 118 ff., 135 ff.
Geleefrüchte 43, 61 f., 120, 145
gelieren 120, 127 ff.
Gerste 172
Geschmacksnerven 11, 17, 30
Getreide 90
Glucose 17 ff., 52 f., 146
Glucosesirup 27, 52, 55, 61 ff., 91 f.
Glycolyse 17 ff.

## H
Hafer 170
Halbgefrorenes 155 ff., 166
Hartkrokant 109 ff.
Haushaltszucker 19 ff., 31, 35, 53, 133
Hefeteig 175 f., 177 f.
Hirse 172
hochverestertes Pektin 121, 123, 133, 138, 145, 148, 164
Hohlkörperverfahren 92, 106
Honig 24 ff., 50 f., 63 f., 102, 111 ff., 119, 152, 169, 184

## I
Industriezucker, gebleichter 23
Insulin 20, 146
Invertase 21
Invertfluid HT 52 f.
Invertzucker 21, 26 f., 52, 63
Isomalt 29 f., 38 ff., 55 f., 65, 88, 104 ff., 112, 173 f.

## J
Joule 30

## K
Kakaobohne 78 ff.
Kakaobutter 61, 80 ff., 95 ff.
Kakaoverordnung 86
Kalium-Natrium-Tartrat 145
Kaliumsalz 40
Kaliumsorbat 124, 128, 140, 143
kandierte Früchte 60 f., 91 ff., 97, 105 ff., 176
Kandis 24
Karies 24 ff., 35, 50, 55, 119
Kaugummi 75 f.
Kieselsäure 147
Kleber-Eiweiß 170, 172
Kohlenhydrat 17 ff., 31, 79, 121, 157
Kokosfett 55 ff., 80 f., 94, 102, 115
Konfitüre kochen 128
Konfitürenverordnung 119, 128
Konservierungsstoff 46, 119, 124, 128, 139
Kristallzucker 50 ff., 64 ff., 83, 104
Krokant 50, 89 ff., 109, 112
Kunstspeiseeis 153
Kuvertüre 62, 68 ff., 75, 84 ff., 94 ff., 109 ff., 164
Kuvertüre schmelzen 94 f.

## L
Lactose 21
Lakritze 42 ff., 59, 64 ff.
Lebkuchen 183 f.
Lecithin 82 f., 100
Likörpralinen 69 ff., 92, 97

## M
Mais 172
Malagaeis 160
Maltodextrin 43
Maltose 19 ff.
Malzzucker 21, 25
Mandeln 88 f., 97 ff., 100 ff., 110, 155
Maraschino-Kirschen 70
Marmelade kochen 119 f., 128
Marzipan 54, 70, 93, 97 ff., 104 ff., 110 ff.
Milch 82 f., 107, 142, 154
Milcheis 153, 156 ff.
Milchsäurebakterien 178 f.
Milchschokolade 78, 83 ff., 92 ff.
Mineralstoffe 19, 24, 26, 48, 88, 121, 123
Monosaccharide 20 f.
Müsli 112 ff., 143
Müsliriegel 89 ff., 113 f.

## N
Natriumcitrat 123, 143
Negerküsse 68 f.
niederverestertes Pektin 121, 127 f., 139, 142 f., 148
Nougat 50, 60, 93, 97 f., 107 ff., 115

## O
Ölsamen 89
Oxalsäure 90

## P
pasteurisieren 83
Pektin 61 f., 119 ff., 127 ff., 140 ff., 164
Perlglanzpigmente 47 f.
Persipan 104
pH-Wert 13 f., 18, 70, 124
Pistazien 89, 97, 105, 160
Polymer 22, 121
Pülpe 119 f.

## R
Reinlecithin P 56 f., 82, 169 f., 174 f.
Reis 172 f.
Roggen 170
Rohrzucker 23, 25, 78
Rosenwasser 106, 152, 155
rösten 99, 107

**S**
Saccharin 28, 30 ff.
Saccharose 20 ff., 38, 50, 53, 70
Salzsäure 12, 14 f.
Sauerteig 178 ff.
Schichtnougat 108 f.
Schichtpralinen 103, 108
Schichtverfahren 92 f.
Schimmelpilze 105, 123
Schneideverfahren 92 f.
Sesam 90, 117, 184 f.
Sirup 43, 50 ff., 71 ff.
Sojabohnen 82
Sorbet 162 f.
Sorbinsäure 124, 128
Sorbit 20, 25 ff., 38 ff., 55 ff., 61 ff., 76, 88, 106 f., 129, 164
Speckgummi 43, 64 f.
Speiseeis 43, 90, 121, 150 ff., 162, 166
Speiseeisverordnung 152 f.
Spurenelemente 23, 50
Starterbakterien 178 f.

Süßholzwurzel 44 f.
Süßkraft 25 ff., 31 f.
Süßstoff 29 ff., 62, 69, 123 f., 129 ff., 139 ff., 164, 173

**T**
temperieren 94 ff.
Traubenzucker 17 ff., 25
Trüffel 92, 94, 97, 100 ff., 110, 115
Türkischer Honig 60 f., 91 f., 107 f.

**U**
Überziehverfahren 92 f.

**V**
Vanilleeis 160, 166
Vitamine 19, 23 ff., 50, 83, 88, 144
Vollkornmehl 169 ff., 178

**W**
Weichkrokant 109, 111

Weingeist 69, 130, 141, 143, 160, 162
Weingummi 43, 63 ff.
Weinstein 52, 145
Weizenkleber HT 169, 172

**X**
Xanthan 157
Xylit 20, 25 ff., 38 ff., 49 ff., 57 ff., 88, 115 f., 129

**Z**
Zitronensäure 14, 18 f., 53 ff., 70, 123 ff., 133 f., 138 f.
Zitronensäure-Zyklus 14, 18 f.
Zucker 17 ff.
Zucker kochen 48 ff., 55, 93
Zucker schmelzen 50, 110 f.
Zuckeräquivalent 31 f., 36 f., 129
Zuckeraustauschstoff 27 f., 38 ff., 50 f., 55, 59 ff., 124
Zuckerthermometer 93

## Bezugsquellen

Fa. SPINNRAD-ZENTRALE, 4650 Gelsenkirchen, Am Luftschacht 3 a, Tel. 02 09/1 70 00 11, Tx. 8 24 726 natur d, Fax 02 09/1 70 00-40.
SPINNRAD-AUSLIEFERUNGSLÄDEN: 1000 Berlin 33, Uhlandstr. 43/44, Tel. 0 30/8 81 48 48; 1000 Berlin 41, Rheinstr. 10, Tel. 030/8 59 20 72; 2000 Hamburg 13, Grindelallee 42, Tel. 0 40/4 10 60 96; 2000 Wedel/Holst., EKZ Rosengarten, Tel. 0 41 03/1 49 50; 2300 Kiel, Eggerstedt 1, Tel. 04 31/9 29 23; 2394 Satrup, Glücksburger Str. 11; 2800 Bremen, Ostertorsteinweg 90, Tel. 04 21/70 52 68; 2860 Osterholz-Scharmbeck, Kirchstr. 19, Tel. 0 47 91/83 26; 2900 Oldenburg, Gaststr. 26, Tel. 04 41/2 54 93; 3000 Hannover, Steintorstr. 9, Tel. 05 11/32 90 93; 3008 Garbsen, Havelser Str. 10 (REALKAUF), Tel. 0 51 31/9 57 69; 3070 Nienburg, Weserstr. 17, Tel. 0 50 21/1 28 25; 3300 Braunschweig, Vor der Burg 8, Tel. 05 31/4 20 32; 3400 Göttingen, Gronerstr. 1, Tel. 05 51/4 47 00; 3500 Kassel, Hedwigstr./Karstadthaus, Tel. 05 61/7 89 54 15; 4000 Düsseldorf, Königsallee 92 a, Tel. 02 11/13 33 06; 4050 Mönchengladbach, Hindenburgstr. 249, Tel. 0 21 61/2 13 08; 4100 Duisburg, Averdunk-Center/Königstr., Tel. 02 03/33 91 35; 4130 Moers, Neumarkt-Eck am Rathaus, Tel. 0 28 41/2 87 71; 4150 Krefeld, Hansa-Center 32, Tel. 0 21 51/39 62 45; 4200 Oberhausen, Bero-Zentrum 84 a, Tel. 02 08/2 70 65; 4220 Dinslaken, Duisburger Str. 10, Tel. 0 21 34/5 45 57; 4250 Bottrop, Hochstr. 11, Tel. 0 20 41/68 44 84; 4300 Essen, Viehoferstr. 24, Tel. 02 01/23 92 85; 4330 Mülheim, Rhein-Ruhr-Zentrum, Tel. 02 08/49 81 92; 4400 Münster, Alter Steinweg 39, Tel. 02 51/4 23 52; 4440 Rheine, Emsstr. 71, Tel. 0 59 71/8 10 04; 4500 Osnabrück, Domhof 7 c, Tel. 05 41/2 78 75; 4600 Dortmund, Lütge Brückstr. 12, Tel. 02 31/57 89 36; 4630 Bochum, Kortumstr. 33, Tel. 02 34/6 61 23; 4650 Gelsenkirchen, Klosterstr. 13, Tel. 02 09/20 89 63; 4650 Gelsenkirchen-Buer, Hochstr. 54, Tel. 02 09/39 88 89; 4670 Lünen, Bäckerstr. 16; 4700 Hamm, Oststr. 3, Tel. 0 23 81/2 02 45; 4780 Lippstadt, EKZ-Lippetal, Tel. 0 29 41/7 84 66; 4790 Paderborn, Grube 8, Tel. 0 52 51/2 26 98; 4800 Bielefeld, Bahnhofstr. 37, Tel. 05 21/6 61 52; 4930 Detmold, Bruchstr. 9, Tel. 0 52 31/3 96 14; 4950 Minden, Martinikirche/Martinitreppe, Tel. 05 71/8 48 10; 5000 Köln, Mittelstr. 12–14/Bazaar de Cologne, Tel. 02 21/23 26 06; 5100 Aachen, Rethelstr. 3, Tel. 02 41/2 52 54; 5300 Bonn, Bonngasse 15, Tel. 02 28/63 66 67; 5350 Euskirchen, Hochstr. 56, Tel. 0 22 51/5 55 21; 5400 Koblenz, Casinostr. 15–19, Tel. 02 61/1 49 25; 5500 Trier, Neue Str. 66 (Herbst 89); 5600 Wuppertal-Elberfeld, City-Center, Tel. 02 02/44 12 81; 5800 Hagen, Elberfelder Str. 64, Tel. 0 23 31/1 74 38; 5810 Witten, Bahnhofstr. (Herbst 89); 5860 Iserlohn, Marktpassage, Tel. 0 23 71/2 32 96; 5880 Lüdenscheid, Ringmauerstr. 5, Tel. 0 23 51/35 10; 5900 Siegen, Marburger Str. 34, Tel. 02 71/5 45 40; 6000 Frankfurt, Hauptwache/Allianzpassage, Tel. 0 69/29 14 81; 6100 Darmstadt, Wilhelminenpassage, Tel. 0 61 51/2 20 78; 6380 Bad Homburg, Rathausstr. 3, Tel. 0 61 72/2 22 24; 6500 Mainz-Altstadt, Kirschgarten 4, Tel. 0 61 31/22 81 41; 6544 Kirchberg, Hauptstr. 55, Tel. 0 67 63/28 11; 6600 Saarbrücken, Dudweiler Str. 12, Tel. 06 81/3 90 89 94; 6740 Landau, Ostbahnstr. 13, Tel. 0 63 41/8 58 18; 6800 Mannheim, Kurpfalz-Passage, Tel. 06 21/15 46 62; 6950 Mosbach, Entengasse 4, Tel. 0 62 61/1 40 20; 7000 Stuttgart, Lautenschlagerstr. 3, Tel. 07 11/29 14 69; 7032 Sindelfingen, Wurmberg/Maichingerstr.; 7500 Karlsruhe, Herrenstr. 23, Tel. 07 21/ 2 48 45; 7800 Freiburg, Grünwälderstr./Dietler-Passage, Tel. 07 61/38 12 13; 8000 München 2, Sendlingerstr./Asamhof, Tel. 0 89/26 41 59; 8400 Regensburg, Malergasse 3, Tel. 09 41/ 56 35 81; 8500 Nürnberg, Jakobstr. 41, Tel. 09 11/23 25 33; 8520 Erlangen, Obere Karlstr. 23, Tel. 0 91 31/20 58 83; 8700 Würzburg, Oberthürstr. 3, Tel. 09 31/1 56 08; 8900 Augsburg, Maximilianstr./Ulrichsplatz 8–10, Tel. 08 21/15 54 82; CH-8801 Zürich, Oberdorfstr. 8, Tel. 00 41/01/2 61 20 10; CH-8887 Mels (Schweiz), Sarganser Str. 48, Tel. 00 41/085/2 70 70, Cosmega AG, Tel. 0 85/2 70 70; L-2449 Luxemburg, 49 Boulevard Royal, Spinnrad; B-1980 Tervuren, Spinnrad Benelux, Hofkenstraat 2, Tel. 00 32/02/7 67 97 85.
Fa. COLIMEX-ZENTRALE, 5000 Köln 1, Mozartstr. 7, Tel. 02 21/21 04 13-12.
COLIMEX-AUSLIEFERUNGSLÄDEN: 2050 Hamburg-Bergedorf, Alte Holstenstr. 22, Tel. 040/7 21 10 34; 2370 Rendsburg, Jungfernstieg 6, Tel. 0 43 31/2 46 46; 3000 Hannover 1, Andreaestr. 2 b, Tel. 05 11/32 43 22; 5000 Köln 1, Schildergasse 84 a, Tel. 02 21/23 86 25; 4150 Krefeld, Hochstraße 62, Ecke Neumarkt, Tel. 02 51/63 16 55; 5100 Aachen, Alexianergraben 9 (City-Center), Tel. 02 41/3 03 27; 5650 Solingen 1, Am Neumarkt 27, Tel. 02 12/1 03 32; 6078 Neu-Isenburg, Isenburg Zentrum, Tel. 0 61 02/3 11 77; 7800 Freiburg, Schwarzwald-City, Schiffstr. 5, Tel. 07 61/2 41 96.
KOSMETIK-BAZARE: 4420 Coesfeld, Gartenstr. 5, Tel. 0 25 41/60 60; 4440 Rheine, Matthias-Str. 5, Tel. 0 59 71/1 54 21; 5400 Koblenz, Löhrstr. 98, Tel. 02 61/ 3 68 03; 5860 Iserlohn, Alter Rathausplatz 14, Tel. 0 23 71/2 42 60; 6300 Gießen, Frankfurter Str. 1–5, Tel. 06 41/7 69 79; 6200 Wiesbaden, Wagemannstr. 3, Tel. 0 61 21/37 93 70; L-6945 Niederanven, 32 A Rue Laach, Tel. 34 84 37
Fa. COLETTE, 2400 Lübeck, Kapitelstr. 5, Tel. 04 51/7 08 69
Fa. COSMEDA, 4040 Neuss 1, Neumarkt 4, Tel. 0 21 01/27 72 12; 4220 Dinslaken 1, Altmarkt 17, Tel. 0 21 34/1 51 78
DUFT- UND AROMA-STUDIO, 6000 Frankfurt 50, In der Römerstadt 70, Tel. 069/58 72 00
Fa. Kräuter FISCHER, 4840 Rheda-Wiedenbrück, Markt 3, Tel. 0 52 42/5 59 58
Fa. HOLZWOLLE, 5810 Witten, Wiesenstr. 26, Tel. 0 23 02/2 24 44
Fa. INTERWEGA Handels AG, CH-9500 Wil, Züricher Str. 65, Tel. 00 41 73/22 19 77
NATURWARENLADEN, 8723 Gerolshofen, Weiße Turmstr. 1, Tel. 0 93 82/41 15
Fa. OMICRON, 7129 Neckarwestheim, Marktplatz 5, Tel. 0 71 33/1 70 81
Fa. PURA NATURA, 8500 Nürnberg 1, Johannesgasse 53–55, Tel. 09 11/20 95 22
PELIKAN APOTHEKE, 6300 Gießen, Kreutzplatz 2, Tel. 06 41/3 46 05
Fa. STELLA, 7336 Uhingen, Bleichereistr. 41, Tel. 0 71 61/3 73 21
Fa. SPINNRAD/COSMEGA AG, CH-8001 Zürich, Oberdorfstr. 8
Einige Substanzen erhalten Sie auch in Reformhäusern, Drogerien, Apotheken, Bioläden und Lebensmittelläden. Vergleichen Sie die Preise!

## Bezugsquellen für Eismaschinen

Eismaschine mit flach konstruiertem Kühlbehälter, ins Gefrierfach passend: – Fa. Philips GmbH, 2000 Hamburg, Postfach 10 14 20
Eismaschine, deren Kühlbehälter in der Gefriertruhe eingefroren wird: – Fa. Quelle international, 8510 Fürth
Eismaschine mit eigener Kühlung: – Fa. Simac GmbH, 6800 Mannheim, Reichenbachstr. 32, oder im Elektrofachhandel

## Hinweis:

Autoren und Verlag bemühen sich, in diesem Verzeichnis nur Firmen zu nennen, die hinsichtlich der Substanzen und Preis zuverlässig und günstig sind. Trotzdem kann eine Gewährleistung von Autoren und Verlag nicht übernommen werden. Irgendwelche Formen von gesellschaftsrechtlicher Verbindung, Beteiligung und/oder Abhängigkeit zwischen Autoren und Verlag einerseits und den hier aufgeführten Firmen andererseits existieren nicht.

# Spinnrad
## Versandhandel GmbH
## Ein Partner der Natur

In jedem „Spinnrad"-Laden gibt es „Rührstunden für Anfängerinnen"

Neben den bekannten Rohstoffen für die selbstgemachte Kosmetik und Waschmittel bietet Spinnrad Ihnen natürlich auch Rohstoffe und Zubehör für Ihre selbstgemachten

## Süßigkeiten

mit und ohne Zucker wie in diesem Buch beschrieben.

**AM LUFTSCHACHT 3 A · 4650 GELSENKIRCHEN**
**TELEFON: 02 09/1 70 00-11 · TX: 8 24 726 natur d · FAX: 02 09/1 70 00-40**

# Von der Küche ➡ in den Kosmos

mit der neuen Buchreihe KOCHMOS von Volker Arzt und Karin Steinhage. 5 Bände mit zahlreichen farbigen und schwarz-weißen Fotos und Illustrationen für naturwissenschaftlich Interessierte, Laien und Tüftler, Physiker, Köche und Kosmonauten.

Die Autoren verstehen es, zwischen Spüle und Herd ein Verständnis für die großen Zusammenhänge unserer Erde und des Kosmos zu wecken. Die Küche wird zum überraschenden Experimentier- und Beobachtungsfeld für naturwissenschaftliche und technische Zusammenhänge. In jedem Band werden zwei Themen in verständlicher und unterhaltsamer Form dargestellt.

**Volker Arzt/Karin Steinhage: KOCHMOS. Der Kosmos in der Küche.**
Jeder Band hat 64 Seiten, ca. 150 farbige und schwarz-weiße Fotos und Illustrationen, geb., DM 19,80.

Wir sind stolz
auf unseren Service!

Beste Qualität
ist uns Verpflichtung!

Beratung
sachkundig und
freundlich!

Versand
innerhalb 3 Tagen!